Hans-Peter Martin
Die Europafalle

HANS-PETER MARTIN

Die Europafalle

Das Ende von Demokratie und Wohlstand

Mitarbeit:
Martin Ehrenhauser

Piper
München Zürich

Mehr über unsere Autoren und Bücher:
www.piper.de

Kontakt zum Autor:
www.hpmartin.net

Mix
Produktgruppe aus vorbildlich bewirtschafteten
Wäldern und anderen kontrollierten Herkünften
www.fsc.org Zert.-Nr. GFA-COC-001298
© 1996 Forest Stewardship Council

ISBN 978-3-492-04671-8
© Piper Verlag GmbH, München 2009
Gesamtherstellung: Kösel, Krugzell
Printed in Germany

Für meinen Sohn Manuel Kaspar,
meine Frau Heike sowie
unsere Freunde Lisa und Ekki,
die so früh ihr Leben lassen mussten.

Inhalt

Das teure Tabu der Deutschen
Zahlen ohne Ende

Das große Versagen
Wie die EU ihre Jahrhundertchance verspielt

Der Schicksalsvertrag
Warum der EU-Reformvertrag Europa schadet

Die Revolte der Eliten, das Aufbegehren der Bürger

Machterhalt gegen die Wähler –
Die Existenzkrise der Demokratie

> »Hören Sie mir auf!
> Politiker verstehen von nichts etwas
> außer dem Erhalt ihrer Macht.«
>
> *Der hessische Staatsanwalt Klaus Pförtner*
> *anlässlich von Wahlkampfdebatten*
> *um Jugendkriminalität[1]*

Europa ist ein wunderbarer Kontinent. Doch die real existierende Europäische Union ist ein Verhängnis. Sie verspielt Demokratie und Wohlstand. Europas Bürger werden so zu den großen Verlierern des 21. Jahrhunderts – politisch und ökonomisch.

Dabei hat Europa viel Besseres verdient als die gegenwärtige EU mit ihrer beschämenden Führungsmannschaft. Es muss politisch – und an Eckpfeilern auch wirtschaftlich – neu gebaut werden. Denn im Jahr 20 nach dem Fall des Eisernen Vorhangs muss die politische Klasse das größte Desaster seit dem Zweiten Weltkrieg verantworten: Der Zusammenbruch der kaum geregelten Finanzmärkte stürzt die Realwirtschaft in eine historische Krise, die wachsende soziale Ungleichheit frisst sich wie ein Krebsgeschwür in die Gesellschaften. Scheinheilige Politiker, verschwendungssüchtige Bürokraten und politische Selbstbediener regieren, während die Klimakatastrophe Lebensfundamente von Mensch und Natur untergräbt oder bereits unwiederbringlich zerstört. Und die EU-Bürger sind gefangen in einem Datennetz, das die Schrecken eines Überwachungsstaats verwirklicht, während sich die Politiker immer geschickter der öffentlichen Kontrolle entziehen.

Die Europäische Union als »Antwort auf die Globalisierung« – dies propagieren Staatenlenker und Parteichefs von Gerhard Schröder über Angela Merkel bis Nicolas Sarkozy seit Jahren gleichermaßen wie der Brüsseler Politikbetrieb. Selbst die Britenpremiers Tony Blair und Gordon Brown bedienten sich beflissen dieser Verheißungsformel. Der Finanzkollaps 2008, der eine 57-Billionen-Dollar-Blase sichtbar machte, die durch spekulative Kreditversicherungen entstanden war[2], und die nunmehrige Wirtschaftskrise bringen das Gegenteil ans Licht: Statt ein Schutzschild oder gar eine Alternative gegenüber US-dominiertem Casino-Kapitalismus und unfairen Welthandelspraktiken zu bieten, erweist sich die EU als offenes Scheunentor für intransparente, ruinöse Finanzspekulationen, gerade auch von europäischen Banken – und als freudiger Abnehmer von patent- und umweltverachtenden Warenexporten zu Dumping-Bedingungen. Statt einer kontinentalen sozialen Marktwirtschaft mit Augenmaß entwickelte sich eine bonusversessene Manager-Machtwirtschaft.

Der Hohn schlechthin: EU-Spitzenpolitiker, die unter Lobbyisten-Druck in den vergangenen Jahren rechtzeitige Aufklärung und Kontrollmaßnahmen in der EU-Kommission, im Rat und im Europaparlament hintertrieben, gebärden sich jetzt als Feuerwehr.[3] Schon bis zum Crash wurden Europas Bürger nicht geschützt oder sorgfältig gewarnt – und jetzt soll dieses politische Personal als rettende, hoffnungsstiftende Führungselite tauglich sein?

Neue Massenarbeitslosigkeit ist kaum mehr vermeidbar, nicht einmal die Euro-Währung gilt noch als verlässlich stabil. Bis Mitte März 2009 wurden weltweit Vermögenswerte von knapp 40 Billionen Euro vernichtet.[4] Deutschland muss mit einem Wirtschaftsrückgang von fünf Prozent rechnen[5], 20 Prozent aller Unternehmen planen einen Personalabbau.[6] Im bislang so reichen Österreich sind eine Million Einwohner armutsgefährdet – zwölf Prozent der Bevölkerung.[7] Obdachlosigkeit, wie in Günter Wallraffs neuesten Reportagen dokumentiert[8], könnte für ungeahnt viele EU-Bürger zur Wirklichkeit der Zukunft werden. Um die neuen, enormen Staatsschulden zur Krisenbekämpfung zu begleichen, drohen weitere Steuererhöhungen und saftige Inflationsraten. Und statt eines blühenden demokratischen Freiraums mit individuellen Vorbildcharakteren bietet die EU viel eher das Bild des Endes der Geschichte – der Demokratie.

Glühende Pro-Europäer wie der Autor dieses Buches sind verzweifelt:

Die derzeitige EU versagt dort, wo sie unverzichtbar gebraucht würde. Denn natürlich können transnationale Finanzströme und Wirtschaftsabläufe nur transnational geordnet werden. Und seit dem Atom-Menetekel von Tschernobyl 1986 wissen alle, dass menschheitsbestimmende Umweltfragen nur grenzüberschreitend lösbar sind. Doch statt sich darum kreativ zukunftsprägend zu kümmern, durchdringt der EU-Apparat mit seiner pedantischen Flut von Richtlinien, Verordnungen, Entscheidungen und Beschlüssen europaweit unzählige Geschäfts- und persönliche Lebensbereiche, die, wenn überhaupt, auf nationaler oder regionaler Ebene viel besser zu regeln wären. 140 000 »Rechtsakte« gehören inzwischen zum EU-gemeinschaftlichen Besitzstand. Das täglich erscheinende Amtsblatt umfasst jährlich bis zu 800 000 Seiten.

Zweifellos kann die Europäische Union mit ihren inzwischen 497 Millionen Bürgern einen herausragenden Erfolg verbuchen: Ihre Mitgliedsstaaten überziehen einander nicht mit Krieg. Und insbesondere die Bundesrepublik Deutschland profitierte jahrzehntelang vom wachsenden gemeinsamen Markt. Doch ohne taugliche, demokratische und auch vom Souverän akzeptierte Vertragsgrundlage sowie gelebter Volksherrschaft samt transparenter, fairer Regeln droht alles zu zerbrechen. Frieden – wie lange noch?

Politik wird im neuen Jahrtausend gemacht wie vor 150 Jahren, als der Zigarrenrauch der Reichsfürsten und

Gründerzeitkapitalisten noch die Hinterzimmer der Macht schwängerte. Die politischen Protagonisten der Gegenwart verhalten sich kaum anders. Im Kern ist es eine isolierte, selbstgefällige und vor allem verkrustete Elite, die zum gewichtigsten Problem des Systems geworden ist. Von der Verwirklichung des Europäischen Traums einer freien, aber auch fairen und sozialen Gesellschaft sind sie so weit entfernt wie Amazonas-Krokodile vom alpinen Tiefschnee.

Dabei haben in der EU-Hauptstadt Brüssel bereits 84 Prozent aller in Deutschland geltenden Gesetze ihren Ursprung, in Österreich kaum weniger.[9] Mitten in der großen Wirtschaftskrise wäre damit politische Handlungskraft, die sich auf Bürgervertrauen und Legitimation stützen kann, unverzichtbar. Stattdessen schlägt nur die Stunde der Räte, also der Treffen der nationalen Fachminister und Regierungschefs. Keine anderen politischen Gremien auf dem Kontinent verfügen über so viel Einfluss. Doch niemand sonst agiert so geheimnisvoll und bürgerfern.

Dreh- und Angelpunkt sind die beiden Arbeitsgruppen »Antici« und »Mertens«. Ihre Teilnehmer und Sitzungstermine bleiben im Verborgenen. Protokoll wird keines geführt.[10] Unterstützt werden die so verschwiegen tätigen Mitarbeiter dabei von Vorbereitungsgruppen, deren Anzahl intern auf 260 geschätzt wird.[11] Sie arbeiten nach den gleichen Prinzipien wie die »Antici«- und »Mertens«-Gruppen, die nach ihren ersten Vorsitzenden in den 70er-Jahren benannt sind. Bei den allesamt vertraulichen Treffen kommt es bereits zu essenziellen Absprachen, die dann vom »Ausschuss der Ständigen Vertreter«, mithin den nationalen Botschaftern bei der EU, oft schon als Rechtsakte faktisch entschieden werden. Bis zu diesem Zeitpunkt hat noch kein Minister eines Mitgliedsstaats, geschweige denn ein gewählter Volksvertreter über den Text mitbestimmt. Alles wird in Beamtenkreisen ausgekungelt, die keinem Wähler gegenüber verantwortlich sind.[12] Und die nationalen Parlamente winken nur noch als Gesetze durch, was ihnen von Brüssel aus vorgegeben wird.

Damit freilich ist die Demokratie in ihrem Herzen getroffen. Da bleibt keine Spur mehr von der »Regierung des Volkes, durch das Volk, für das Volk«, wie US-Präsident Abraham Lincoln einst in seiner Gettysburger Rede die Volksherrschaft definierte.[13] In der Europäischen Union herrscht die gelebte, oftmals anonyme Beamtenmacht, unverantwortlich und unkontrollierten Einflüsterern ausgesetzt, in enger Verflechtung mit der EU-Kommission und den Büros der nationalen Minister.

In der Folge werden auch die regelmäßigen Sitzungen der insgesamt neun Ministerräte zur Farce. Wenn die Ressortchefs überhaupt persönlich teilnehmen, sind sie vielfach schlecht informiert und segnen oft nur noch formal und in ganzen Blöcken ab, was ihnen die Beamten vorlegen. Das gilt für mehr als zwei Drittel der Tagesordnungspunkte, verrät ein Teilnehmer.[14] Nicht einmal eine Aussprache ist dazu vorgesehen. Die findet nur statt, wenn sich die Staatsdiener vor Ort nicht einigen können. Doch selbst bei strittigen Fragen verzichten die Minister in der Mehrzahl auf die Anreise aus ihren Hauptstädten. »Die Beamten werden es schon richten«, erklärt ein Wiener Regierungsmitglied unverblümt.[15]

Selbst wenn die Bundesminister in den Räten eigenhändig über die Gesetze entscheiden, stellen sie damit demokratische Grundprinzipien auf den Kopf. Denn in einer Demokratie, die sich selbst ernst nimmt, können nur Parlamente oder Volksentscheide allgemein gültige Rechtsvorschriften beschließen. Minister sollen verwalten, sind Teil der Exekutive, nicht der Legislative. Brüssel tickt da anders. Und keiner schaut hin?

Das Problem ist: Es ist so schwer hinzusehen. In TV-Nachrichten oder Zeitungsberichten bleiben »Antici« und »Mertens« ausgespart, fast immer auch der »Coreper«, wie der zentrale Botschafterausschuss in der Brüsseler Fachsprache genannt wird. Und Minister, die nicht anreisen, können Reporter auch nicht filmen, geschweige denn interviewen.

Anders ist das nur bei den inszenierten EU-Gipfeln, den

vierteljährlichen Treffen der Staats- und Regierungschefs. Da werden europaweit die Wohnzimmer mit Bildern und Meldungen überschwemmt, die Nähe zum Entscheidungsprozess und Informationspräzision suggerieren. Doch es ist eine vorgegaukelte Nähe. Die Wirklichkeit ist viel entrückter.

Zeichen setzte da das jüngste Gipfeltreffen Mitte Dezember 2008 in Brüssel. Zusammengepfercht wie in einer Hühner-Legebatterie durften die zugelassenen Journalisten stundenlang das Eintreffen der Teilnehmer beim Hintereingang des EU-Ratsgebäudes von zwei eigens aufgebauten Zuschauertribünen aus beobachten. Kaum näherte sich eine Wagenkolonne, ging ein Raunen durch die Menge, ähnlich wie entlang des Laufstegs vor der jährlichen Oscar-Verleihung in Hollywood. Statt um das Bild vom schönsten Abendkleid wird in Brüssel allerdings um Wortfetzen gerungen, am besten aus dem Mund des aktuellen Euro-Politstars. So waren die meisten Kameras und weit ausladenden Mikrofon-Stangen dieses Mal auf Nicolas Sarkozy gerichtet. Der französische Ratspräsident hielt kurz inne, lächelte genießerisch und schwieg in das Schreien der Medienleute, ehe er zügig im Tagungsbau verschwand.

Da wurde eben zur Nachricht, dass Sarkozy mit 16 Fahrzeugen vorfuhr, während sich Angela Merkel mit acht Autos begnügte, dafür aber auf zwei Zurufe deutscher TV-Journalisten reagierte. Als sie kaum hörbar in die hingestreckten Mikrofone antwortete, drängten sich die Medienvertreter wie Fußballspieler beim Eckstoß im Strafraum. »Was hat sie gesagt?«, fragten nach Merkels kurzer Wortspende die Kollegen aus der zweiten, dritten und vierten Reihe. »Nothing«, schallte es von vorne zurück. »O.k.«, lautete die zufriedene Antwort eines Agenturjournalisten. So fiel nur noch auf, dass Silvio Berlusconi erst aus seinem BMW mit Münchner Kennzeichen stieg, als die Wagentür von acht Leibwächtern umringt war. Üblich sind drei.

Räumlich weit entfernt von den Sitzungssälen sind die mehr als 1600 anwesenden Medienvertreter auch im Pressezentrum des EU-Ratsgebäudes auf gezielt gestreute Informationsbrocken aus dem hermetisch abgeschotteten Tagungsbereich angewiesen, bei dem Wachen auf den Fluren alle Zugänge abriegeln. Auch da übernehmen Mitarbeiter der »Antici«-Gruppe wieder eine Schlüsselrolle. Während der tatsächlichen Gipfel-Verhandlungen sitzen sie in einem Nebenraum und sind als Einzige per internem Telefon mit ihrem Minister oder Regierungschef verbunden. Und nicht wenige von ihnen pflegen auch Journalistenkontakte, wenn dies nicht gleich der Pressesprecher oder Botschafter für sich beansprucht. Wer es sich jedoch mit diesen Insidern verscherzt, wird als Korrespondent kaum etwas aktuell zu berichten haben. So wird aus dem Machtzentrum des Rates heraus nicht nur die EU geformt, sondern auch die veröffentlichte Meinung nachhaltig geprägt.

Parlament ohne Volksvertreter

Die Kontrolle durch das Europäische Parlament erweist sich im Regelfall als Rohrkrepierer. Das Klimapaket, das die Regierungschefs gleichzeitig mit ihrem Konjunkturprogramm beim EU-Weihnachtsgipfel 2008 auf den Weg bringen, bedürfte eingehender Prüfung und Nachbesserung. Doch schon am Tag bevor sich die EU-Granden überhaupt auf ihr geplantes Maßnahmenbündel einigen, erklärt der deutsche Parlamentspräsident Hans-Gert Pöttering bei seiner Pressekonferenz am Rande des Treffens ungefragt: »Das Europäische Parlament ist Mitgesetzgeber in Klimafragen, wir sind da aber sehr flexibel.«[16]
Weniger als eine Woche später liegen bereits sechs entsprechende Berichte mit den Ratsvorschlägen zur Abstimmung im Parlament in Straßburg vor, jedoch ergänzt um mehr als 500 Änderungsanträge aus dem Kreis der Abgeordneten. Es geht um erneuerbare Energiequellen, um Auflagen für neue Fahrzeuge und vor allem um den Handel mit Emissionszer-

tifikaten für den Kohlendioxid-Ausstoß. »Eine historische Vorentscheidung«, betont sogar Pöttering.[17]

Doch statt über die substanziellen und oft mühevoll ausgearbeiteten Anträge der Parlamentarier abzustimmen, vereinbaren die Vorsitzenden der großen Fraktionen vor Sitzungsbeginn klammheimlich, darauf gar nicht einzugehen. Nach dem ersten der halben Dutzend Klimaberichte, die damit ohne Korrektur oder Zusätze im Plenarsaal jeweils mit einer einzigen Abstimmung abgesegnet werden, hält es den deutschen Abgeordneten Markus Pieper nicht mehr auf seinem Platz. Erregt meldet sich der CDU-Parteikollege Pötterings zur Geschäftsordnung, stets ein ungewöhnlicher Vorgang: »Was wir heute entscheiden, ist eins zu eins das Papier des Rates. Kein Wort, kein Komma vom Parlament. Warum dieser Zeitdruck? Wir beraten doch über einen Zeitraum ab 2013. Das Thema Emissionshandel ist auf Jahre, wenn nicht auf Jahrzehnte die wichtigste industriepolitische Entscheidung. Wir sind nicht bereit, unser demokratisches Mitentscheidungsrecht an der Garderobe des Parlaments abzugeben«, protestiert Pieper.[18]

Der Präsident des Hauses zeigt sich jedoch unbeeindruckt, auch alle weiteren Gesetzesvorlagen zum Klimaschutz werden durchgewinkt. »Unterwürfig«, ruft ein anderer deutscher CDU-Abgeordneter, Herbert Reul, lautstark in den Saal, »das war nicht nötig, da gab es keinen Zeitdruck.«[19]

Pöttering freilich pflegt eine ganz andere Sichtweise. Am Ende der Beschlussfassung zum Klimapaket verkündet er mit realitätsfernem Stolz: »Ich hoffe, dass ich in Ihrer aller Namen spreche, wenn ich feststelle, dass das Europäische Parlament sich gegenüber dem Ministerrat außerordentlich kooperativ verhalten hat.«[20] Der Vorsitzende des Majlis, des prunkvollen Scheinparlaments Saudi-Arabiens in Riad, hätte seinen Job nicht besser erledigen können. Für die große Mehrheit der EU-Abgeordneten gilt an diesem 17. Dezember 2008 in Straßburg jedenfalls, was der langjährige britische Labour-Abgeordnete Glyn Ford achselzuckend sagt, wenn

er den Plenarsaal betritt: »Sorry, I have to leave my brain
outside« – »es tut mir leid, ich muss mein Gehirn draußen
lassen«. Das Denken und Entscheiden besorgen andere.

Herrschaft der Richter

Wenn Regierungschefs, Ministerräte, Kommissare und Parlament so offensichtlich versagen, müsste in einer funktionierenden Demokratie wenigstens auf die Gerichtsbarkeit Verlass sein. Doch »es kracht auch gewaltig im Gebälk der
europäischen Rechtssprechung. Ursache ist der Europäische
Gerichtshof (EuGH), der mit immer erstaunlicheren Begrün-
dungen den Mitgliedsstaaten ureigene Kompetenzen entzieht
und massiv in ihre Rechtsordnungen eingreift. Inzwischen
hat er so einen Großteil des Vertrauens verspielt, das ihm
einst entgegengebracht wurde.« Dieses vernichtende Urteil
hat ein höchst Berufener in die Tastatur seines Computers ge-
tippt: der ehemalige Präsident des deutschen Bundesverfas-
sungsgerichts in Karlsruhe und Bundespräsident a. D. Roman
Herzog.[21]

Statt seiner Aufgabe nachzukommen, somit die Auslegung
und Anwendung des EG-Vertrags zu sichern[22] und als
Schiedsrichter zwischen den Interessen der EU und jenen der
Mitgliedsstaaten tätig zu werden, benimmt sich der Gerichtshof mit Sitz in Luxemburg eher wie eine Krake, die immer
mehr Rechtsbereiche in die EU-Zentralen hereinholt. Auf-
enthaltsrecht, Gesundheitsfragen, Tabakwerbung – überall
mischt sich der EuGH ein, ohne Zuständigkeit. 1964 erklärten die Richter bereits den Vorrang des Gemeinschaftsrechts
vor allem nationalen Recht.[23] Dies war der »Urknall« auf
dem »Weg zu einer Art richterlichem Imperialismus«, wie
Wissenschaftler neuerdings kritisieren – allerdings bislang
ohne nennenswerte Resonanz.[24]

So gebärdet sich der EuGH ungefährdet als Ersatzgesetz-
geber – mit bisweilen aberwitzigen Rechtfertigungen, sogar

in Fragen des Strafrechts. »Grundsätzlich fällt das Strafrecht ebenso wie das Strafprozessrecht auch nicht in die Zuständigkeit der Gemeinschaft«, stellen die EuGH-Richter etwa zunächst selbst fest, behaupten dann aber: »Dies kann den Gemeinschaftsgesetzgeber jedoch nicht daran hindern, Maßnahmen in Bezug auf das Strafrecht der Mitgliedsstaaten zu ergreifen, die seiner Meinung nach erforderlich sind.«[25] Kaum vorstellbar, dass ein Jurastudent mit solch einer Argumentation in einer Examensarbeit ungestraft davonkäme. »Erbärmlich, abenteuerlich, unhaltbar«, kommentieren jedenfalls renommierte deutsche Europarechtler derartige EuGH-Urteile.[26]

Ihre Begründung finden sie auch darin, dass die derzeit 27 EuGH-Richter nicht einmal Erfahrung als Berufsrichter aufweisen müssen. Selbst Politiker können nominiert werden. Die Mitglieder des obersten europäischen Gerichts werden von den Regierungen in einem völlig undurchsichtigen Verfahren ausgewählt, nie widerspricht ein Mitgliedsland dem anderen. »Umso mehr blühen Kungelei und parteiliche Patronage«, kritisiert der deutsche Parteienforscher Hans Herbert von Arnim. So machte etwa der italienische Finanzminister Giuseppe Trabucchi sogar seinen Bruder Alberto zum Richter.

Offensichtliche Fehlentscheidungen des Europäischen Gerichtshofes können aber kaum noch korrigiert werden. Denn während auf nationalstaatlicher Ebene die Parlamente nach nationalen Gerichtsurteilen mit einer entsprechend großen Abgeordneten-Mehrheit neue Verfassungsgesetze verabschieden können, müssen dazu auf EU-Ebene die EU-Verträge geändert werden, was wiederum der Zustimmung jedes einzelnen Mitgliedsstaats bedarf.

Europäischer Gerichtshof als Lohndrücker

Damit entfalten gerade einige der jüngsten Entscheidungen der EuGH-Richter fatale Wirkungen. Von der deutschsprachigen Öffentlichkeit kaum bemerkt hat der Europäische Gerichtshof in vier Urteilen dem EU-weiten Sozialdumping Tür und Tor geöffnet.

Demokratisch grundlegende Menschenrechte wie das Streikrecht wurden massiv eingeschränkt. Im ersten Fall erhielt das Bauunternehmen Laval aus Lettland von der schwedischen Stadt Vaxholm den Auftrag, eine Schule zu bauen. Laval betreibt zwar Niederlassungen in Schweden, wollte aber lettische Arbeitskräfte zu wesentlich schlechteren Bedingungen einsetzen, als es dem schwedischen Kollektivvertragsniveau entspricht. Gewerkschafter blockierten erfolgreich die Arbeiten, der EuGH urteilte jedoch im Dezember 2007, dass dies gegen den EU-Grundsatz der Dienstleistungsfreiheit verstoße.[27]

In einem zweiten einschlägigen Rechtsstreit um die Reederei Viking, die eine finnische Fähre in Estland umflaggen ließ, um nur noch estnische Löhne zu zahlen, stellte der EuGH das EU-Prinzip der Niederlassungsfreiheit über das in Finnland bestehende Arbeitskampfrecht.[28]

Fall drei entwickelte sich aus einem Gefängnisbau in Rosdorf bei Göttingen. Der Auftragnehmer verpflichtete sich nach dem Vergabegesetz des Bundeslandes Niedersachsen zur Einhaltung geltender Tarifverträge. Ein polnischer Subunternehmer bezahlte 53 Arbeitnehmern aber nur 47 Prozent des Tariflohns, worauf der Auftrag storniert und eine Vertragsstrafe gefordert wurde. Erneut entschied der EuGH im April 2008 jedoch gegen den Schutz der Arbeitnehmer und für das Lohndumping.[29]

Als Ergebnis eines vierten Verfahrens musste Luxemburg die Schutzstandards für Arbeitnehmer, die ins Großherzogtum entsendet werden, erheblich verringern, vor allem Regelungen zur Teilzeitarbeit und automatischen Lohnanpassung bei Inflation.[30] Damit bleiben den EU-Mitgliedsstaaten kaum noch Möglichkeiten, eigene Sozialstandards zu schützen. Europäische Arbeitnehmer sind den EU-postulierten Bedingungen des Wettbewerbs immer stärker ausgeliefert. Nicht nur der schwedische EU-Abgeordnete der Grünen, Carl Schlyter, geißelt die EuGH-Urteile als »Frontalangriff gegen das Streikrecht«.[31]

Beschämend hilflos reagierten bislang die Gewerkschaften. Sie sind weiterhin grenzüberschreitend viel zu schwach organisiert. So wurden die unsozialen Richtersprüche fast nur in Schweden zum politischen Großthema. Jedenfalls macht sich der EuGH erneut zum Herren über die EU-Verträge, statt sie nur zu interpretieren. Roman Herzog, der zu Beginn dieses Jahrzehnts ja noch dem EU-Grundrechtekonvent vorstand, und Lüder Gerken, Direktor des Freiburger Centrums für Europäische Politik, fällten dazu in einem Grundsatzartikel ein unmissverständliches Urteil: »Europa entmachtet uns und unsere Vertreter. Die institutionellen Strukturen der EU leiden in besorgniserregender Weise unter einem Demokratiedefizit und einer faktischen Aufhebung der Gewaltenteilung.«[32]

Auch der große neue EU-Reformvertrag von Lissabon, den die Iren im Juni 2008 in einer Volksabstimmung ablehnten und damit zumindest auf Eis legten, löst diese fundamentalen Probleme nicht. Er »verfestigt vielmehr die Defizite, die an den Grundfesten der EU rühren«, so Herzog und Gerken.

Zu Beginn der letzten deutschen EU-Präsidentschaft im ersten Halbjahr 2007 schrieb Herzog präsidial vornehm: »Es stellt sich sogar die Frage, ob man die Bundesrepublik Deutschland überhaupt noch uneingeschränkt als eine parlamentarische Demokratie bezeichnen kann.«[33] Weniger amtsbeladene Rechtsexperten[34] und die alltägliche Praxis entlang der EU-Machtachse Brüssel-Luxemburg-Straßburg lehren: Die Antwort lautet Nein. Dies gilt inzwischen auch für jeden anderen EU-Mitgliedsstaat.

Propaganda statt Reform

Bei einer solchen Verfasstheit der EU und ihrer Mitgliedsstaaten muss sich jeder Gründungsvater einer westlichen Demokratie verraten fühlen. Und auch in Brüssel und Straßburg
wächst das Unbehagen. Doch statt sich den Konstruktions-
fehlern dieser Europäischen Union zu stellen, werden Missstände und Probleme lieber übertüncht.

Propaganda statt Grundsatzreform, lautet die Devise. Im
Mittelpunkt findet sich dabei die EU-Kommissarin für Kommunikation, die Schwedin Margot Wallström. Bei den Wahlen zum Europäischen Parlament im Juni 2009, so warnt sie
in einem persönlichen Schreiben den amtierenden Präsidenten der Volksvertretung, Hans-Gert Pöttering, »steht die
Legitimität Ihres Parlamentes und die der gesamten Europäischen Union auf dem Spiel«. Das Rezept: eine nie da ge-
wesene Medienoffensive. »Durch unsere Kontakte werden
wir Radio- und TV-Sender auffordern, mehr Programme über
die Europäische Union/europäische Anliegen auszustrahlen«, so Wallström.[35] Die Vertretungen der EU-Kommission
in den Mitgliedsstaaten werden »ihre Kommunikationsaktio-
nen entsprechend designen«. Das Budget dafür: 17 Millionen
Euro. Am Briefende beruhigt die Vizepräsidentin der EU-
Kommission denn auch den obersten Repräsentanten der
EU-Volksvertretung: »Wie Sie erkennen können, sind unsere
vorgesehenen Aktionen substanziell.«

Wie das ablaufen soll, ist bereits einer Ausschreibung zur
Förderung der TV-Berichterstattung über die EU zu entneh-
men. Bei der Bewerbung müssen die Sender nicht nur »Namen, Aufgaben und Sprachkenntnisse des eingesetzten Personals, insbesondere der Journalisten, angeben«, sondern
auch ihre redaktionelle Philosophie beschreiben und sich
verpflichten, »europäische Programme regelmäßig und zu
Hauptsendezeiten auszustrahlen«.[36] Als die Pläne im Herbst
2008 bekannt wurden, titelte die *Frankfurter Allgemeine Zeitung* im Feuilleton: »Die EU kauft Berichterstattung ein.«

Die Unterzeile lautete: »Man staunt und glaubt es kaum: Die EU zahlt für genehme Berichte.«[37]

Für solche Kritik ist in Brüsseler Politikerkreisen aber kaum jemand empfänglich. Lieber legt man noch eine Schippe drauf. Das Europäische Parlament hatte, zusätzlich zu Wallströms Geldern, zunächst bereits 11,3 Millionen Euro im offiziellen Budget für eine »Informations- und Kommunikationskampagne« rund um die EU-Wahlen 2009 bewilligt. Doch bis Ende 2008 stieg der Betrag um mehr als das Doppelte, auf 23,3 Millionen Euro.[38] Dabei ist die Abwicklung und Finanzierung dieser Wahlen ohnehin Sache der Mitgliedsstaaten. Auch die Geldmittel der Fraktionen wurden zum Jahresende noch schnell um mehr als 11 Prozent auf 56,7 Millionen aufgestockt, »für Informationsarbeit in Verbindung mit den Europawahlen«.[39] Der Trick dabei: Die Erhöhungen erfolgten über sogenannte Mittelübertragungen, die nur im Budgetausschuss auf Antrag des Präsidenten, nicht aber im Plenum beschlossen werden müssen. So nimmt kaum jemand davon Notiz. Dies alles ist Teil einer inzwischen ausgeklügelten Propagandastrategie, welche die Europäische Union in einem viel besseren Licht erscheinen lassen soll, als es der politischen Realität entspricht. So »genießen einige Medien, wie etwa die *Financial Times*, seitens der Kommission einen privilegierten Zugang und werden auch gezielt zur Lancierung von Exklusivnachrichten vor Veröffentlichung eines Berichts verwendet«, beschreibt ein langjähriger Botschafter bei der EU eine Brüsseler Selbstverständlichkeit.[40]

Zu horrenden Summen gelangt, wer umfassend alle Geldmittel addiert, die im weiteren Sinn für EU-Eigenwerbung aufgewendet werden. Dazu zählen dann auch gesponserte Kulturveranstaltungen zur Förderung des Europageistes oder die unzähligen Feierlichkeiten mit EU-Politikerteilnahme. So weit gefasst, gaben EU-Institutionen allein im Jahr 2008 insgesamt 2,4 Milliarden Euro an Steuermitteln zur Imagepflege aus – mehr, als sich der Coca-Cola-Konzern jährlich weltweit seine Reklame kosten lässt.[41]

Union der Minderheit

Trotz aller Schönfärberei und Propaganda lassen sich Europas Bürger aber immer weniger blenden. Die Zustimmungsraten zur Union dümpeln quer über den Kontinent vor sich hin, im Durchschnitt liegen sie knapp über 50 Prozent.[42] In Österreich beträgt sie nur 34 bis 39 Prozent.[43] Auch in Deutschland wächst die EU-Kritik, ganz im Gegensatz zur medial veröffentlichten Meinung. Nur 48 Prozent aller Bundesbürger haben noch ein »positives Bild« von der EU, gerade 47 Prozent »neigen dazu, dem Europäischen Parlament zu trauen«.[44]

Die Entmachtung durch Brüssels Institutionen trägt auch zur wachsenden Abkehr von der Demokratie als Staatsform bei. So schockierte eine ARD-Umfrage des »Deutschlandtrends«, wonach sich erstmals weniger als die Hälfte aller Bundesbürger mit den demokratischen Abläufen zufrieden zeigten. Lediglich 27 Prozent der Deutschen bezeichneten die Situation im Land als »gerecht«.[45] Solch alarmierende Ergebnisse wurden bereits Ende 2006 erhoben, vergleichsweise noch zu ökonomischen Boomzeiten, lange vor dem Beginn der neuen Weltwirtschaftskrise.

Demokratie freilich ist kein Selbstzweck, Transparenz schon gar nicht. Nur sie kann sicherstellen, dass nicht permanent falsche Entscheidungen zulasten der Mehrheit getroffen werden. Doch das System Brüssel funktioniert – historisch bedingt – anders. Als die EU noch die EWG war – die »Europäische Wirtschaftsgemeinschaft« –, nisteten sich verständlicherweise fast nur Wirtschaftslobbyisten in Brüssel ein. Sie haben aber auch heute noch das Sagen, da in Brüssel bereits über die meisten politischen und gesellschaftlich relevanten Fragen des europäischen Kontinents entschieden wird. Beamte und Lobbyisten sind an der Macht, und am einflussreichsten unter den Politikern war vor Nicolas Sarkozy der Britenpremier Tony Blair, ein EU-Metternich.

So kam die vorschnelle und zu umfassende EU-Erweiterung von 15 auf nunmehr 27 Mitglieder zustande, aber auch die untaugliche EU-Verfassung und der dann folgende EU-Reformvertrag; ebenso der zukunftsfeindliche EU-Finanzrahmen für die Jahre 2007 bis 2013 und der Flop der sogenannten Lissabon-Strategie, welche die EU-Staaten bis 2010 zur weltweit führenden Technologie-Macht hätte führen sollen. Dies alles unter den Dogmen, welche die Deregulierung bei großen Fragen, die Regelungswut im Kleinen und die Marktöffnung per se zu einer Quasireligion erhoben. Das Ergebnis ist die größte Umverteilung von Geldvermögen in der Geschichte zu Friedenszeiten – und eine beispiellose Verunsicherung von Abermillionen Menschen, die härter arbeiten als je zuvor in ihrem Leben, aber über weniger Realeinkommen verfügen.

Wenn früher Zahlungen in die EU-Kassen im Ergebnis fast alle voranbrachten – Spanier, Portugiesen, aber auch die exportorientierte Wirtschaft in Deutschland oder Österreich und deren Arbeitnehmer –, so profitieren in der EU des 21. Jahrhunderts und im Zeitalter der Globalisierung nur noch wenige vom Brüsseler Entscheidungs- und Umverteilungssystem. Die Arbeitsplätze wandern in die neuen Beitrittsländer ab, hoch subventioniert von jenen, die von den nationalen Finanzämtern überhaupt noch nennenswert zur Kasse gebeten werden können: dem Mittelstand eben. Die großen Profiteure sind jedoch transnational aufgestellte Unternehmen. In ihren traditionellen Herkunftsländern bezahlen sie kaum noch Steuern, in den neuen EU-Staaten beziehen sie Förderungen, die auch diejenigen Arbeitnehmer erwirtschaftet haben, die nunmehr zu Hause gekündigt werden – ob bei Nokia in Bochum oder bei Magna nahe Wien. Gleichzeitig setzt ein massenhaftes Lohndumping ein: Gerade Dienstleistungen, die per Internet erbracht werden können, mithin bis vor Kurzem eine Jobmaschine im Ausgleich zum Verlust von Arbeitsplätzen in der Industrieproduktion in Kerneuropa, werden mehr und mehr und billiger anderswo erbracht. Die nötige Infrastruktur dafür – Daten-Highways, aber auch Autobahnen und Bahnlinien – finanzieren die EU-Nettozahler kräftig mit. Die Manager der General-Motors-Tochter Opel etwa konnten die Standorte Bochum und Rüsselsheim erst massiv und glaubwürdig unter Druck setzen, als es Opel-Produktionsstätten samt EU-mitfinanzierter Infrastruktur in Polen gab. Und die Schutzlosigkeit gegenüber der Konzernmutter in Detroit mag die Traditionsmarke schon bald gänzlich vernichten.

Mit der Kraft eines Tsunamis, der aber keinem Naturgesetz folgt, sondern von Menschenhand gemacht wurde, trifft nun die Wirtschaftskrise auf die Gesellschaft. »Dieses Jahr der gigantischen Zahlen ist eine Erfahrung der Wertlosigkeit für die Menschen. Man zählt in jeder beliebigen Höhe nach oben, in die Milliarden und mittlerweile in die Billionen; aber in Wahrheit ist es ein Zählen nach unten, denn nichts davon ist wirklich da«, charakterisiert *FAZ*-Mitherausgeber Frank Schirrmacher die Lage am Weihnachtsabend 2008.[46]

Die Lawine

Aus dieser Dynamik heraus hat sich in Kontinentaleuropa eine politökonomische Lawine in Gang gesetzt, die durch Globalisierung und Bankenkatastrophe in immer mehr Bereichen immer mehr Menschen mit sich reißt und dramatisch an Kraft gewinnt:

– Die neuen überwältigenden Staatsschulden für Bankenrettungen und Konjunkturprogramme, die quer durch die EU-Mitgliedsstaaten viele Hundert Milliarden Euro betragen, setzen sogar dem Euro zu. Staatsanleihen in Griechenland, Portugal und Italien werden immer uninteressanter, Deutschlands Bundesschatzbriefe hingegen attraktiver. Griechenland muss binnen eines Jahres mehr als 50 Milliarden Euro umschulden. Zerfiele die EU-Währung, geriete eine neue Deutsche Mark unter unausweichlichen Aufwertungsdruck mit verheerenden Folgen für die deutsche Exportwirtschaft. So muss der Euro bleiben, koste es den deutschen Steuerzahler, was es wolle. Und mit oder ohne Eurogeld müssen die gegenwärtig neu angehäuften staatlichen Defizite zurückgezahlt werden – vermutlich in Bälde um den Preis neuer Steuern, einer wertzehrenden Inflation und auch noch von nachfolgenden Generationen. Was für eine Hypothek.

– Selbst wenn sich die aktuelle Großkrise bald eindämmen ließe: Die Beschäftigungsverhältnisse werden in Masse immer prekärer, die sozialversicherungspflichtigen Jobs zum Mangelgut; die wachsende Angst lähmt, der Wunsch nach Sicherheit steigt.

– Gleichzeitig schwächeln die Steuereinnahmen von Kommunen, Regionen und Staaten, weil sich Großverdiener und größere Unternehmen weiterhin unschwer jeder ernsthaften Besteuerung entziehen können; selbst das wohlhabende Baden-Württemberg erwägt, sogar von Waldspaziergängern eine Maut zu erheben.

– Der Prozess verselbstständigt sich, immer neue und auch immer kleinere Firmen verlagern ihre Produktion und Dienstleistungen in Billiglohnländer, um noch konkurrenzfähig zu bleiben; »everything that can go, will go«, prophezeit der Harvard-Ökonom Richard Freeman.[47]

– Durch EU-Erweiterung und Globalisierung ist die Verhandlungsmacht international tätiger Unternehmen gegenüber Nationalstaaten und örtlich gebundenen Arbeitnehmern drastisch gestiegen. Wer Kapital hat, diktiert die Bedingungen.

– Durch Ausbildungsfehler, gravierende Vernachlässigungen bei der Erziehung und knappe Kassen ist Deutschlands wichtigstes Atout abhanden gekommen: die Präzision und Verlässlichkeit. Darunter leiden auch die Nachbarstaaten. Warum sollte dann aber etwa Daimler-Chef Dieter Zetsche die Motoren für Mercedes der E-Klasse noch auf Dauer im teuren Stuttgarter Raum austüfteln und fertigen lassen,

wenn ähnlich fähige und immer gründlichere Arbeitskräfte
in der Slowakei oder in Rumänien ungleich billiger zur
Verfügung stehen (die außerdem noch hungriger und
selbstausbeutungswilliger sind)? Unpünktliche Züge und
abstiegsfrustrierte Angestellte von Fluglinien gibt es auch
außerhalb Deutschlands überall – aber dort sind die Tickets
zumeist viel günstiger.

– Im Januar 2009 kündigte IBM trotz hoher Gewinne in den
USA 2800 Mitarbeitern.[48] Seit Februar bietet der Compu-
terkonzern seinen gefeuerten Beschäftigten Arbeitsplätze
in Indien, China, Südafrika oder Nigeria an. Gesucht werden Bewerber, die soeben ihren US-Job verloren haben und
»begierig sind, ihre Karriere zu entwickeln und neue Fer-
tigkeiten zu erlernen, indem sie im Ausland arbeiten« –
allerdings »zu den lokalen Bedingungen«, mithin zu dort
ortsüblichen Gehältern.[49] Wann werden Siemens oder SAP
ihren Software-Spezialisten in München und Walldorf ähnliche Angebote machen?

– Im Hintergrund feilen inzwischen Lobbyisten und eine
Vielzahl von Unternehmen an einer neuen, einschleichen-
den militärischen Aufrüstung, reichlich versorgt aus immer
neuen, sogenannten Forschungsmilliarden der EU. Auch
ohne nachvollziehbare Rechtsgrundlage ist die Europäische Rüstungsagentur in Brüssel schon aktiv. Das schafft
zwar Jobs, aber welche?

– Als Turbobeschleuniger der Entwicklung wurde dem ökonomischen Wachstumsriesen China Anfang 2005 auch
noch die Vollmitgliedschaft in der Welthandelsorganisation
WTO gewährt. Wichtige Entscheidungen können da nur
einstimmig gefällt werden. China findet damit eine weitere
Plattform, sich international Gehör und stetig mehr Einfluss zu verschaffen, selbst wenn die akute Krise die Entwicklung etwas abbremsen mag. Insgesamt bringen Chinas
Aufstieg und die wachsende Kraft vieler anderer asiatischer
Volkswirtschaften nicht nur eine globalgeografische Verla-
gerung von Wirtschaftszentren und Wertschöpfung unge-

kannten Ausmaßes mit sich, sondern auch eine weitreichende Veränderung demokratiepolitischer Standards und Menschenrechtspraktiken. Wer wie China oder Malaysia ungestraft foltern und die Meinungsfreiheit unterdrücken darf und gleichzeitig ökonomisch reüssiert, wird zum neuen Role-Model.

– Würde Rot-Rot-Grün irgendwo in die politische Verantwortung gewählt, um mit alten Funktionärskonzepten den neuen Auswüchsen eines fast ungesteuerten Kapitalismus entgegenzutreten, würden auch traditionsreiche Global Player aus Deutschland ihre Firmensitze noch vor der ersten Gesetzesvorlage verlagern – etwa ins Stiftungs-Steuerparadies Österreich oder nach Luxemburg.

– Regierungen mit Rechtsaußenbeteiligung hingegen stoßen immer weniger auf internationale Ächtung, siehe Italien. Die Zahl rechtsextremer Straftaten steigt auf Rekordwerte, allein im Jahr 2008 in Deutschland um knapp 30 Prozent auf fast 14 000 Delikte.[50]

– Parallelgesellschaften werden zur Selbstverständlichkeit, nicht nur im gereizten Nebeneinander der Kulturen, sondern auch in der örtlichen Nähe von Reich und Arm. So wird der Mangel auch in ausgeprägten Wohlstandsregionen wie in Baden am Rhein oder in Baden bei Wien wieder zum auffälligen Nachbarn. Wer im Beruf nur einmal danebentritt, fällt tief – auch als Akademiker.

– Bald wird auch in Kontinentaleuropa eine kalifornische Realität einkehren: Der US-Sonnenstaat investiert mehr in Gefängnisse als in Schulen. Gleichzeitig brechen Rentenabsicherung und das bisherige Gesundheitssystem weg. Aktien von privaten Gefängnisbetreibern werden so wohl auch bald zwischen Stockholm und Mailand zum einträglichen Geschäft.

– Durch die versuchte individuelle Absicherung über private Lebens- und Krankenversicherungen steigt der Renditedruck auf die Unternehmen weiter; die Erträge mögen auch für Kleinanleger beträchtlich sein. Doch wer, etwa über eine Lebensversicherung, in die Aktien seines eigenen Arbeitgebers mit hoher Gewinnerwartung investiert, investiert damit auch in seine eigene Kündigungswahrscheinlichkeit.

Ja, es ist sicher richtig, dass sich die Lawine durch große volkswirtschaftliche Wachstumsschübe zumindest stoppen ließe. Doch erst ab mindestens jährlich zwei Prozent Zuwachs des Bruttosozialprodukts hätte dies nennenswerte Auswirkungen auf den Arbeitsmarkt. Und wo und woher bitte soll eine solche Dynamik in Europa schnell, lang während und ökologisch nachhaltig kommen?

Stattdessen wird sich die Lawine mit ihrer zerstörerischen Wucht weiter ins Tal wälzen. Ihr Schlamm und Geröll werden Aufstände und moderne Maschinenstürmerei sein. Beamte und andere staatsnahe Privilegierte werden ihre Vorrechte ebenso störrisch verteidigen wie seinerzeit nach dem Ersten Weltkrieg. Mit Streiks, endlosen Gerichtsprozessen gegen Verzichtsauflagen und schließlich offenem Widerstand werden auch öffentlich-rechtliche Staatsdiener dem Gemeinwesen weiter zusetzen. Gewerkschaften, die früher um höhere Löhne rangen, treiben jetzt gerade mal die Abfindungen bei Stellenkürzungen und Betriebsschließungen in die Höhe. Sie sorgen, wie die Wiener sagen, für die »schöne Leich'«, oft kaum für mehr.

Welch bittere Prognose für Deutschland und Österreich: Jegliche Regierung, ob eine breite Große Koalition oder eine fragile Rechts-Liberal-Rechts-Equipe, wird die verheerende Lawine in den kommenden Jahren nicht aufhalten können. Große Unternehmen haben Investitionsentscheidungen und Kürzungen, die auch in den Nuller-Jahren des dritten Jahrtausends noch arbeitsplatzwirksam werden, großteils schon getroffen. Der deutsche Sprachraum wird da nicht zu den Gewinnern zählen, allenfalls in Nischen, an besonderen Standorten, in Summe aber nicht.

2009 ist somit das Jahr eines politischen Showdowns: Zwei

Generationen nach 1945 werden die Enkel der Kriegsteilnehmer binnen weniger Monate ihre Vertreter bei der Europawahl und dann den deutschen Bundestag neu wählen. Auch in Österreich stehen Wahlen in Serie an. Es kann, wenn sich die politökonomische Lawine weiter so zu Tal schiebt, zu einem Felssturz kommen – linksrum oder rechtsrum. Jedenfalls gerichtet gegen die bisherige Politelite. Vor allem dann, wenn sie an ihren Plänen der Entgrenzung – ökonomisch, politisch und gesellschaftlich – weiter festhält. Eine Logik, wonach die EU bislang leider nicht funktioniere, aber mit einer noch größeren EU – am besten unter Einbeziehung der Türkei – die Probleme lösen könnte, führt sich ad absurdum.

Was sich 2009 vielleicht noch verdrängen lässt, spätestens 2012 wird es durchschlagen, und so der europäische Rütli-Schwur unausweichlich sein: Wer wird einem dann zu verhandelnden europäischen Finanzrahmen für die Jahre 2014 bis 2020 mit einem Volumen von fast 1,5 Billionen Euro seine Zustimmung geben können, wenn sich bis dahin die Rahmenbedingungen in Europa und vor allem in Deutschland nicht grundlegend geändert haben?

Wenn nicht rasch die Stellhebel unserer Gesellschaften entscheidend bewegt werden, steuern wir auf neue Kriege auch innerhalb der Grenzen der Europäischen Union zu. Was an Aufruhr und Zerstörungskraft schon in den Banlieues von Paris und zuletzt im Dezember 2008 in Athen für Schrecken sorgte, kann jederzeit auch zur gesellschaftlichen Wirklichkeit in Gelsenkirchen, Berlin oder Frankfurt werden. »Wir befinden uns bereits in einer vorrevolutionären Situation«, urteilen renommierte Gesellschaftswissenschaftler wie der französische Philosoph Paul Virilio.[51]

Im Frühjahr 2009 mehren sich die Anzeichen für ein großräumiges Aufbegehren. In Sofia, Riga und Vilnius kommt es zu Massenprotesten gegen die jeweiligen Regierungen, im nordenglischen Lincolnshire stellen sich britische Raffineriearbeiter gegen italienische und portugiesische Kollegen, die zu Dumpinglöhnen ins Land geholt wurden. In Irland verlassen polnische Dienstleister unter chauvinistischen Schmährufen die Insel. Was kommt als Nächstes?»Werden die Leute nach dem Hummer-Prinzip langsam abgekocht oder werden sie vorher rebellieren?«, fragt schon der ehemalige IBM-Manager Ulrich Künzel.[52]

Die politische Elite hat zu den drängenden Fragen seit vielen Jahren keine Antworten, geschweige denn Lösungen gefunden: Finanzspekulationen, Arbeitslosigkeit, soziale Ungerechtigkeit, Ausbildung, Renten, Gesundheit – alles, wofür man ernst zu nehmendes politisches Leadership bräuchte, liegt im Argen. Allenfalls bei der Terrorbekämpfung scheint es Erfolge zu geben, wenngleich die tatsächliche Bedrohung da schwer abzuschätzen und die anhaltende Einengung von Bürgerrechten ein hoher Preis für das Sicherheitsgefühl ist. Und selbst wenn es bald gelänge, all diese Probleme in den Griff zu bekommen, so bliebe immer noch die Frage der globalen Klimaveränderung, die uns Jahrzehnt für Jahrzehnt mehr in Atem hält: Hurrikane wie Katrina oder Rekordtemperaturen sind nur immer weitere Menetekel. Und durch den globalen Bankenkollaps 2008 ist die Klimadebatte, die sich nach dem aufrüttelnden Bericht des Wissenschaftlerkreises um den britischen Ökonomen Nicholas Stern im Herbst 2006 endlich substanziell zu bewegen schien, erneut ins Hintertreffen geraten. Aus der bereits akklamierten Klimaschutz-Kanzlerin Angela Merkel wurde wieder eine Geisel jener Lobbyisten, die verlangen, überall Konjunkturlöcher zu stopfen und eben nicht an die umweltpolitische Substanz zu gehen. Nun konzentriert sich die Hoffnung ausgerechnet auf die größten Energieverschwender, die USA. Doch welchem Druck muss die Administration des neu gewählten Präsidenten Barack Obama erst standhalten, um den Turnaround jenseits von begeisternden Regierungsansprachen auch realpolitisch durchzusetzen?

Der Europäische Traum von Freiheit, Gleichheit und Brüderlichkeit ist so für lange, lange Zeit ausgeträumt. Erst recht, wenn sich auch noch die Energie- und Klimafrage verselbstständigt, der Nuklearkonflikt mit dem Iran nicht friedlich gelöst wird und das wechselseitige religiöse Hochschaukeln heiligen Hasses einen medial aufgeputschten »Kampf der Kulturen« befördert.

Dabei war zur Jahrtausendwende, also noch vor einem Jahrzehnt, sehr wohl ein historisches Zeitfenster geöffnet, Europas Traum umzusetzen. Die anstehenden Verwerfungen, die Risiken wie auch die neuen Chancen durch die Globalisierung waren bereits klar abschätzbar, die damals 15 Mitgliedsstaaten der EU hätten sich gemeinsam gut wappnen können – vor allem mit einem soliden EU-Grundlagenvertrag und einem wirtschaftspolitischen Ordnungsrahmen, inklusive solidarischer Flexibilisierung nach innen. Nunmehr ist jedoch der Ungeist aus der Flasche, die Jeannie des ungezügelten »Catch-as-catch-can«. Partikularinteressen und die Weltfinanzmärkte wurden ungleich stärker als die gegenwärtige Europäische Union. Als eine Art »Vereinigte Betriebswirte Europas« wird sie allerdings kläglich scheitern. Statt sich gemeinsam mit einer souveränen, überschaubaren Union wie mit einem leistungsstarken, wenn auch substanziell überholungsbedürftigen Tanker durch die Stürme zu retten, gilt nunmehr das individuelle »Rette sich, wer kann«. Nur den Cleveren, Schnellen und Wohlhabenden wird dies gelingen. Ohne politische Gestaltung gibt es jedoch keinen Frieden nach außen, auch nicht im Innenbereich. Mit drastisch falscher Politik dito.

Wir sind fahrlässig in die Globalisierungsfalle getappt. Und statt den Europäischen Traum zu verwirklichen, rutschen wir ab in die Europafalle. Sie ist das Ergebnis des weitestgehend kollektiven Versagens der gegenwärtigen politischen Elite in Europa – egal ob konservativ, links, liberal oder grün. Denn während sich der sogenannte öffentliche politische Diskurs – also vor allem Politakteure und Beobachter, die in den Massenmedien zu Wort kommen – fast überall an nationalen Problemen festbeißt (und dabei auch zu manch sinnvoller

Korrektur führen kann), werden die zentralen Weichenstellungen in Brüssel getroffen. Die Handlungsabläufe in der EU-Hauptstadt, ihr Selbstverständnis, ihre Kabale und Skandale prägen und bestimmen somit das Antlitz und die Kraft Europas maßgeblich – wenngleich öffentlich noch immer kaum beachtet. Die zentralen Entscheidungen, die Politik und Wirtschaft in Europa betreffen, fallen inzwischen in Brüssel, urteilen übereinstimmend Wissenschaftler, erfahrene Spitzenmanager und klarsichtige Spitzenpolitiker.

Brüssel ist das Kraftzentrum in der Champions League der europäischen Politik, einsam vorneweg. Berlins Bundestag spielt, politisch betrachtet, nur in der Bundesliga. Lediglich London mit seinem Finanzplatz und seiner Verwachsenheit mit den USA sowie Paris mit seiner global-kolonial nachglühenden Diplomatie stechen hervor, bisweilen ziehen sie die Führung an sich. Wien, die einstige Donaumetropole, ist auch politisch längst nur noch Museumsstadt, vordergründig gemütlich, hintenrum beleidigt widerborstig. Rom wiederum beteiligt sich oft erst dann ernstlich an übergreifenden politischen Prozessen, wenn die Richtung einer Entscheidung grundsätzlich bereits feststeht. Und Madrid und neuerdings Warschau kümmern sich fast nur um eines: um die beständig einzufordernden Subventionen durch die EU-Nettozahler.

Was wichtig ist, wird im EU-System verhandelt und beschlossen, erst dann in nationale Gesetze gegossen – im Berliner Reichstag oder im österreichischen Parlament an der Ringstraße gleichermaßen. Selbst wenn es zu keiner Entscheidung kommt – wie so oft in zentralen Fragen: Auch der Nichtentscheid entscheidet sich in Brüssel.

Folgerichtig sind in Europas Politmetropole fast so viele Journalisten akkreditiert wie in Washington D. C. Was sich in der US-Hauptstadt an Führungskräften, Lobbyisten und professionellen Beobachtern »inside the beltway« konzentriert, innerhalb des weitläufigen Autobahnrings, verdichtet sich in Brüssel auf einen Bruchteil dieser Fläche entlang einiger Avenues rund um den Rond-Point Schuman, ein lärmiger

Kreisverkehr. Das EU-Establishment aus Politik, Wirtschaft, Nato und Medien trifft sich da noch öfter an den immer gleichen Orten als die US-Insider auf der anderen Seite des Atlantiks. »Das ist hier Inzucht«, stellt Erika Mann fest, selbst eine ausgebuffte EU-Abgeordnete und Lobbyistenfreundin mit allerbesten Verbindungen von Washingtons Kapitol bis in den Berliner Reichstag.[53]

Anders als Washington durch den Watergate-Skandal ist Brüssels Inzuchtsystem aber noch nie fundamental erschüttert worden. Zwar kam es im Jahr 1999 überraschend zum vorzeitigen Rücktritt der EU-Kommission, mithin der Hüterin aller EU-Verträge mit ihrem alleinigen Recht, die EU-Richtlinien einzubringen.

Die persönliche Bereicherung der französischen Kommissarin Edith Cresson ließ sich damals nicht länger vertuschen, das EU-Parlament hakte nach, ein zur Befriedung bestellter externer Weisenrat trieb die selbstherrlichen Kommissare unerwartet noch mehr in die Enge. Die Ablösung aller 15 EU-Kommissare wollte aber eigentlich kaum jemand, sie ergab sich aus einer Pannenserie und geriet damit zum peinlichen Betriebsunfall in einem sich ansonsten souverän absichernden Politgefüge.

Bestrahlt von den TV-Lichtern der Weltöffentlichkeit setzte der nachfolgende EU-Kommissionspräsident, der Italiener Romano Prodi, vollmundig eine »Revolution in der Arbeitsweise« aufs Programm[54], der für die Reformen zuständige neue EU-Kommissar Neil Kinnock stellte die »beste Verwaltung der Welt« in Aussicht.[55]

Doch jetzt, ein Jahrzehnt später, ist die Lage in der Union noch viel schlimmer als am skandalträchtigen Ende des vergangenen Jahrhunderts. Hätte Prodi auch nur die zweit- oder drittbeste Administration in Brüssel etabliert, er wäre international zu Recht gefeiert worden. Die zahllosen Versprechen der Verantwortungsträger verkamen allerdings zum öffentlichkeitsblendenden Ankündigungspalaver. Das beherrscht das Brüsseler System zweifellos professionell. Die bekenntnisreichen Sendeminuten in TV-Nachrichten und Politmagazinen rund um den Eklat 1999 waren nicht einmal die überschaubaren Übertragungskosten der Fernsehanstalten wert, die das Mea Culpa der Ertappten von Brüssel per Satellit bis in die Wohnzimmer auf Madeira oder in Rovaniemi ausstrahlten. Die Aufmerksamkeit von Millionen europäischer Wähler und Wählerinnen war vergebens, erst recht deren aufkeimender Glaube an einen substanziellen Reformwillen in ihrer Polit-Hauptstadt.

Denn kaum waren die Scheinwerfer der europäischen Öffentlichkeit und mit ihnen das politikrelevante Interesse an den Vorgängen erloschen, kehrte Brüssels Establishment zurück zum Business as usual. Und dabei treiben sie es immer doller. Der gegenwärtige Kommissionschef José Manuel Barroso sah sich schon von Beginn an mit Vorwürfen der Interessensverquickung konfrontiert, Kommissare und Ex-Kommissare lassen sich hochleben in ihrer Brüsseler Enklave.

Politiker als Selbstzweck

Der schlechte Ruf der Politiker besteht inzwischen zu Unrecht. Sie sind in Wirklichkeit noch viel schlimmer. Statt die existenziellen Probleme in der Union ernsthaft anzupacken, verwenden unzählige Politiker 80 Prozent ihrer Zeit, um sich ihre Posten zu erhalten oder in ihren eigenen Karrieren voranzukommen.

Sparsamkeit und Effizienz sind ihnen wesensfremd. Beim Abzocken hingegen fehlt weiterhin fast jeder Skrupel: Verschwendung, Lügen, abgeschmackte Intrigen, Prasserei, Umleitung von Euro-Millionen in die privaten Taschen ohne Leistung, eine zynische Gier ohne Ende und ein menschenverachtendes Desinteresse am Wähler sowie an Problemlösungen – all dies bleibt eine Selbstverständlichkeit, auch nach den Besserungsgelübden im letzten Europa-Wahlkampf 2004. Bei kostenehrlicher Abrechnung ihrer Aufwendungen müssten allein die 785 EU-Abgeordneten insgesamt auf 60 Millionen Euro jährlich verzichten, der Steuerzahler wäre damit nicht belastet. Lediglich 37 Parlamentarier leisteten zuletzt aber von ihren unhaltbar hohen Reisekostenpauschalen eine Rückzahlung – in der Gesamthöhe von 234 000 Euro. Welcher Hohn.

Den politischen EU-Alltag beherrschen somit Zustände, wie sie in den einzelnen Mitgliedsstaaten kaum noch vorstellbar sind, weil Bürger und Medien vor Ort dies kaum je zugelassen oder längst eingegriffen haben. Dabei darf nie vergessen werden, dass Brüssels Establishment sich aus allen Staaten der Union speist. Es sind keine eingeflogenen Aliens, sondern Menschen mit zumeist engsten Verbindungen zu Entscheidungsträgern in den Mitgliedsstaaten und mit entsprechenden direkten Abhängigkeiten. Kein Politiker wird etwa EU-Kommissar, ohne von der Regierung seines Heimatstaates aufgestellt zu werden, kein EU-Parlamentarier kann im Plenum eine Rede halten, ohne vom Volk eines Mitgliedsstaates gewählt worden zu sein.

Doch das Abzocksystem Brüssel lebt letztlich davon, dass es keine gemeinsame europäische Öffentlichkeit gibt und es für den einzelnen Bürger (noch) fast unmöglich ist, Licht ins Schattenreich zu bringen. Wenn interessierte Bürger bis nach Straßburg oder Brüssel reisen, um die EU-Institutionen zu besuchen, ist der Satz des früheren Parlaments-Vizepräsidenten Gerhard Schmid in vielen Abgeordnetenmündern: »Besuchergruppen sind Wähler in ihrer schlimmsten Form.«[56]

Im Sumpf, den niemand beachtet, können selbst fleischfressende Pflanzen ungehindert blühen:

– Im Europäischen Parlament mit seinen 785 direkt gewählten Volksvertretern beobachtete Pauline Green, die langjährige Vorsitzende der Fraktion der Europäischen Sozialdemokraten, schon vor Langem: »Da arbeiten höchstens 100.«[57]
– Für die EU-Kommission, die Ministerräte und das Parlament schreiben Lobbyisten die Vorlagen, aus denen später

verbindliche Richtlinien und Verordnungen für die ganze Union werden.[58]
- Im Ausschuss der Regionen mit seinen 428 Mitgliedern, darunter Ministerpräsidenten aus Bundesländern und Landeshauptleute, regiert Frust über die eigene Einflusslosigkeit und raffinierte Spesenritterei, übertroffen vielleicht noch von Praktiken im Wirtschafts- und Sozialausschuss (221 Vollmitglieder).
- 32 Milliarden Euro werden nötig sein, um allein die bis Ende 2008 angefallenen Rentenansprüche an die 40 000 noch aktiven EU-Beamten einzulösen.[59] Rücklagen gibt es kaum, auch die künftige Generation an Steuerzahlern wird so mit Zahlungen belastet sein. Die monatliche Durchschnittsrente (vom Sachbearbeiter bis zur Generaldirektorin) überschreitet im Jahr 2009 die 6000-Euro-Marke, bei vergleichsweise geringer EU-Besteuerung.

Und, und, und.

Insgesamt hat der europäische Politikapparat ungeahnte Dimensionen erreicht. Mehr als drei Millionen Beschäftigte sind EU-weit politiknah beschäftigt, verblüffend groß ist in Deutschland und Österreich auch die Zahl der Volksvertreter, die dafür entlohnt werden – siehe Übersicht »Der europäische Politikbetrieb«, Seite 41.

Während persönliches Sparen für den Großteil der Europäer immer weniger der eigenen Vermögensmehrung gilt, sondern gegen einen drohenden Absturz bei Arbeitslosigkeit, langer Krankheit oder im Alter vorsorgen soll, bleibt dies den Nutznießern des Brüsseler Systems fremd. Weiterhin lautet stattdessen ihr Motto: »Darf's noch ein bisserl mehr sein?«

Schon jetzt sind die Diäten und versteckten Einkünfte der EU-Politiker mehr als üppig. Der Einkommensturbo wird durch das neue Abgeordnetstatut, das in der neuen Legislaturperiode ab Juli 2009 gelten wird, noch beschleunigt.[60]

Dabei greift ein psychologischer Mechanismus der besonderen Art. Die meisten Politiker wollten ihre Anliegen ernsthaft voranbringen, als sie sich für diesen Beruf entschieden. Mit jeder Niederlage, mit jedem Nicht-zum-Zuge-Kommen wuchs jedoch die Enttäuschung. Demütigungen durch »Parteifreunde« und letztlich die Machtlosigkeit des einzelnen Hinterbänklers wirkten bei vielen wie das Kippen eines Schalters: Aus anfänglich idealistischen Engagierten wurden verhärmte, gekränkte Zyniker, die zulangen, wo immer es möglich und scheinbar ohne Risiko ist. Die unbeobachtete Selbstbedienung wird individuell zur gerechtfertigten Selbstbelohnung und Entschädigung für erlittene Schmach und verdrängte Ohnmacht. »Ihr könnt mich alle« wird für viele zum Leitmotiv, unkontrolliert und großzügigst finanziert von den Steuerzahlern Europas.

Das Verantwortungsgefühl, wohl bei vielen zu Beginn ihres Berufslebens noch wichtige Triebfeder, ist zumindest betäubt, wenn nicht völlig verkümmert. In Gesprächen über die eigene Lebenswirklichkeit kommt es jedenfalls so selten vor wie blühendes Edelweiß in den Alpen.

Wie immun die große Mehrheit der Volksvertreter und Beamten schon gegen die erlebte Wirklichkeit der Allgemeinheit geworden ist, zeigt sich gerade bei der Rentenfrage. Schon nach fünf Jahren EU-Parlamentszugehörigkeit, mithin einer einzigen Gesetzgebungsperiode, und nach einer einzigen erfolgreich bestrittenen Wahl können sich Abgeordnete einen zusätzlichen Rentenanspruch erwerben. Er ist fast doppelt so hoch wie die Durchschnittsrente von 822 Euro je Monat in Deutschland am Ende eines jahrzehntelangen Berufslebens.[61] In Österreich müsste der Bezieher eines Durchschnittseinkommens für die EU-Abgeordneten-Grundpension 67 Jahre lang, in Schweden 78 und in Portugal gar 105 Jahre lang arbeiten. Der bescheidene Beitrag, den Parlamentarier für diese Luxusrente leisten müssen, wurde praktischerweise bis vor Kurzem von einer monatlich ausgezahlten EU-Bürokostenpauschale abgebucht, die offiziell dann aus Eigenmitteln des Abgeordneten wieder ausgeglichen werden müsste. Doch niemand kontrollierte dies. »Ich kenne nir-

Der unendlich aufgeblähte Politikapparat in der Europäischen Union

Der europäische Politikbetrieb			
Bezahlte Tätigkeiten	Deutsch-land	Öster-reich	EU-Zentrale
Volksvertreter	288 648	43 992	1 485
Persönliche Mitarbeiter der Volksvertreter	8 550	350	1 500
Mitarbeiter der politischen Fraktionen	2 343	350	800
Mitarbeiter bei Parteien	1 500	1 700	150
Präsident (bzw. EU-Kommissionspräsident)	1	1	1
Persönliche Mitarbeiter der Präsidenten	4	5	20
Regierungsmitglieder (bzw. EU-Kommissare)	76	18	26
Persönliche Mitarbeiter der Regierungsmitglieder	120	150	270
Sonderberater der Regierungsmitglieder	100	250	55
Mitarbeiter der Ständigen Vertretungen in Brüssel	190	150	–
Diplomaten in EU-Mitgliedsstaaten	250	94	–
Mitglieder der Landesregierungen	290	71	–
Persönliche Mitarbeiter der Mitglieder der Landesregierungen	400	100	–
Mitarbeiter in Gewerkschaften und Arbeitnehmer-verbänden	15 000	4 537	2 000
Mitarbeiter in Wirtschafts- und Industrieverbänden	150 000	6 940	14 000
Sonstige Lobbyisten (z. B. Politikberater, NGO-Mitarbeiter)	6 000	1 000	6 000
Politikjournalisten	6 500	950	1 000
Mitarbeiter im Politikbetrieb insgesamt	479 972	60 668	24 176
Mitarbeiter im Politikbetrieb in allen 27 EU-Mitgliedsstaaten			3,1 Millionen
plus Beamte	3 120 972	325 413	64 003
Politikbetrieb in allen 27 EU-Mitgliedsstaaten plus Beamte			18,9 Millionen

Die Volksvertreter der EU-Zentrale sind die Mitglieder des Europäischen Parlaments, des Wirtschafts- und Sozialausschusses sowie des Ausschusses der Regionen.

Quellen: Beamte Österreich und Deutschland: OECD 2007 (Frankreich 2006); EU-Beamte: Centrum für Europäische Politik 2009. Die restlichen Daten wurden durch Internet- und Literaturrecherchen sowie durch schriftliche und telefonische Anfragen bei den verschiedenen Dienstgebern erhoben; bisweilen darauf basierende Schätzungen. Stand Januar 2009.

gendwo auf der Welt ein besseres Rentensystem«, lockt der Vorsitzende des parlamentarischen Pensionsfonds, der langjährige EU-Abgeordnete Richard Balfe, die Neuankömmlinge ins System.[62]

Absurd überhöhte Spesen und Privilegien werden aber auch Beamten, Dolmetschern, Mitgliedern des EU-Rechnungshofes und den EU-Richtern eingeräumt – eine unendliche Bonanza auf Kosten der Steuerzahler. Ausnehmend populär ist etwa der vorzeitige Ruhestand. Ein Drittel aller deutschen und österreichischen EU-Beamten, die in Rente gehen, kommen schon vor Erreichen des im Beamtenstatut vorgesehenen Alters in den Genuss ihrer goldenen Jahre.[63] Damit sind schon jetzt die Steuerzahler der Zukunft auf Jahrzehnte hin fix und hoch belastet. Einkommen und Vergünstigungen der Richter am Europäischen Gerichtshof wiederum hinterlassen bei Gerichtskollegen in aller Welt ungläubiges Staunen.

Wenn EU-Beamte immer neue Wünsche anmelden, sind Abgeordnete gerne zu Diensten. Sie arbeiten ja eng mit ihnen zusammen, viele Beamte erledigen ihnen die Berichtsarbeit, die in der Öffentlichkeit oft fälschlich vor allem den Parlamentariern persönlich zugeschrieben wird: »Man hilft einander« und man will es sich auch nicht verscherzen. Was in den einzelnen Nationalstaaten zu wütenden Protesten führen würde – im fernen, scheinbar fremden Brüssel schaut keiner genau hin.

Mit der EU-Erweiterung von 15 auf 27 Staaten kam es zur Vermählung der Brüsseler Korruptionskultur mit der Korruptionskultur des Ostens. Dabei kann sich der individuelle Vorwurf an die Zuwanderer von Lettland bis Zypern durchaus in Grenzen halten. Im Budapester Parlament erhält ein Abgeordneter um die 210 000 Forint im Monat, umgerechnet 840 Euro.[64] So viel bekommt er als EU-Mandatar in Straßburg nach drei Plenartagen allein an Tagegeld. Ein slowakischer EU-Parlamentarier verdient acht Mal so viel wie sein Staatspräsident in Bratislava. Und die beinahe täglichen Gratisbankette haben Brüsseler Qualität, Paris liegt um die Ecke. Wer würde da nicht auch sündigen?

Gewicht bekommen da detaillierte Umfragen, wonach zum Beispiel 42 Prozent aller Slowaken überzeugt sind, dass sie vor ihren Gerichten nur durch aktive Bestechung zu ihrem Recht kommen können.[65] In den meisten anderen EU-Beitrittsländern sehen es die Bürger ähnlich. In vielen dieser Staaten konnte im Vorfeld der Erweiterung auch nur ein Bruchteil der bereits zur Verfügung stehenden EU-Gelder eingesetzt werden, vor allem wegen fehlender verlässlicher Verwaltungseinrichtungen vor Ort.

Mit der Wucht einer Straßenwalze in ferngesteuerter Vorwärtsbewegung wurden auch Warnungen übergangen, zu Beginn der Erweiterung zehn neue Kommissare mit aufwändigsten Mitarbeiterstäben, doch ohne jeden Zuständigkeitsbereich in bestens ausgestatteten Brüsseler Büros zu installieren. Bis November 2004, bis zur Neubestellung der gesamten EU-Kommission und entsprechend neuer Aufgabenverteilung, leistete sich die Union somit opulent zusätzliche Frühstücksdirektoren samt europaweiter Entourage. Und manchen Kommissaren wird noch jahrelang das Gehalt weiterbezahlt, unabhängig von einem anderen Job.

Zuletzt rangen Europas Finanzpolitiker um mehr als eine Billion Euro, das größte Finanzpaket, das je in der Union geschnürt wurde. Es ging um die Rahmen-Markierungen für die EU-Budgets der Jahre 2007 bis 2013. Dabei kam es zu einem Verteilungskonflikt, der die EU an die Grenzen ihrer Belastbarkeit führte. Der gefeierte Kompromiss beim EU-Gipfel im Dezember 2005 brachte nur eine Scheinlösung. Medial konnte sich die deutsche Kanzlerin Merkel zwar als Trouble Shooter in Szene setzen. Doch in der Stille der Weihnachtszeit wurde dann bekannt, dass der Budgetfrieden nur zustande kam, weil Deutschland erneut zusätzliche Gelder für Brüssel freimachte. Aus dem generösen System Kohl, der als Bundeskanzler beständig mit neuen Steuergeldgeschenken in der EU-Hauptstadt glänzte, wurde so die Blaupause

Merkel. Und auch Österreichs Regierung zahlte wieder zu. Es handelt sich längst um ein Fass ohne Boden.

Dabei könnten und müssten allein bei den EU-Subventionsfonds in der Landwirtschaft und bei den EU-Strukturfonds jährlich Dutzende Milliarden Euro eingespart oder zumindest essenziell anders verteilt werden. Hunderte Millionen Euro ließen sich allein im Bereich des Europäischen Parlaments sparen. Locker – ohne jeden Verlust an Demokratie, doch bei erheblichem Effizienzgewinn, jedes Jahr.

Stattdessen will die Mehrheit der Politiker immer mehr. Doch woher?

Können, sollen und wollen die Deutschen, und ihrer Größe entsprechend auch die Österreicher, in ihrer eigenen bedrängten Lage weiter die Rolle des Zahlmeisters übernehmen?

Wohlstand und Demokratie als Opfer

In der größten je erlebten Wohlstandsdekade auf dem europäischen Kontinent, in den 90er-Jahren des vergangenen Jahrhunderts, fand sich Europas politische Elite jäh vor einem weit geöffneten Zeitfenster für den großen Wurf.

Der Mauerfall, dazu ein anhaltendes Wirtschaftswachstum gepaart mit dem Boom in den USA und der globalen und regionalen Erschließung des Internets für die Massenkommunikation – was gab es da für eine realistische Chance zur Finalisierung des europäischen Friedensprojekts nach dem Zweiten Weltkrieg. Die Europäische Wirtschaftsgemeinschaft EWG, die sich über die Europäische Union weiterentwickelte hin zu demokratischen, fairen »Vereinigten Staaten von Europa«!

Sozial im neuen, aufgeklärten Sinne hätte dieses Europa außerdem noch gestaltet werden können, als Orientierung und in vielem Vorbild für alle Erdenbürger, zumal zur Jahrtausendwende Sozialdemokraten in zehn der 15 Mitgliedstaaten die Regierungsgeschäfte lenkten. Kurz zuvor waren

sie sogar in 13 von 15 an der Macht zumindest beteiligt. Der
Europäische Traum war zum Greifen nah, nur ein paar
Grundsatzentscheidungen entfernt.

Doch diese historisch einzigartige Gelegenheit hat die politische Klasse Europas verspielt – aus Fahrlässigkeit, aus Igno-
ranz und Blindheit, aus Polit-Egozentrik und persönlichem
Egoismus, ja, auch aus Faulheit. Es waren damals jedenfalls
keineswegs Gegenspieler aus der Weltökonomie, etwa transnationale Konzernvorstände oder Fondsmanager milliarden-
schwerer Anlegerfonds, die den Durchbruch verhinderten.
Gerade Europas Wirtschaftskapitäne sehnten sich mit über-
ragender Mehrheit nach Klarheit, Einheitlichkeit und Verlässlichkeit bei Rahmenbedingungen. Die globalen Finanzmarkt-
Jongleure wiederum, die von Kleinstaaterei zu profitieren
wissen, hatten auf dem Brüsseler Parkett noch nicht ausreichend Fuß gefasst. Und den Weg versperrten auch (noch)
keine populistischen Regional- oder Nationalchauvinisten
von Gewicht.

Im Dezember 2001, beim EU-Gipfel im belgischen Lae-
ken, beschlossen die EU-Regierungschefs unter Druck die
Ausarbeitung einer EU-Verfassung durch einen aufwändigen
Konvent, dem in der Mehrzahl aber wieder nur nationale und
Europa-Parlamentarier angehören sollten.

Danach wurde nicht nur Unmengen Sand ins Getriebe des
Konvents geschüttet, sondern vor allem in die Augen der
Öffentlichkeit. Was das 103-köpfige Gremium als Ergebnis
präsentierte, verdiente den Namen »Verfassung« nicht. Es
war ein Etikettenschwindel, der Europas politische Grund-
probleme der Verantwortlichkeit, Transparenz der demokratischen Legitimität und der Chance auf sozialen Ausgleich
erneut nicht löste.

Wie ein Spiegelbild passte dazu das aggressive Unver-
ständnis des Brüsseler Establishments, als Franzosen und
Niederländer im Frühsommer 2005 mit klaren Mehrheiten
den ihnen vorgelegten Text ablehnten. Die Reaktion auf das
»Nein« war getragen von einer Einstellung, die der Schrift-

steller Heinrich von Kleist in seinem Klassiker *Der zerbrochene Krug* prägnant erfasst hatte: Blödsinnig Volk, das.

In der Nachfolge der gescheiterten EU-Verfassung wurde bei Geheimverhandlungen vor allem unter der Führung der deutschen Ratspräsidentschaft bis zum Oktober 2007 der sogenannte Lissabon-Vertrag zur Welt gebracht, eine Missgeburt von Anfang an. Wie schon bei der Verfassung schleusten die Parteieliten Deutschlands und Österreichs diesen neuen EU-Reformvertrag durch die Abstimmungsmaschinen ihrer nationalen Parlamente, kontroverse Debatten waren ausdrücklich nicht erwünscht. Was da durchgeboxt wurde, ist Augenwischerei. Könige wie Friedrich Wilhelm III. von Preußen oder der legendäre Habsburger-Kaiser Franz Josef I. waren im 19. Jahrhundert ehrlicher: Sie haben missliebige Verfassungstexte schlichtweg verboten.

Welch unerwartete politische Fügung, dass die einzige Volksabstimmung, die in allen 27 EU-Mitgliedsstaaten zum Lissabon-Text angesetzt wurde, in Irland im Juni 2008 ebenso ein eindeutiges »Nein« einbrachte wie zuvor die Referenden zur de facto deckungsgleichen EU-Verfassung in Frankreich und in den Niederlanden. So tragen nun die Iren das Banner für die Chance auf ein anderes Europa voran. Im Oktober 2009 wird ihre Regierung sie unter EU-Druck wieder an die Urnen rufen. Eine weitere Ablehnung böte die Möglichkeit zu einem demokratischen Durchbruch – siehe das Kapitel »Der Schicksalsvertrag«.

Denn die Herrschaft der EU-Räte, die hinter geschlossenen Türen die entscheidenden Fragen beschließen, bleibt auch mit dem Lissabon-Vertrag als Kopie der abgelehnten EU-Verfassung ungebrochen. Die vorgesehene neue Vielzahl an EU-Kommissaren ist für kleine Staaten wie Irland oder Österreich nur ein Scheinsieg, der die gewollte Verantwortungslosigkeit verlängert, verteilt auf möglichst viele Posten.

Es wird weiterhin keine unmissverständliche Gewaltenteilung geben, die für eine leistungsfähige Demokratie unverzichtbar ist, und auch keine ausreichenden Mehrheitsentscheidungen, weil einzelne Regierungen »ihren Standpunkt brachial durchgesetzt« haben, wie es nicht nur das österreichische Konventsmitglied Johannes Voggenhuber beobachtete.[66] Sinnvolle soziale Grundausrichtungen hatte bereits der Konvent, der den Verfassungsvertrag ursprünglich vorbereitete, gar nicht erst berücksichtigt.

Das Europäische Parlament würde auch weiterhin nicht zu einer vollwertigen Volksvertretung, es könnte auch in Zukunft keine EU-Richtlinien oder Verordnungen initiieren, nicht einmal einzelne Kommissare zur Verantwortung ziehen. »Pffff, das Parlament«, höhnte ein Regierungschef beim EU-Gipfel. »Das klang so, als ob es kaum etwas Verachtungswürdigeres gibt«, berichtete ein Augenzeuge, ein prominenter EU-Abgeordneter der SPD.[67]

Damit wurde die Stimmung auf den Punkt gebracht, die bis heute bei vielen real Mächtigen vorherrscht. Per Geheimpapier, das Ende 2003 bekannt wurde, forderten ausgerechnet Europas Finanzminister, die gesamte Finanzplanung der EU an sich zu ziehen und damit das ohnehin eingeschränkte Haushaltsrecht des Parlaments beinahe gänzlich zu drosseln.[68] »Das Budgetrecht ist das Königsrecht eines jeden Parlamentes, und es ist klar der Kriegsfall, wenn es da zu Veränderungen kommt«, hatte einer der gewichtigsten Europa-Abgeordneten, der Deutsche Elmar Brok, zuvor gewarnt.[69] Terence Wynn, der Vorsitzende des Budgetausschusses, nannte die Entwicklung eine »absolute Tragödie«, mit der die Volksvertretung »ihre Seele verliert«.[70]

Statt zu einer Europäisierung Großbritanniens kommt es nunmehr – mit und ohne Lissabonner EU-Reformvertrag – allenfalls zu einer Großbritannisierung Europas. Statt in den wirklich bedeutenden Fragen, die alle Mitgliedsstaaten gleichermaßen betreffen, eng zu kooperieren, gilt die Devise: Jeder ist seines Glückes Schmied. Damit verharrt Europa in einer Kleinstaaterei, welche die Nationalstaaten zu Spielbällen der Global Player degradiert, zumindest in der weltumspannenden Finanz- und Großinvestorenwelt. Und wenn auch noch der Türkei die EU-Mitgliedschaft zufällt, so wird die Union endgültig zu einem beliebigen Marktplatz der »Vereinten Nationen von Europa« zerbröseln. Eine europäische Uno, mithin eine Regional-Uno, cui bono? Jene Strategen, die immer nur eine gelähmte Union wollten, haben jedenfalls ihr Ziel erreicht. Doch welchen Preis kostete die größte Erweiterung in der Unionsgeschichte?

Ist so der Westen überhaupt reif für den Osten?

Die seriöse Antwort lautet: Nein. Denn die EU hat auch mit dem Lissabon-Vertrag ihre grundsätzlichsten Hausaufgaben nicht erledigt. Statt endlich Klarheit zu schaffen, brachten die Übereinkünfte der Staats- und Regierungschefs bislang noch mehr Klüngeleien und Verwirrung mit sich. Bei Abstimmungen in den Ministerräten werden weiterhin Taschenrechner benötigt, um festzustellen, ob es bei den komplizierten Stimmgewichtungen überhaupt zu einer jeweils ausreichenden Mehrheit gekommen ist. Die Größe und Arbeitsbereiche der künftigen Kommission sprechen einer effizienten Verwaltung Hohn, das Europaparlament wurde 2007 durch den Beitritt von Rumänien und Bulgarien mit 785 Abgeordneten in chinesische Volkskongress-Dimensionen aufgebläht.

John Palmer vom angesehenen European Policy Centre in Brüssel wie auch verschiedene deutsche Ministerpräsidenten argumentieren seit Jahren, dass ein Land, das so verfasst wäre wie die EU, sich nicht einmal um die EU-Mitgliedschaft bewerben könnte – wegen fehlender demokratischer Legitimation. Nicht einmal dieser fundamentale Mangel würde durch den vorliegenden EU-Reformvertrag beseitigt.

Dafür verstanden es Regierungschefs und Parteivorsitzende, für sich sogar weiteren Machtzuwachs herauszuverhandeln. Der CDU-Europaabgeordnete und Bertelsmann-Lobbyist Elmar Brok, einer der handverlesenen Top-Insider der Brüsseler Machtelite, ist aus Erfahrung überzeugt, dass es schlicht von der »Eitelkeit« der Staats- und Regierungsoberhäupter abhängt, wann und wo es in der EU zu fundamentalen Einigungen kommt.[71]

So gilt insgesamt noch immer, was Europa-Experte Francois Duchêne, Professor an der Universität Brighton, bereits im November 1988, zwölf Monate vor dem Fall des Eisernen Vorhangs, über Westeuropas reale Verfasstheit feststellte: »Im zwischenstaatlichen Bereich ist die Situation embryonal: Sie ähnelt mehr der feudalistischen Anarchie, wie sie herrschte, bevor die absoluten Monarchien den Rahmen schufen, in dem nach und nach eine staatsbürgerliche Diskussion einsetzen konnte.«[72]

Die Kosten für den ewigen politischen Embryo Europa sind unabschätzbar hoch.

Wenn fünf Sechstel aller Entscheidungen auf Brüsseler Ebene fallen, aber weder organisatorisch noch kompetenzmäßig entsprechend vorbereitet sind, wenn sie ohne Reife und Übersicht getroffen werden, so spürt dies jeder Bürger – auch ohne die Prozeduren im Detail zu kennen. Mittelständische Unternehmen und der bröckelnde breite gesellschaftliche Mittelstand zahlen die höchste Zeche, immer häufiger sacken sie ab. Die finanziellen Verwerfungen der Staatshaushalte in den Ländern, aber auch Arbeitslosigkeit und Gesundheitsprobleme sind im umfassenden Binnenmarkt Europa längst nicht nur hausgemacht.

Wenn Brüssel versagt, versagen auch Berlin, Paris und Wien – nicht nur umgekehrt. Das Scheitern des Stabilitätspakts, der anstehende Stellenabbau in Deutschland auf das Beschäftigungsniveau von vor zehn Jahren, die höchste Arbeitslosigkeit in Österreich seit 1953, die verschlampte Wegekostenrichtlinie, das untaugliche Mautsystem und der dröhnende LKW-Transit durch enge Alpentäler, die weiterhin bestehenden Steuerschlupflöcher für Privilegierte einerseits und die aberwitzige Steuerbelastung für Durchschnittsverdiener andererseits – unablässig verlängert sich die Liste der Untaten.

Es ist der große Skandal der Gegenwart, dass die politische Elite Europas in dieser Situation die Verantwortung nicht demokratisch regelt, sondern weiterhin von sich schiebt und mauschelt, als ginge es wie in früheren Jahrzehnten nur um die möglichst ausgewogene Verteilung eines stets wachsenden Wohlstandskuchens.

Am Ende ist die Demokratie selbst das Opfer, und damit stellt sich die Demokratiefrage grundsätzlich neu. Denn die Stimmung ist gekippt. Das Europäische Projekt wird immer weniger verstanden, und was verstanden wird, stößt – verständlicherweise – auf wachsende Ablehnung. Auch in den Nationalstaaten brechen Parlamenten und Regierungen ihre Fundamente ein.

Während sich unter den entwickelten Demokratien lange Zeit nur die USA und der Sonderfall Schweiz mit niedrigen Wahlbeteiligungen zurechtfinden mussten, so ist ein massiver Trend nach unten inzwischen überall gefährliche Normalität: Trotz größter Beachtung gingen bei der vorgezogenen Wahl zum deutschen Bundestag im Herbst 2005 gerade noch 77,7 Prozent der Wähler an die Urnen, ein Minusrekord in der deutschen Nachkriegsgeschichte. 1972 waren es noch 91,1 Prozent. Bei den Wahlen in Bayern 2003 eroberte die triumphierende CSU zwar als erste Partei in einem Bundesland die Zweidrittelmehrheit der Sitze, verlor bei einer Wählerteilnahme von lediglich 57,1 Prozent real aber 280 000 Stimmen gegenüber dem vorangegangenen Wahlgang von 1998. In Bayern wurden die Nichtwähler damit deutlich zur stärksten »Partei« und blieben dies auch 2008.

Im Bundesland Brandenburg drängte es zuletzt nur 46 Prozent der Wähler zu den Kommunalwahlen, 78 Prozent waren es noch fünf Jahre davor. Frankreichs Präsidentschaftswahlkampf 2002, der Jean-Marie Le Pen noch einmal nach oben brachte, verzeichnete ein nationales Rekordtief von 73 Prozent, 2007 mit Nicolas Sarkozy kam es auch nur zu einem bescheidenen Wiederanstieg.

Dramatisch verläuft die Entwicklung in den meisten Staaten Osteuropas, die noch keine zwei Jahrzehnte lang ihren Bürgern freie und allgemeine Wahlen anbieten können. In der Slowakei sank die Wahlbeteiligung von 96,3 Prozent bei

den Parlamentswahlen innerhalb von 16 Jahren auf noch
54,7 Prozent. Bulgarien stürzte binnen 14 Jahren von fast 84
auf gerade noch 56 Prozent ab – siehe die Grafik zur bedrohlich sinkenden Wahlbeteiligung auf Seite 53.

Die letzte Europawahl 2004 brachte es im Durchschnitt der
teilnehmenden 25 EU-Länder auf 45,7 Prozent Wahlbeteiligung, noch einmal drei Prozent weniger als 1999. In Deutschland waren es gerade noch 43, in Österreich 42 und in Großbritannien 39 Prozent. In Polen verliefen sich nicht einmal
21 Prozent der Wähler in die Wahlkabinen. So bricht den
Volksvertretungen der Boden ein.

2009 zeichnet sich ein neues Debakel ab. Dass es auch
anders gehen kann, zeigte zuletzt freilich die US-Präsidenten-
wahl im November 2008. Dafür aber bedarf es einer aufrüttelnden Richtungsentscheidung, einen charismatischen Kandidaten inklusive. Auf dem europäischen Kontinent weht
hingegen bei den herkömmlichen Parteien der Wind der
Verwechselbarkeit und der Langeweile. Dem Großteil der
Gewählten ringt das Fernbleiben der Wähler allenfalls Kro-
kodilstränen ab, deren Halbwertszeit kaum die Woche über-
dauert, in der nach der Wahlnacht routiniert die »besorgnis-
erregende Wahlbeteiligung« beschworen wird.

»Dranbleiben, drinbleiben« ist vielmehr die Devise fast
aller Mandatsträger. Anders als Unternehmer hängen sie ja
nicht vom Umsatz durch die Kunden ab, sondern ringen nur
um einen wie immer stimmenkleinen Vorsprung vor den
Mitbewerbern. Die Wahl ist vielen allenfalls ein notwendiges
Übel. Ein ehemaliger Präsident des Europäischen Parlaments
erklärte bei einem großen Europäischen Sozialistenkongress
in Berlin unmissverständlich seine Grundauffassung: »Erst
wenn das mit einer Mehrheit von 66 Prozent organisiert ist,
kannst du demokratisch abstimmen lassen.«[73]

Parteien als Dinosaurier

Ins Mark treffen all diese Entwicklungen die politischen Parteien. Sie sind schwer krank.

Die Mitgliederzahlen haben sich in den vergangenen Jahren vielerorts halbiert, die der jungen Parteigänger sind oft auf ein Viertel abgesackt. Während damit die Basisfinanzierung der Parteien wegbricht, verkommt die innerparteiliche Willensbildung zur gespenstischen Debatte zumeist unter einer Handvoll Rentnern – mit verheerenden Auswirkungen aufs Führungspersonal.

»Ein üblicher Spitzenpolitiker will sich auf Schwierigkeiten gar nicht einlassen. Er trifft daher immer wieder die gleichen 50 Leute aus seiner kleinen Parteiwelt, und das in aller Regelmäßigkeit das ganze Jahr über. Sie sind für ihn wichtig, sie entscheiden über seine Zukunft. Ernsthafte Kontakte zu Menschen, die von den schnellen Veränderungen in Wirtschaft und Gesellschaft wirklich betroffen sind, sind hingegen dramatisch selten. Daher kam weitgehend das Gespür für die Massen abhanden, von denen die großen Parteien ja behaupten, dass sie sie vertreten«, analysierte Dietmar Ecker, Kommunikationschef der österreichischen Sozialdemokraten, als sie noch den Kanzler stellten.[74]

Wer in solchen, oft biedersten Parteikreisen überleben will, muss sich zunächst anpassen, wird verbogen und schließlich fast immer gebrochen, ehe er überhaupt als wichtiger Mandatar am politischen Gestaltungsprozess teilnehmen darf. Dabei geht fast zwangsläufig die Selbstachtung verloren, gleichzeitig wächst die Abhängigkeit, oft auch die Sucht nach Macht und deren Insignien.

»Die Partei ist eine Sekte«, warnte ein prominenter Sozialdemokrat, als er noch Bundeskanzler in Europa war: Österreichs Viktor Klima.[75] Folgerichtig bestimmen die Führer der nationalen Parteien allzu oft das Geschehen, gerade auch das Verhalten der Mandatsträger im Europäischen Parlament, die auf ihren Listen gewählt wurden. Nächtliche Anrufe aus der

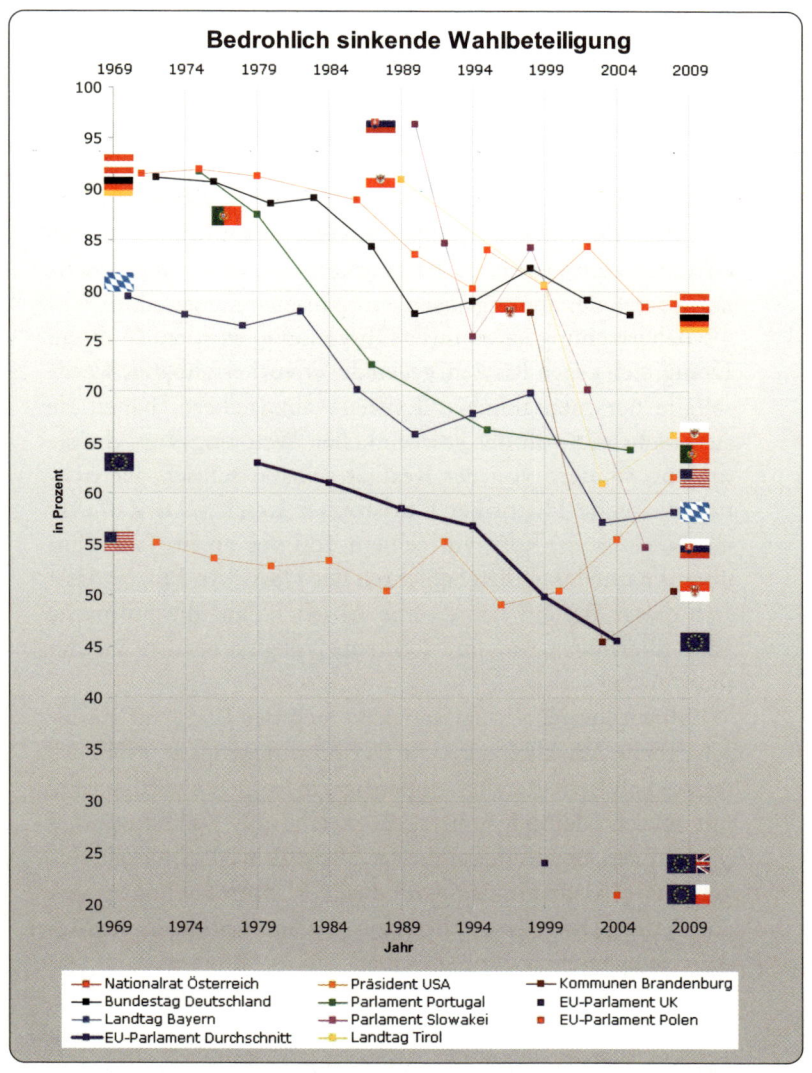

Bedrohlich sinkende Wahlbeteiligung

in Prozent

Jahr

Legende:
- Nationalrat Österreich
- Bundestag Deutschland
- Landtag Bayern
- EU-Parlament Durchschnitt
- Präsident USA
- Parlament Portugal
- Parlament Slowakei
- Landtag Tirol
- Kommunen Brandenburg
- EU-Parlament UK
- EU-Parlament Polen

Quelle: Angaben der Wahlbehörden in den verschiedenen Bundesländern, Staaten und des Europäischen Parlaments.

jeweiligen Hauptstadt nach Brüssel zwecks inhaltlicher Weisung sind eine Selbstverständlichkeit.[76]

Wer da »dran« und »drin« bleibt, auch das wird in diesem Buch zu belegen sein, verkommt viel zu oft zu einem deformierten Menschen. Abgeschottet in ihrer Kunstwelt laden sich die Mitglieder der politischen Klasse am liebsten untereinander zum geselligen Beisammensein ein – mit Vorliebe auf Kosten der ahnungslosen europäischen Steuerzahler.[77]

»Beherrschung ist zu ihrer Obsession geworden. In ihrem Drang, sich gegen Risiken, gegen die unvorhersehbaren Wechselfälle der menschlichen Existenz abzusichern, haben sie sich nicht nur von der gewöhnlichen Welt losgesagt, die sie umgibt, sondern von der Realität selbst«, schrieb der richtungweisende Historiker Christopher Lasch (*Das Zeitalter des Narzissmus*) kurz vor seinem Tod vor einem Jahrzehnt über die intellektuellen Schichten der USA.[78] In Europa lässt sich dieser Befund heute ohne Abstriche auf die politische Elite übertragen, auf ihre Rentenprivilegien ebenso wie auf ihren Alltag.

Einfach losgelöst – da versperrt sich der Blick auf gesellschaftliche Wirklichkeit. Die verloren gegangene Nähe zu tatsächlich Betroffenen kompensiert diese gegenwärtige Elite mit teuren Meinungsumfragen, welche die Volksstimmung oft sehr genau abbilden, aber vor allem zum Machterhalt eingesetzt werden. Unzählig oft bringen Entscheidungsträger auch intern Dinge erst in Bewegung, wenn einflussreiche Medien sie beharrlich dazu antreiben.

Kühl berechnend übernehmen Europa-Politiker, egal ob Volksvertreter oder nationale Minister, immer wieder einen Doppelpart: Im Wahlkreis zu Hause betonen sie, der Interessenswahrer der Region und des Mittelstands zu sein. In Brüssel folgen sie jedoch widerspruchslos den großen Vorgaben der Fraktionen, die oft den Regionen und kleingewerblichen Strukturen weiter schaden.[79] Keiner merkt es, ihnen nützt es beiderorts.

Wie Kinder beim Kartenspiel ändern sie dabei nicht selten

während ihrer Sitzungen plötzlich die Spielregeln, wenn ihnen eine Niederlage oder auch nur ein Imageschaden droht. Sogar bereits getroffene Entscheidungen werden derart nachträglich ungeschehen gemacht. Das Hauptaugenmerk gilt bei solchen Gelegenheiten fast immer der eigenen Zukunft und damit den Möglichkeiten in der eigenen Fraktion und Partei. Diese Grundorientierung ist aber so falsch, wie sie bei einem Automobil-Manager wäre, der sich fast nur nach den Vorstellungen seiner Abteilungsleiter und deren Sonderwünschen richtet, dabei aber die PKW-Käufer und deren Zufriedenheit weitestgehend aus den Augen verliert.

»Gewissen« und »Unabhängigkeit« bleiben in derartigen Regelkreisen notgedrungen Fremdworte von einem anderen Stern, eben aus der Welt der Nicht-Parteimitglieder. Der anhaltende Vertrauensverlust, die Glaubwürdigkeit – all dies ist innerhalb der Parteiwelten etwas Abstraktes, letztlich Unverstandenes. So fand der langjährige sozialdemokratische Parteichef und Kurzzeitkanzler Österreichs, Alfred Gusenbauer, nichts dabei, Aktienspekulation im Wahlkampf per Großinserat zu geißeln, beim intimen Parteiabend aber mit seinem Millionengewinn durch gewagte Aktienspekulation zu prahlen.[80] Selbstreflexion oder gar produktive Selbstkritik, das wird nicht gelernt. Innerhalb der Fraktion der europäischen Sozialdemokraten ist beides verpönt. Stattdessen legt deren Generalsekretariat monatliche Arbeitsberichte vor, die wie Siegesbulletins längst untergegangener kommunistischer Parteien auf deren Weg des immerwährenden Fortschritts klingen.

Dabei sollen Spitzenpolitiker doch »authentisch« sein, das erfahren sie bei jedem Medien-Coach im Grundkurs.[81] Gerade davor müssen sich allerdings viele fürchten, würde dann doch allgemein sichtbar, wie sehr ihr konkretes Verhalten und das entsprechende Wunschbild des Wählers auseinanderklaffen. Viel zu viele Volksvertreter glauben auch längst nicht mehr an das, was sie fordern, ja sie erinnern sich oft nach kurzer Zeit gar nicht mehr daran. »Was kümmert mich mein Geschwätz von gestern« – dieses Diktum wird ursprünglich Konrad Adenauer zugeschrieben. Ein üblicher Spitzenpolitiker muss es verinnerlichen, um noch in den Spiegel blicken zu können.

Wenn er deshalb gar nicht authentisch sein kann, aber sein sollte, so trainiert er eben das Mimen von »Authentizität«. Der beste Schauspieler verfügt dann bei Wahlen fast jeder Art über einen erheblichen Startvorteil.

Der Wähler aber, das zu beeindruckende Publikum, reagiert zusehends abweisend auf das unwürdige Spiel. 62 Prozent aller Deutschen trauen inzwischen *keiner* Partei mehr die Lösung der Probleme zu, alarmierende zehn Prozent mehr als noch vor wenigen Jahren.[82] Nur drei Prozent sagten bei der letzten großen Umfrage 2005, dass sie den Parteien uneingeschränkt vertrauen.[83]

Insgesamt fiel das Vertrauen der Bürger in die politischen Parteien seit 1995 von damals 41 auf den Tiefstand von 12 Prozent im Jahr 2006.[84] Im April 2008, noch vor dem Ausbruch der Wirtschaftskrise, lag es bei 22 Prozent.[85] Im Frühjahr 2009 misstrauen die Deutschen nicht nur den Parteien, die Mehrheit verliert auch das Vertrauen in die Regierung.[86] Selbst Banken stehen noch besser da.[87] Das ist keineswegs nur ein deutsches Problem: Auch in Italien genießt Silvio Berlusconi wenig Akzeptanz, trotz seiner überbordenden Medienmacht.[88] Selbst in Irland liegen die Werte bei knapp 20 Prozent.[89]

Europa und seine Demokratie(n) stecken so in einer neuen Krise, der schwersten seit dem Zweiten Weltkrieg. Sogar aufgeschlossene Staaten und Städte wie die Niederlande und Hamburg wurden schon zum Spielball jeweils eines populistischen Gernegroß und Angebers.

Dabei wird seriöse Politik so dringend gebraucht wie seit jenen Zeiten nicht mehr, als sich Europas Völker in Kriegen gegenüberstanden.

Knackpunkte dürfen nicht weiter ausgespart bleiben: eine intelligente Globalisierung mit klaren Finanzmarktkontrollen und, jawohl, Konzepten für einen fairen Freihandel; gleichzeitig eine nach innen angemessene Entbürokratisierung und vor allem Flexibilisierung; dazu eine neue Aufgabenteilung für Staaten und Bürger, ein Abschied von Beamtenvorrechten, eine anforderungsgerechte Ausbildung, die Nutzungssicherheit des Internets, aber etwa auch Handlungsrahmen für die möglichen Eingriffe in Leben und Tod auf Grundlage neuer Forschungsergebnisse. In der Klimapolitik galt es in den frühen 90er-Jahren noch als hehres, aber machbares Ziel, die Verdoppelung des Ausstoßes an Gasen bis 2015 zu verhindern, die den Treibhauseffekt verstärken. Mittlerweile wäre man schon zufrieden, wenn wenigstens deren Vervierfachung aufgehalten werden könnte.[90] Außerdem: Sind die Deutschen mit der Preisgabe ihrer Präzision und Gründlichkeit gar von dauerhaftem Abstieg bedroht, naht » das Ende des und der Deutschen «?[91]

Klein- und Mittelstandsunternehmen, aber auch die Branchenriesen wollen da endlich politische Führung. Sie wünschen sich einfache, übersichtliche Vorgaben und einen zeitgemäßen politischen Organisationsplan für den größten Binnenmarkt der Welt und seine Vielvölker-Gesellschaft. Beispielhaft für viele fordert Henning Schulte-Noelle, der den Allianz-Konzern zum einflussreichsten Wirtschaftsunternehmen Kontinentaleuropas ausbaute: » Natürlich wollen und brauchen wir eine klare Verfassung für die EU. «[92]

Doch sie muss kompakt und eindeutig sein. Statt 388 Seiten wie jetzt beim unlesbaren Lissabon-Vertrag könnten 25 genügen. Wie ohne nachvollziehbare Spielregeln und kompetente Schiedsrichter kein Fußballspiel gelingen kann, kann auch eine vernetzte Gesellschaft so nicht prosperieren. Die Investitionslust verkehrt sich in ihr Gegenteil, und die Abwanderung so vieler Produktionsstätten nach Ost und Fernost hat auch diese Ursache. Die Unsicherheit, das Durcheinander und der bürokratische Wirrwarr des Brüssels von heute werden in anderen Weltregionen auch geboten, allerdings bei erheblich niedrigeren Arbeitskosten und größerer

Nähe zu den Wachstumsmärkten der Gegenwart und vor allem der Zukunft. Wenn die EU-Hauptstadt versagt, versagt auch Berlin, Stockholm und Warschau.

In zentralen Politikfeldern, wie etwa beim Umgang mit den Finanzmärkten, geschieht jedoch Unverzeihliches. »Wir wiederholten die Fehler der USA«, klagt etwa Wilfried Stadler, Generaldirektor der Investkredit Wien mit weitreichenden Ostgeschäften. »So verspielen wir unseren kompetitiven Vorteil auch in Bereichen, wo wir so etwas noch haben.«[93]

In der Folge überlässt Europa damit trotz eindrucksvoller Gesamtwirtschaftskraft immer mehr Marktanteile den neuen Giganten, die mit Riesenschritten in die großen, üppigen Geschäftsfelder des 21. Jahrhunderts drängen: China, Indien, aber auch Brasilien und Russland. Die Rohstoffabhängigkeit tut ein Übriges. Schon erbringen alle Auslandschinesen zusammengefasst – von San Francisco über London bis Singapur – die sechstgrößte Wirtschaftsleistung der Erde. Shanghais und Beijings globaler Aufstieg hat dabei erst begonnen. Er ist allerdings mit einem ideologischen Konzept verknüpft, das von Meinungsfreiheit fast nichts hält und von demokratischer Kontrolle gar nichts. Die Menschenwürde ist dabei kein gepflegtes, ja nicht einmal ein geschütztes Gut.

Die Neuerfindung Europas

Allein deshalb darf man unser Europa nicht den billigen Abzockern und verhärmten Zynikern überlassen, schon gar nicht den Menschenverächtern. Dazu ist es viel zu kostbar, pathetisch formuliert: Es ist auf den Gräbern von Millionen Menschen entstanden, und eine europäische Gemeinschaft bildet den inneren Schutz unseres Kontinents vor neuem Völkerkrieg.

Doch schon *die* Europa, die legendenreiche Sagengestalt auf dem Rücken des Göttervaters Zeus, der sich ihretwegen in einen Stier verwandelte, ließ sich nicht vergewaltigen.

Bereits im Revolutionsjahr 1848 beschworen Intellektuelle und Künstler nicht nur die nationalstaatliche Einheit. Ein Anwalt aus Rouen sprach 1847 als Erster nachweisbar von den »Vereinigten Staaten von Europa«, von denen bald später auch Victor Hugo schwärmte.[94] Straßburger Visionäre setzten die sogenannte Vereinigung der Völker sogar ins Bild. In einer üppigen, kolorierten Lithographie finden sich linker Hand Ungarn, Deutsche und Italiener, auf der rechten Seite Schweizer, Polen und Franzosen. Ihre Waffen haben sie vor sich abgelegt, ihre Fahnen bündeln sie darüber wie einen machtvollen Blumenstrauß. Die ungewohnten Brüder werden flankiert von den weiblichen Statuen der Freiheit und der Gleichheit.[95]

Am 9. Mai 1950 sprach Robert Schuman, damals Frankreichs Außenminister, jene berühmten Sätze, wonach »sich Europa nicht mit einem Schlage herstellen läßt und auch nicht durch eine einfache Zusammenfassung. Es wird durch konkrete Tatsachen entstehen, die zunächst eine Solidarität der Tat schaffen.«[96]

Das war zunächst die Montanunion, der die Europäische Wirtschaftsunion und ab 1992 die EG folgten, die Europäische Gemeinschaft, die schließlich in der EU aufging. Jean Monnet, der im Urteil »für die Minderheit jener, die am Pulsschlag der Ereignisse teilhatten, eine der großen Gestalten des 20. Jahrhunderts« (François Duchêne) war[97], erfand eine neue Methode, um im heranwachsenden Europa zu gemeinschaftlichen Entscheidungen zu kommen. Dabei war sein Grundgedanke: »Wir koalieren nicht Staaten, wir führen Menschen zusammen.«[98]

Allerdings warnte der Italiener Alcide de Gasperi, einer der Gründungsväter der Europäischen Gemeinschaft, bereits 1951 mit Weitblick: »Wenn wir gemeinsame Verwaltungen ohne einen übergeordneten politischen Willen schaffen, dann laufen wir Gefahr, daß diese europäischen Aktivitäten farblos und bar jeglicher Ideale erscheinen und sie zu einem bestimmten Zeitpunkt als überflüssige und lästige Superstruktur empfunden werden, wie etwa das Heilige Römische Reich in Zeiten seines Verfalls.«[99]

Jetzt steht es tief dunkelgrau für Europa. Denn die große Krise der Demokratie erfasst auch die Nationalstaaten. Selbst wenn sie zu den historisch Großen auf dem Kontinent zählen, leisten ihre jeweiligen politischen Eliten nicht mehr, was aufgeklärte Bürger trotz einengender Globalisierung zu Recht noch von ihnen erwarten. Ja, in ihrer Selbstfesselung und Introvertiertheit versagt die politisch-nationale Klasse sogar bei der Erklärung, was ihre Wählerkunden von nationalstaatlicher Politik im Zeitalter der Globalisierung bereits *nicht* mehr erwarten können. Rühmliche Ausnahmen fallen leider nicht ausreichend ins Gewicht.

Die oft zitierte und kaum verstandene »Gemeinschaftsmethode« des Jean Monnet, wonach die führenden EU-Institutionen – Rat, Kommission und Parlament – komplex zusammenarbeiten sollen, greift nicht mehr und bleibt für die Öffentlichkeit undurchschaubar. Hinter den Kulissen der medial pompös inszenierten EU-Gipfel sind Intervention und Lobbyismus fast alle Türen geöffnet. Und die Transmissionsriemen zu den nationalen Parlamenten und vor allem zu den Bürgern versagen.

Das politische Europa befindet sich im Würgegriff des Kartells der Großparteien. Um alle wichtigen Posten wird »gedealt« und dann werden einvernehmlich »Pakete« geschnürt. Mal ist man EU-Abgeordneter, dann Minister oder EU-Kommissar, dann eben wieder Abgeordneter. Auch personell verwischen sich Gesetzgebung und vollstreckende Gewalt gerne zur Unkenntlichkeit. Es ist, wie wenn Fußballspieler während eines Matches unbemerkt ins Trikot der gegnerischen Mannschaft schlüpften oder auch in das des Schiedsrichters. Nur das Unterhemd, die Parteizugehörigkeit, bleibt zumeist lebenslang gepflegte Identität und dient vor allem Gegnern zur plumpen Feindbildbestimmung.

Abseits der verworrenen Rollenwechsel und einschläfernden Polit-Schaukämpfe greifen die schwer angeschlagenen

Parteien zu immer neuen Finanzspritzen, ihren Aufputsch-Infusionen. Unbeachtet von den Medien trafen sich so Schatzmeister der großen Parteien in Brüssel und brachten eine neue, besonders trickreiche Finanzierung für europäische Parteien voran. Die damalige SPD-Schatzmeisterin Inge Wettig-Danielmeier war dabei vor Ort besonders aktiv.[100] Vom Nachrichtenmagazin *Der Spiegel* viele Monate später dazu befragt, behauptete sie: Was »die in Brüssel« sich ausgedacht hätten, »war eigentlich nicht mein Bier«.[101]

Faktum ist: Etablierte europäische Parteibündnisse erhalten jährlich bereits mehr als 50 Millionen Euro aus dem EU-Haushalt für ihre europäischen Stiftungen und Dachorganisationen, denen nur nationale Parteien, aber keine individuellen Mitglieder angehören. Nicht nur der zuständige Berichterstatter des Europa-Parlaments, ein bekanntes SPD-Mitglied, hat bereits 100 Millionen Euro im Visier.[102]

So ist es hoch an der Zeit, zumal nach dem Missbrauch durch die Parteien, die gesamte Demokratie-Struktur zu überarbeiten – in Regionen, Staaten und für Europa. Institutionalisierte Blockaden wie im Verhältnis Bundesrat/Bundestag bremsen ja nicht nur Deutschland, Zuschnitt und Zuständigkeiten von Bundesländern sind auch anderswo nicht mehr adäquat. Und je schlechter die politische Elite wurde, desto besser entwickelten sich die technischen und kulturellen Möglichkeiten einer direkten, grenzüberschreitenden Bürgerbeteiligung. Das Politikmachen kann sich so an den neuen kommunikativen Netzwerken orientieren, die im Zeitalter der Globalisierung in den europäischen Gesellschaften den Arbeiterheeren der Industrialisierungszeit nachfolgen.

Wir brauchen eine Besinnung auf den Wesenskern der Demokratie – die *Volks*herrschaft. Das Internet birgt da noch ungehobene Schätze. Denn auch in den abgelegensten Ecken des Kontinents können sich heute interessierte Wähler so schnell und beinahe so umfassend informieren wie Polit-Insider in den Machtzentren. Parteimitarbeiter und Akteure benützen es zumeist auch als umfassendste Informationsquelle. Und bei den zentralen Fragestellungen wissen Wähler oft mindestens so gut Bescheid wie die von ihnen entsandten Volksvertreter. Oft verstellt sich ihr Blick auf das Wesentliche auch nicht so sehr. Und vor allem: Bei zukunftsrelevanten Fragen sind längst auch die Meinungen innerhalb bisheriger traditioneller Parteifraktionen mit jeweils guten Gründen sehr unterschiedlich – von der Stammzellenforschung bis zur Altersversorgung, vom Einheitssteuersatz bis zu Erbschaftsregeln.

So entsteht ein weiter Raum für aktive Bürgerbeteiligung und Mitbestimmung via Internet, für Volksbefragungen und auch verbindliche Abstimmungen. Natürlich bedarf all dies transparenter Regeln, in jedem Fall aber könnte beim politischen Personal in Parlamenten und Bürokratien erheblich gespart werden. Dazu kommt die Notwendigkeit, politische Leistung zumindest nach den Kriterien Fleiß, Einsatz und Redlichkeit zu vergleichen und zu beurteilen – da hakt etwa die »Europäische Transparenz-Initiative« ein.[103] All dies ist aufregend und spannend im besten politischen Sinne.

Eine Emanzipation von den Parteien ist jedenfalls überfällig. Dazu gehören auch überschaubare, vergleichbare Wahlkreise für Europa, in denen die einzelnen Kandidaten garantierte Chancen auf Kenntlichkeit bekommen. Gäbe es wesentlich weniger EU-Abgeordnete und EU-Kommissare in Brüssel und Straßburg, müssten auch nicht ständig neue, oft völlig unsinnige Beschäftigungsfelder für sie erschlossen werden. Höchstens 450 statt 785 EU-Parlamentarier, nicht mehr als 100 Senatoren für Europa statt Hunderte verdeckte Rats-Entscheider: Wenige hätten viel zu tun, ihre Taten und Gesichter wären bekannt, auch als orientierungsstarke Mediatoren zwischen Volksentscheiden. Die EU verlöre über Nacht ihre so oft beklagte Anonymität und könnte aus ihrem eigenen Schatten heraustreten, voller Konturen und klaren politischen Kanten, die einladen, sich daran zu reiben.

Europa muss neu erfunden werden. Dabei ist insbesondere das Dach Europas, die Europäische Union, neu zu bauen.

Gegenwärtig, zumal mit der beschlossenen Art ihrer Erweiterung, verkommt die EU zu einem zweiten »Europarat«, einer bereits seit 1949 bestehenden, kompetenzverwahrlosten und politisch handlungsunfähigen Organisation. Straßburg ist, neben dem Europäischen Parlament, auch dessen Gremien Heimat. In diesem Europarat, den unzählige Bürger mit den EU-Institutionen gleichsetzen, beschäftigen sich Vertreter aus inzwischen 45 Ländern von Island bis Aserbaidschan lediglich verständnisfördernd mit einem »weiten Arbeitsfeld«, so die Homepage-Eigenangabe der Einrichtung. Zu Zeiten des Kalten Krieges war dies zweckdienlich, für die Europäische Union führt so eine Perspektive in den Untergang.

Immer dringlicher wird so die Debatte, ob *diese* Union in ihrer gegenwärtigen Verfasstheit überhaupt noch reformierbar ist. Hat sich das Inzuchtsystem Brüssel nicht schon verselbstständigt, haben nicht zu viele Abgeordnete, Beamte, Diplomaten und publizistische Hofberichterstatter sich die EU-Institutionen und ihr Privilegienwesen so einverleibt, dass es besser wäre, das meiste abzuwickeln wie ein nicht mehr sanierbares Unternehmen? Könnte man nicht dazu parallel, anstelle dieser Brüsseler Union, am Aufbau einer tatsächlich demokratischen und auf grundsätzliche Übereinkommen gerichteten *Kopenhagener Gemeinschaft* arbeiten, wie sie am Ende dieses Buches vorgestellt wird?[104] Wie lassen sich die »Forces of Interest«, die verschiedensten gesellschaftlichen Interessenskräfte, auch außerhalb des Parteien- und Parlamentsgefüges transparent und ergebnisorientiert bündeln? Welche Institutionen und Vereinbarungen braucht Europa wirklich, in welcher Verbindlichkeit? Wie kann das Fundament der Ideen im Rahmen des so einzigartigen europäischen Kulturraums noch erweitert werden? Unsere Identität beziehen wir doch aus der Vielfalt.

Der mährische Ökonom Joseph Schumpeter prägte den legendären Begriff der »schöpferischen Zerstörung durch Wettbewerb«. Welche Chance!

Das Scheitern rund um den Versuch, zunächst eine EU-Verfassung und nun den Lissabonner Vertrag einfach durchzupeitschen, öffnet jetzt das Tor für echte Lösungen. Deutschland als weiterhin wichtigstes EU-Land kann und muss dabei eine Führungsrolle übernehmen, trotz der anstehenden Bundestagswahl im September 2009. »Du bist Europa«, könnte es doch heißen. Tabufrei ließe sich Neues kreieren. Na denn!

In jedem Fall wird ein grundsätzlicher Neustart notwendig sein. Für manches bisherige Mitgliedsland mag zunächst auch ein Austritt aus *dieser* EU zu einer nachvollziehbaren Option werden. Schon jetzt ist die Union doch nur eine von verschiedenen europäischen Zusammenschlüssen. Euro-Land und EU sind etwa ebenso wenig deckungsgleich wie NATO-Mitglieder und EU oder die sogenannten Schengenstaaten mit ihren Regeln zur Grenzkontrolle, zu denen auch die neutrale Schweiz zählt. Ein europäischer Neubeginn kann auch zu einem leistungsfähigen, akzeptierten Kerneuropa einiger Nationen und ihrer Bürger führen.

Wohl sinnvoller wäre ein Grundlagenvertrag für einen Staatenverbund historisch gewachsener Regionen, verankert in jederzeit überprüfbarer Subsidiarität, so dass die übergeordnete gesellschaftliche Einheit einer neuen Europäischen Gemeinschaft auch tatsächlich nur Aufgaben übernimmt, zu der kleinere, bürgernähere Einheiten nicht in der Lage sind. Gegenwärtig aber drücken sich EU-Entscheider gerne um diese großen Brocken. Hingegen regeln sie mit Hingabe und als absurder eigener Tätigkeitsnachweis unzählige Dinge, von denen sie wirklich die Finger lassen sollten – etwa die Frage, was wo von wem noch »Marmelade« und was nur »Konfitüre« genannt werden darf. Dies ist erst recht Unsinn, wenn solche Verordnungen in bewährte Landestraditionen eingreifen.

Ein funktionierendes Europa könnte dagegen sehr vielfältig und doch überschaubar sein. Vor allem aber kann es ohne echte Transparenz und Offenheit auch auf europäischer Ebene keine Demokratie geben. Das wissen auch die, die als

einzige direkt gewählte Volksvertreter im EU-System grundsätzliche Kontrollarbeit wahrnehmen sollten: die Mitglieder
des Europäischen Parlaments. Doch gerade in ihren Kreisen
regiert weiterhin die Abzocke mit System – ohne Gefahren-,
geschweige denn Unrechtsbewusstsein. Es ist eine verkom-
mene Elite.

Dabei fehlt ihr das Verständnis und, sofern in Ausnahme-
fällen doch vorhanden, der Mut zu Wahrheit und Klarheit
gegenüber den Bürgern. So sind es die unsägliche Verhaltens-
armut und das beängstigende Versagen dieser Elite, die den
unbegreiflichen Reichtum weniger globaler Spekulanten erst
ermöglichten und den Mittelstand in immer neue Sorgen
treiben.

Und, dieser Vergleich drängt sich auf, das Brüssel von
heute ähnelt dem Rom am Umbruch zur Neuzeit: Verdeckte
Einflüsterer dominieren Entscheidungsprozesse, Parteichefs
spielen die Rolle von Erzbischöfen und Kurfürsten, via jährlich 140 Subventionsmilliarden blüht der Ablasshandel.

Diese Elite revoltiert gegen ihre historische Verantwortung
und ihre Verpflichtungen. Sie missbraucht Europa. Die Ent-
tarnung der Revolteure ist da ein Schritt zur Rückgewinnung
politischer Hygiene – ein Schritt der Notwehr gegen schmut-
zige Politik. Und ohne Elitenwechsel wird der unverzicht-
bare Kurswechsel nicht gelingen. Dabei gilt: Europa ist nicht
diese EU.

Die Hintermänner der Macht

Lobbyisten und Räte an den Schalthebeln

»In Brüssel misst man die Aufenthaltszeit
nicht nach Jahren, sondern in Kilos.«
Ein gewichtiger deutscher Europaparlamentarier
mit besten Verbindungen

Sie wissen alles, doch kaum jemand kennt sie. Sie bieten
unablässig Hilfe an, die vor allem ihnen selbst nützt. Sie
nehmen schon Einfluss, ehe der Beeinflusste bisweilen weiß,
dass sein Einfluss bald schon von Bedeutung sein wird: die
Lobbyisten in der EU-Hauptstadt.

Die Profis unter ihnen bewegen sich auf den Gerüchtebör-
sen der Empfänge und Partys im Brüsseler Politikviertel wie
abgerichtete Spürhunde, lauschen wie Luchse, sind im Be-
darfsfall bienenfleißig, aber auch angriffslustig wie ein Wolfs-
rudel, wenn ihnen jemand in die Quere kommt. Sie durch-
dringen den europäischen Gesetzgebungsprozess wie ein
Nervengas, süßlich oder ätzend, je nachdem. Ihnen entgeht
niemand.

Grundsätzlich kann die Arbeit von Interessenvertretern
natürlich von gesellschaftlichem Nutzen sein. Sachgerechte,
transparente Information für Entscheidungsträger wäre oft
angebracht. Die präzise begründeten und nachvollziehbaren
Anliegen der Wirtschaftstreibenden sind dabei ebenso rele-
vant wie die Interessen sozialer oder ökologischer Gesell-
schaftsvertreter. Doch seriöses, vertrauenswürdiges Lobbying bleibt der Ausnahmefall, insbesondere im Brüsseler
Polit-Dickicht, entgegen allen bereits erfolgten Beteuerungen
zur Besserung.

In jedem Fall sind die Gewichte völlig ungleich verteilt.

Starke und gut organisierte Interessengruppen können sich kostenaufwändige Vertreter in Brüssel leisten, schwache nicht. Und viele Gruppierungen haben erst in jüngster Zeit verstanden, was die ökonomischen Riesen schon seit Jahrzehnten nach Brüssel zieht: Aus der EU-Zentrale heraus werden die Vorgaben gemacht, immer weniger in den nationalen Hauptstädten. Allein den Jahresumsatz mit dem Lobby-Geschäft im Unternehmensinteresse schätzen Brancheninsider auf 750 Millionen bis zu einer Milliarde Euro.[1]

Das schlagkräftigste Argument der Lobbyisten vor Ort ist die Unwissenheit und Faulheit so vieler Beamter und Politiker, die am Werden von EU-Richtlinien und Verordnungen beteiligt sind. Und dabei gilt es, Spuren zu hinterlassen.

Zwischen 15 000 und 25 000 Interessenvertreter arbeiten in Brüssel, die genaue Anzahl bleibt im Dunkeln.[2] Anders als in der US-Hauptstadt Washington D.C. werden sie nicht systematisch registriert, nicht einmal Verbände und Anwaltskanzleien, die sich auf Lobbying spezialisieren. Etwa 2600 Interessensgruppen betreiben in Brüssel ein ständiges Büro, davon sind etwa ein Drittel europäische Handelsvereinigungen, zehn Prozent Unternehmen. Die meisten EU-Interessenvereinigungen sind Vertreter nationaler Vereinigungen, große Firmen oder beides. Mehr als 500 Großunternehmen sind vor Ort präsent, mehr als 200 transnationale Firmen unterhalten Büros. 130 Law Firms haben sich rund um die EU-Institutionen auf europäische Rechtsfragen spezialisiert.[3]

Dabei sind jene Lobby-Organisationen am effektivsten, die sich in Geschäftsfeldern mit vergleichsweise wenigen Mitbewerbern bewegen. Je weniger Konkurrenten sich also in einem bestimmten Markt drängeln, umso erfolgreicher sind ihre Interessenvertreter in der EU-Hauptstadt. Das führt europaweit zu einem zusätzlichen Anreiz zu Firmenübernahmen und Fusionen. Denn den Siegern in diesem Konzentrationsprozess winkt auch noch der Schlüssel zu Zusatzgewinnen durch ergebnisstärkeres Lobbying in Brüssel. Auch so verstärkt sich der Hang zu transnationaler Größe, der im

Zuge der nunmehrigen Wirtschaftskrise so schwer zu durchschauen und politisch kaum noch zu steuern ist.

Großunternehmen lassen sich in Brüssel keineswegs nur über eigene Lobby-Büros vertreten, sondern haben sich auch in zahlreichen allgemeinen Interessenvertretungen, etwa Handelskammern, eine beherrschende Rolle gesichert. Demgegenüber fällt es Vertretern von kleinen und mittelständischen Unternehmen äußerst schwer, ihre Anliegen entsprechend zu Gehör zu bringen, im Gegensatz zu ihrer beschäftigungs- und sozialpolitischen Bedeutung für ganz Europa. Wie so häufig stehen damit die öffentlichen Bekenntnisse aus der Politik im klaren Widerspruch zu Abläufen und Handeln innerhalb der EU-Institutionen.

Erfahrene Lobbyisten wissen, wo sie ansetzen müssen, um am leichtesten zum Erfolg zu kommen. Noch ehe zu einer anstehenden Regulierungsfrage überhaupt ein Schriftsatz zu Papier gebracht wird, sind sie schon mit Vorschlägen aktiv. So wird etwa in der EU-Kommission schon auf die Gestaltung von gesetzesvorbereitenden Grün- und Weißbüchern Einfluss genommen, bevor diese überhaupt geschrieben werden und die neue EU-Regelabsicht einem breiteren Publikum bekannt wird.

Beamte übernehmen etwa Richtlinienvorschläge direkt von Industrie-Lobbyisten. So erweist sich das geltende EU-Vertragsrecht, wonach offiziell die EU-Kommission in Wirtschaftsfragen über das ausschließliche Initiativrecht verfügt, als Blendwerk. »Gewichtige Anregungen erhält die Kommission seitens des Europäischen Rates, der vielfältige Orientierungen und Leitlinien vorgibt, aber auch seitens des Europäischen Parlaments und darüber hinaus durch Interessengruppen, Lobbys und Vertreter der Zivilgesellschaft. Die Kommission selbst hat den Prozentsatz der ausschließlichen Kommissionsinitiativen auf fünf bis zehn Prozent geschätzt«, erforschte der deutsche Sozialwissenschaftler Wolfgang Wessels.[4]

Eine langjährige Lobbyistin urteilt: »Letztlich hängt in

Brüssel sehr viel davon ab, wer mit wem gut kann und wer wem was zuflüstert oder einen Gefallen schuldig ist. Es gibt viele Seilschaften. Mehr Zeit, Geld und Energie wird aufgewendet, um die richtigen Leute bei Laune zu halten, als für die Bearbeitung der Sachfragen selbst.«[5]

Lobbying gegenüber den Ministern im Rat wiederum erfolgt mit Vorliebe über die nationalen Regierungen und in Brüssel über die nationalen Ständigen Vertretungen, die sich selbst als »Bewohner von Elfenbeintürmen« charakterisieren und Interessenvertreter gerade von Großunternehmen teilweise fast mit Unterwürfigkeit empfangen.[6] So treiben die Deutsche Bank, Daimler, Vodafone, der Stromriese Electricité de France (EDF) oder der Energiemulti GDF Suez ihre Anliegen voran. Diplomaten werden zu Lobbyisten der Lobbyisten.

Menüs und Teleprompter

Am ehesten nachvollziehbar sind die Lobbying-Aktivitäten im Europäischen Parlament. 43 von 140 Politikfeldern bedürfen nach derzeitiger EU-Rechtslage bereits der Zustimmung durch die gegenwärtig 785 Abgeordneten. Falls der EU-Reformvertrag von Lissabon nach einer zweiten Volksabstimmung im Herbst 2009 in Irland in Kraft treten sollte, werden es 73 sein. So steigt das Interesse der Interessenvertreter. Mehr als 4600 direkt beim EU-Parlament angemeldete Lobbyisten bevölkern regelmäßig die Flure entlang der Rue Wiertz. Ein Abgeordneter erhält im Lauf einer einzigen Legislaturperiode, mithin binnen fünf Jahren, Briefe und Argumentationspapiere von Lobbyisten, die mehr als 80 Aktenordner füllen.[7]

Wer in wichtigen Parlamentsausschüssen tätig ist, wird mehrfach wöchentlich von Lobbyisten zu »Informationsgesprächen« gedrängt. Keine Mahlzeitpause vergeht, zu der nicht Interessenvertreter die für sie interessanten Abgeordne-

ten einladen – zum Abendessen ins Prunklokal »La Maison
du Cygne« mit Blick auf den historischen Brüsseler Marktplatz, zum Mittagessen in die überteuerten Restaurants rund
um den Place de Luxembourg, oder wenigstens zum Früh-
stück ins Art-Deco-Hotel »Metropole«. In Straßburg tragen
einschlägige Restaurants und Hotels andere Namen, sind
aber oft noch eleganter.

Kaum eine andere Volksvertretung zeigt sich Lobbyisten
gegenüber so freizügig wie das EU-Parlament. Zahlungs-
kräftige Interessenvertreter können kulinarische Genüsse der
Abgeordneten sogar innerhalb des Parlamentsgebäudes be-
friedigen. Formell muss zwar ein Volksvertreter einen der
sechs Salons oder das Abgeordnetenrestaurant in Brüssel
oder Straßburg buchen. Der Pate zahlt aber nur selten die
Zeche, die bei einer Handvoll Gästen leichtfüßig die 1000-
Euro-Grenze übersteigt.

So wird es bei feinen Weinen verlässlich fröhlich, wenn das
Namensschild des Hamburger EU-Abgeordneten Georg Jarzembowski neben der Tür zum Separee mit Wasserblick in
Straßburg befestigt ist und die Deutsche Bahn zu Tisch bittet.
»Parlamentarisches Mittagessen« nennt der Konzern das
ungeniert und unreflektiert.[8] Bizarr entspannt kann so im
Februar 2009 Hartmut Mehdorn mit ausgewählten Parlamentariern französisch speisen und trinken, während auf der
anderen Seite des Rheins zur selben Stunde Bundespolitiker
ihn wegen des Bespitzelungsskandals gegen die eigenen Mitarbeiter zum Rücktritt auffordern.

Auf Wunsch von Jarzembowski wird bei diesen entrückten Straßburger Mahlzeiten nur deutsch gesprochen, Mehdorn kann damit gut leben, so bleibt man erst recht unter
sich. »Das ist ja immer auch ganz locker, es redet sich viel
leichter«, schmunzelt der Bahnchef am Ende des Tafelns in
seiner Runde, betont aber auch: »Für uns ist das sehr loh-
nend.« Jeder Eingeladene wurde dieses Mal mit einem detailliert ausgearbeiteten »Vorschlag für eine Verordnung –
Ein Europäisches Schienennetz für einen wettbewerbsfähigen

Güterververkehr« versorgt, auch in englischer Sprache. Die Deutsche Bahn bleibt da eben deutsch. Und als kleine Aufmerksamkeit wird noch ein elegant verpacktes Miniatur-ICE-Gehäuse verteilt, mit einem darin verborgenen USB-Speicher-Stick. Da lässt Sigmund Freud grüßen.

»Wir waren übereifrig«, räumt Mehdorn Minuten später auf *Spiegel Online* ein, der Konzern habe mit »falsch verstandener Gründlichkeit« agiert.[9] Der agile Bahnboss wird damit aber zur aufgeflogenen Datenaffäre in Deutschland zitiert; das diskrete Straßburger Parlamentarier-Lobbying ist – noch – kein Thema.

Mehdorn weiß – wie alle anderen budgetstarken Sponsoren – genau, was er tut. Die opulenten Rechnungen machen sich bezahlt: So erhalten die Lobbyisten den kostbaren Zugang, die Chance zur Kontaktpflege, die sich so lohnt. Ist das Bestechung? Rechtlich noch nicht, aber seitens der Parlamentarier eine Geschenkannahme, die im Brüsseler und Straßburger Spesenrittermilieu als selbstverständlich gilt. Sie summiert sich im Lauf der Jahre auf mehrere 10 000 Euro je Abgeordneten, der sich darauf einlässt. Besonders speisefreudig zeigen sich Volksvertreter aus den zwölf Mitgliedstaaten, die erst seit 2004 der Union beitraten, insbesondere Polen und Bulgaren. Einladungen zu Jagd- oder Segelausflügen gelten als begehrtes Zubrot.

Nie wird sich beweisen lassen, dass nicht nur Liebe durch den Magen geht, sondern auch die politische Gesinnung. Die Großindustrie kann jedenfalls mit den Abstimmungsergebnissen bei Themen, die ihr besonders am Herzen liegen, ausnehmend zufrieden sein. Zwei Beispiele belegen dies eindringlich: die heiß umkämpften Gesetzesentwürfe über F-Gase und die Kontrolle von Chemikalien, in Brüssel-Sprache kurz »REACH« genannt.

Bei der Verordnung zum Ausstoß von F-Gasen ging es um Klimakiller, die vor allem in Kühlschränken, Gefriertruhen und Klimaanlagen eingesetzt werden. Umweltschützer forderten nicht nur ein EU-weites Verbot, sondern vor allem die Möglichkeit für einzelne Mitgliedsstaaten, Gesetze mit noch strengeren Kriterien zu beschließen. Doch die Interessen der traditionellen Hersteller setzten sich durch. Das EU-Parlament stimmte im April 2006 zu, dass nur Dänemark und Österreich ihre bereits früher verabschiedeten strengeren Auflagen beibehalten dürfen, und auch dies nur bis 2010. Allen anderen EU-Staaten wurden gesetzliche Eingriffe, die umweltfreundlicher als die EU-Regelung wären, untersagt.

Eine detaillierte Untersuchung der Änderungsanträge, die jeweils von einzelnen Mitgliedern der verschiedenen Fraktionen im EU-Parlament eingebracht wurden, förderte Erhellendes zutage.[10] 38 Prozent der insgesamt 331 Veränderungswünsche wurden wortgleich oder kaum verändert von verschiedenen Abgeordneten vorgelegt – schon dies ein klarer Hinweis auf eine federführende Hand im Hintergrund. Bei fast einem Drittel aller Anträge ließ sich unschwer eine Lobby-Organisation als ursprüngliche Textquelle ermitteln, vor allem Interessenvertreter von F-Gas-Produzenten. Bei den so erfassten Änderungsanträgen der Sozialisten ließen sich 96 Prozent auf schriftliche Empfehlungen der Chemieindustrie zurückführen.[11]

Bei der REACH-Verordnung, die seit Dezember 2006 die Verwendung zahlreicher Chemikalien regelt, stammten gar 861 von 1413 überprüften parlamentarischen Änderungsanträgen aus schriftlichen Lobbyquellen der Chemie- und Papierindustrie sowie von Interessenvertretern des Mittelstandes, der Gewerkschaften und der Umweltverbände. »Wären zusätzlich noch die Lobbys der Bau-, Textil-, Farben-, Metall-, Leder- und Plastikindustrie erfasst worden«, hält die Studienautorin Mary Craig fest, »wäre der Anteil der berücksichtigten Lobbyisten-Wünsche noch viel höher.«[12]

Auch so klingt das Untersuchungsergebnis der schottischen Wissenschaftlerin wie ein Abgesang auf jegliches Vertrauen in den Fleiß und die Unabhängigkeit der europäischen Volksvertreter. Sie agieren vielfach wie TV-Nachrichtensprecher, die einen fremden Text vom Rollbild eines Teleprompters in die Kameralinse lesen. Nur das uninformierte Publikum glaubt, der Moderator spreche frei und auf Grundlage eigener Recherchen.

Abgeordnete der konservativen Fraktion etwa, der auch die deutsche CDU/CSU und die österreichische ÖVP angehören, machten in den erfassten REACH-Bereichen zu 79 Prozent die Wünsche der Chemieindustrie zu ihren eigenen, zu elf Prozent jene der Papierhersteller. Nur zehn Prozent der lobbyveranlassten Anträge stammten von den Klein- und Mittelunternehmen, die in den Parteibekenntnissen und Reden fast jedes Konservativen wie eine Monstranz hoch gehalten werden.

Die Sozialisten wiederum bezogen ihren Input nur zu 14 Prozent von den Gewerkschaften, hingegen zu 64 Prozent ebenfalls von der chemischen Industrie und zu zehn Prozent von den Klein- und Mittelunternehmen. Wer da Rot wählt, bekommt so in seiner parlamentarischen Vertretung oft etwas ganz anderes beigemischt. Dass sich die Liberalen zu 98 Prozent an die Industrie hielten, mag da, wenn schon nicht als Eigenständigkeit, so wenigstens als Grundsatztreue gewertet werden; ebenso das Verhalten der Grünen, die zu 91 Prozent schriftliche Positionen der Umweltorganisationen übernahmen und weitere sieben Prozent von den Gewerkschaften.

Bei den Mitgliedern des Industrieausschusses des Europaparlaments leisteten Lobbyisten der metallurgischen Industrie so umfassende Überzeugungsarbeit, dass ein von ihnen betriebener Änderungsantrag zu REACH gleich acht Mal identisch von verschiedenen Abgeordneten der konservativen und liberalen Fraktion eingebracht wurde.[13] Das lässt an Jugenderinnerungen des österreichischen Dramatikers Peter Turrini denken. Als Heranwachsender hatte er sich, um zu prahlen, eine Karotte in die Badehose gesteckt. Als er damit bewundernde Blicke auf sich zog, waren es beim nächsten Strandbadbesuch gleich zwei.

Im Hohen Haus zu Hause

Einige Abgeordnete sind so zynisch, dass sie das gleichzeitige Dienen zweier Herren, dem Wähler und dem Lobbyisten, auch noch Medienvertretern gegenüber wie eine Selbstverständlichkeit darstellen. »Ich bin dankbar für die Arbeit, die Lobbyisten für mich leisten, und froh, ihre Vorschläge zu übernehmen«, outet sich etwa der britische Konservative Roger Helmer als direkter Interessenumsetzer der Industrie, insbesondere aus dem Nuklearbereich.[14]

Bei manchen Kollegen Helmers ist ihr Lobby-Spitzname bekannter als ihr richtiger. So kennt im Verkehrsausschuss des Europaparlaments alle Welt die »Frau British Airways« oder »Herrn Lufthansa«. Mit dem Kranich-Mann ist der Hamburger CDU-Abgeordnete Georg Jarzembowski gemeint. »Ich bin kein Lufthansa-Mann«, sagt hingegen Jarzembowski, »ich berücksichtige aber ihre Vorschläge und berechtigten Interessen.«[15] Diese »berechtigten Interessen« wiederum definiert er selbst, und so kommt es zu einer Punktlandung.

Weniger zielgenau entfaltet sich das Geflecht von »Intergruppen« interessierter Parlamentarier, beispielsweise zu »Sky and Space«. Unter der Schirmherrschaft der beiden großen politischen Fraktionen, den Konservativen und den Sozialdemokraten, finanziert die »Aerospace and Defense Industries Association of Europe« das Sekretariat und koordiniert die weitverzweigten Aktivitäten der Abgeordneten. Die Nutzung der Sitzungssäle im Parlament und die Dolmetscher werden aus dem EU-Budget bezahlt, die Lobbys profitieren.

Neben diesen offiziellen »Intergruppen« sprießen unzählige »Industrieforen«, die ausschließlich von Interessenvertretern und Unternehmen gesponsert werden. Sie genießen keinen offiziellen Status und sind somit von der parlamentarischen Infrastruktur ausgeschlossen. Dafür spricht es sich leichter bei den lockeren Diskussionsrunden und Empfängen, zumeist in den Tophotels in Parlamentsnähe. Besonders populär sind das »Bierforum« der Großbrauereien, die Veranstaltungen der Automobilhersteller und das »Energieforum«. Da sponsert eine Ölfirma schon mal einen Abenteuertrip in die Arktis.[16]

Eine raffinierte Konstruktion wählte das EBPS, das »European Business and Parliament Scheme«. Es definiert sich als Organisation, »um das wechselseitige Verständnis zwischen Business und Parlamentariern zu fördern, zum Wohl der gesamten nationalen Ökonomie«.[17] Somit sei man keine Lobby-Gruppe, wurde argumentiert. Im September 2007 nistete sich das EBPS mit Büros direkt im Gebäude des EU-Parlaments in Brüssel ein. Der europäische Steuerzahler kam fortan nicht nur für die Büroräumlichkeiten auf, er zahlte auch die Telefonrechnungen und versorgte EBPS mit einer unverdächtigen E-Mail-Adresse des Parlaments. Selbst Reise- und Hotelkosten von Mitarbeitern wurden beglichen.

Allerdings sind 26 Großunternehmen EBPS-Mitglieder, darunter Microsoft, RWE, BP, der Energieversorgungskonzern GDF Suez oder die Nuklearfirma Areva. Den jährlichen Mitgliedsbeitrag von 15 000 Euro entrichtet auch der belgische Farben-Multi Solvay gerne. Die Begründung: »Obwohl Solvay eine recht große Firma ist, ist es nicht immer einfach, mit Europaparlamentariern in Kontakt zu kommen. EBPS sichert uns einen unabhängigen, nichtparteilichen Rahmen. Wir erwarten, dass sie damit offener und empfänglicher für unsere Erklärungen und Argumente sind.«[18]

Allein mit diesem Statement entlarvt sich der Nutzen, den Interessierte aus einer Scheinobjektivität und dem Privileg der Parlamentsnähe ziehen. Im Hohen Haus zu Hause sein, was will ein Lobbyist mehr? Unverfroren lud so etwa der Suez-Konzern EU-Parlamentarier ein, während einer offiziellen Lateinamerika-Reise in Peru an Firmenaktivitäten teilzunehmen, zur »Information«. Dabei ist das Unternehmen mit seinem Camisea-Erdgasprojekt im Amazonasgebiet hoch umstritten. Nach dem Protest einiger kritischer EU-Parlamentarier entschieden im April 2008 die Fraktionsvorsitzenden, dem EBPS die Tür zu weisen.

Doch EBPS, die Nicht-Lobbygruppe per Eigendefinition, blieb im behaglichen Nest sitzen und veranstaltete im Juni 2008 ihr erstes »CEO Dinner« im 12. Stock des Parlamentsgebäudes, dessen Speisesaal eigentlich für hochkarätige politische Einladungen der Parlamentsspitze reserviert ist. Das Problem ließ sich lösen, offiziell lud eben Präsident Hans-Gert Pöttering ein.[19] Noch im Herbst 2008 wurde die Verantwortung für den Auszug von EBPS von Parlamentsgremium zu Parlamentsgremium delegiert. Allzu viele Honoratioren fühlten sich durch die Konzernchefnähe geschmeichelt und suchten nach Auswegen, in der Parlamentssprache »Kompromiss« genannt.

In so einem Umfeld gedeihen weitläufige Blütenfelder, die immer neue Lobbyisten-Kapriolen hervorbringen. Christian Le Clercq, ein belgischer PR-Agenturchef, gründete etwa Brüssels erste »Lobbyingschule«, das »European Institute for Public Affairs and Lobbying«. Gelehrt werden europäische Institutionenkunde und Einflusspraktiken. 2850 Euro kostet ein Diplom. »Ein guter Lobbyist muss Europa lieben«, lässt sich Le Clercq zitieren.[20]

Noch teurer sind für Möchtegern-Lobbyisten Seminare mit erfahrenen EU-Parlamentariern. Die unterrichten dann, wie man sie selbst und ihre Kollegen am besten um den Finger wickelt. Die Teilnahmegebühr beläuft sich für zwei Halbtage auf mehr als 1000 Euro.[21] Karriereförderlicher ist hingegen der Besuch der privaten Elite-Uni »College of Europe«. Die weltweit größte Lobbyfirma Burson-Marsteller engagiert dort gerne ihren Nachwuchs. Für deren Brüsseler Chef Robert Mack ist Lobbying »ein demokratischer Dialog«.[22]

Alles auf den Kopf stellt das sogenannte In-House-Lobbying. Da erübrigt sich das Klinkenputzen, man wird in der EU-Kommission zum Leihbeamten auf Zeit. So arbeitet man direkt an der Gesetzgebung mit, das Gehalt bezahlt aber der Konzern. Wer nur kann so ein Europa lieben?

Die Drehtür-Finnin

Vermutlich die Finnin Piia-Noora Kauppi. Sie zählt zu den Shooting Stars des politik-finanzindustriellen Komplexes in der EU. Mit 19 Jahren war sie schon Büroleiterin des konservativen Demokratischen Jugendverbandes Europas. 1999, mit gerade 24 Jahren, wurde die quirlige Juristin als politische Junghoffnung in das Europäische Parlament gewählt. Sofort gelang ihr der Sprung in den Wirtschaftsausschuss und in die prestigeträchtige »Delegation für die Beziehungen zu den Vereinigten Staaten«. Da wachsen Kontakte, die sich bezahlt machen.

2005 präsidierte sie bereits eines der wichtigsten Industrieforen, das »European Parliamentary Financial Services Forum«. Organisator war der Brüsseler Spitzen-Lobbyist des Bankengewerbes, John Houston, die Kosten trugen seine Kunden.[23] Das Hauptanliegen der Banker damals: Eine neue EU-Richtlinie gegen Geldwäsche sollte nicht zu streng ausfallen. Wie naheliegend, da Frau Kauppi einzuschalten. Sie brachte im Wirtschaftsausschuss Änderungsanträge ein, die Wort für Wort den Vorschlägen der Finanzlobby entsprachen. Von der Wirtschaftszeitung *Wall Street Journal* mit diesem Vorwurf konfrontiert, räumte die alerte Finnin zwar ein, dass ihr die Banker geholfen hätten, meinte aber ohne jeden Selbstzweifel: »Ich weiß gar nicht mehr, welche Änderungsanträge ich von denen übernommen habe und welche aus anderen Quellen kamen.«[24]

In Lobbykreisen erhielt die wackere Parlamentarierin dafür den Ritterschlag. Sie entwickelte ein Drehtür-Leben. Im Juni 2008, inzwischen saß sie im EU-Parlament auch schon im Fraktionsvorstand der konservativen Parteien (EPP), einigte sie sich mit dem Verband der finnischen Finanzdienstleister, ab 2009 als deren hoch bezahlte Direktorin tätig zu werden. »In meiner neuen Position kann ich mir die Erfahrungen zunutze machen, die ich auf EU-Ebene bei der Gesetzgebung zu den Finanzmärkten gewonnen habe«, teilte sie per Presseaussendung mit.[25] Und ihre parlamentarische Assistentin ließ wissen, dass sie im Juli 2008 schon ihre Mitgliedschaft im Wirtschaftsausschuss aufgegeben habe.[26]

Am 24. September 2008 hielt sie jedoch unverfroren wieder im Parlament eine Rede, ausgerechnet zur »Lage des globalen Finanzsystems und den Auswirkungen auf die europäische Wirtschaft«. Dabei betonte sie ausdrücklich, »als Vertreterin des Wirtschaftsausschusses« zu sprechen, und sagte: »Die entscheidende Frage ist, wie wir auf die Finanzkrise reagieren. Wir haben schon eine gute Gesetzgebung in Europa. Vor allem sollten wir uns jetzt auf freiwillige Verhaltensmaßnahmen der Industrie konzentrieren.« Besser hätte kein Finanzspekulant seine Wünsche ausdrücken können. Unabhängige Experten beklagen allesamt die fehlenden effizienten Regeln.

Zu diesem Zeitpunkt wusste freilich noch kaum jemand vom neuen Job Kauppis, weder auf ihrer Internetseite noch im Plenum machte sie ihn publik. Kollegen gratulierten der so erfolgreichen Karrierefrau vielmehr zu ihrer schon sehr deutlich sichtbaren dritten Schwangerschaft. Erst als verschiedene Nichtregierungsorganisationen sie für den »Worst Lobby Award 2008« nominierten, dämmerte manchen einiges.[27] Pünktlich zum Jahresbeginn 2009 legte die erst 34 Jahre alte Finnin wenigstens ihr Parlamentsmandat nieder, doch ihr neuer Aufsichtsratschef Reijo Karhinen ließ wissen: »Piia-Noora Kauppi verfügt über ein effektives Netzwerk in Finnland und in der EU. Sie wird uns kräftig verstärken. Die hohe Leistungsfähigkeit der finnischen Finanzdienstleister wird quer durch Europa eine Stimme bekommen und durch sie auch gehört werden. Davon wird unzweifelhaft die ganze finnische Gesellschaft profitieren.«[28] Na denn, Kauppi will be back …

In den so viel gescholtenen USA wäre ein solcher Lebensverlauf undenkbar. Nach einer Serie früherer Lobbyskandale müssen Abgeordnete im US-Kongress längst auch ihre persönlichen Finanzverhältnisse penibel offenlegen, Lobby-Nebenjobs sind strikt untersagt, und nach dem Ausscheiden aus der gewählten Funktion muss eine längere Pause eingelegt werden, bevor ein Lobby-Job erlaubt ist – ein »Cooling off«. Die EU mag es lieber heiß.

Wenig aber heftig

Ist Kauppis Verhaltensweise noch zu überbieten? Mit ihr konkurriert der deutsche Spitzenbeamte in der EU-Kommission, Fritz-Harald Wenig. Der 62 Jahre alte Bayer leitet dort die Abteilung für Marktzugang und Industrie. Rechtzeitige Informationen über geplante Strafmaßnahmen der Behörden können für die betroffenen Unternehmen wie auch für ihre Konkurrenten Millionen wert sein.

An einem lauen Abend im März 2008 speiste er im »Comme Chez Soi«, einem der feinsten Lokale in Brüssel, gerühmt nicht nur für die Auszeichnung mit zwei Sternen im Gourmetführer Michelin, sondern auch für die original erhaltenen Art-Nouveau-Glasdächer. Wenig folgte einer Einladung, die er per E-Mail von zwei britischen Lobbyisten erhalten hatte, und die er erst beim Nobelessen persönlich kennenlernte. Die Gesprächspartner aus London ließen nichts anbrennen. Unverzüglich erklärten sie, dass sie sich um Hilfe für einen chinesischen Kunden bemühen wollten. Wenig reagierte spontan: »Das entscheiden wir nach dem zweiten Dinner hier«, fügte aber sofort hinzu: »Nein, nein, ich mache nur einen Witz.«

So lustig fand er es aber gar nicht. Der genussfreudige Bayer dinierte bald wieder mit den Londonern, diesmal im »La Truffe Noire«, das sich auf teure Trüffelessen spezialisiert hat. Vor dem Treffen war ihm erneut eine E-Mail übermittelt worden. Es solle bei der Begegnung um Strafzölle bei Schuhen und Kerzen gehen. Der chinesische Klient, so die Erläuterung, wolle mit einem Kerzenhersteller in seiner Heimat einen 100-Millionen-Liefervertrag abschließen. Dabei wolle er sich aber nur auf ein Unternehmen einlassen, das nach den

Untersuchungen durch EU-Kommissionsbeamte in China nicht mit einem Strafzoll wegen unerlaubter Subventionen belegt werde. Wenig könne im Gegenzug zu solchen Informationen einen Job als Repräsentant des chinesischen Geschäftsmannes annehmen, mit 600 000 Euro Jahresgehalt. Oder sofort 100 000 Euro in bar bekommen.

»Wenn ich das tun würde, wäre das gegen alle Regeln«, meinte der EU-Beamte zunächst, kam jedoch ins Grübeln. »Ich denke gerade darüber nach. Das könnte so laufen, dass man das Geld eingefroren hinterlegt und es nur nach meiner Pensionierung zugänglich ist.« Doch nichts wurde entschieden. »Das war ein sehr interessanter Abend. Ich melde mich wieder in der kommenden Woche«, verabschiedete er sich.

Wenig später gab er per Telefon die Namen und Adressen zweier Firmen durch, für die es »ziemlich klare Hinweise« gäbe, dass sie den sogenannten MET-Status erhielten, also im Vergleich zu anderen Kerzenproduzenten beim Export in die EU geringere Zölle zu entrichten hätten. Bei einem weiteren Luxusessen gab Wenig den Londonern sogar den Tipp, zur Sicherheit den Vertrag mit den chinesischen Herstellern so abzuschließen, dass er ohne positiven EU-Entscheid nicht gelte. Auch wenn die beiden Firmen selbst noch gar nichts davon wüssten, sei er aber fast ganz sicher, dass es dazu kommen würde, also zu 99 Prozent.

Mit 100-prozentiger Sicherheit hätte nie jemand von diesen Treffen erfahren, wenn Wenig tatsächlich mit Lobbyisten gesprochen hätte. Doch seine E-Mail- und Tischpartner waren nicht, wie von ihm angenommen, Interessenvertreter eines chinesischen Geschäftsmannes, sondern Reporter der renommierten britischen *Sunday Times* mit verstecktem Mikrofon.[29]

Brüssels Establishment reagierte typisch, als der Skandal aufflog. Wenig befände sich schon auf »Jahresurlaub«, es gelte »die Unschuldsvermutung«, betonte sofort ein Sprecher der EU-Kommission.[30] »Der Fall stinkt«, erklärte der CDU-Europaparlamentarier Daniel Caspary. Aber wie? Es müsse untersucht werden, »ob es Verbindungen zwischen dem Umfeld von Kommissar Mandelson und den Journalisten der *Sunday Times* gab«, so Caspary.[31] Es ist bekannt, dass sich EU-Handelskommissar Peter Mandelson mit Wenig schwertat und umgekehrt. Doch wie könnte dies in irgendeiner Form Wenigs dokumentiertes Verhalten rechtfertigen?

Sogar der Sprecher der EU-Betrugsbekämpfungsbehörde OLAF ließ offen, ob überhaupt gegen Wenig ermittelt wird. Die Klärung von Fällen, die »interne Fehltritte« beträfen, könne sich hinziehen, so Jörg Wojahn, der bis zu seinem OLAF-Beamtenjob noch als Korrespondent des Wiener *Standard* tätig war. Und Tom Spencer, Exekutivdirektor des »European Centre for Public Affairs«, warnte davor, dass Journalisten versuchen könnten, im Vorfeld der Wahlen zum Europaparlament im Juni 2009 noch weitere Skandale aufzudecken.[32]

Der Leiter der Sicherheitsabteilung der EU-Kommission, Stephen Hutchins, setzte noch eins drauf. »Neue Fälle zeigen, dass die gegen die Kommission gerichtete Spionagegefahr Tag für Tag zunimmt«, alarmierte er am 19. Dezember 2008 schon im ersten Satz eines zwei Seiten langen internen Schreibens alle für Personalfragen zuständigen Beamten der EU-Behörde. Im zweiten Satz geraten ganze Berufsgruppen pauschal unter Verdacht: »Eine Anzahl von Ländern, Informationsbeschaffern, Lobbyisten, Journalisten und anderen Außenstehenden versucht weiterhin, sensible und geheime Informationen zu erhalten.« Der bedächtige und erfahrene Korrespondent der *Frankfurter Allgemeinen Zeitung* in Brüssel, Michael Stabenow, hält dies für »kennzeichnend für das Misstrauen gegenüber den bei den EU-Institutionen akkreditierten Journalisten«.[33] Auch ein neuer Gesetzesentwurf zur Tätigkeit des belgischen Geheimdienstes verschärft die Lage. In Zukunft soll ungeachtet des gesetzlichen Quellenschutzes gegen Journalisten vorgegangen werden können. Unter »Spionage« wird in Belgien schon das Sammeln von Informationen verstanden, die nicht für die Öffentlichkeit bestimmt sind. Was sonst macht aber ein recherchierender Journalist?

Unentdeckt bleiben

Gegen die demokratieverachtenden Missstände beim EU-Lobbying engagierte sich der Autor dieses Buches schon kurz nach seiner erstmaligen Wahl als unabhängiger Spitzenkandidat der österreichischen Sozialdemokraten ins Europa-Parlament 1999. Im Dezember 2000 ging er erstmals mit der »Europäischen Transparenz-Initiative« an die Öffentlichkeit.³⁴ Im Rahmen der Berichte, die das Parlament von sich aus in Angriff nehmen kann, wurde die Lobbyfrage dann im Jahr 2002 zur wichtigsten politischen Priorität innerhalb der sozialdemokratischen Fraktion im Industrieausschuss erklärt. Noch ehe der Buchautor durch seine Kollegen erfuhr, dass er zum Berichterstatter nominiert sei, sprach ihn bereits ein Vertreter des Industrieverbandes UNICE darauf an. Der Lobbyist wusste damit schon von internen Entscheidungen der Fraktion, ehe sie dem Betroffenen mitgeteilt wurden.

Der Berichtstitel versprach wenig Aufregung: »Über die Rolle der europäischen Industrieverbände bei der Festlegung der politischen Maßnahmen der Union.« Noch ehe eine Zeile geschrieben war, setzten schon die Interventionen ein und rissen nicht mehr ab. Lobbyisten wehrten sich mit fragwürdigen Praktiken gegen das Aufzeigen ihrer fragwürdigen Praktiken. Ob denn das alles nötig sei, war noch eine harmlose Frage. Ein Industrievertreter warnte vor politischen Folgen in der Heimat, falls man sich »gegen die Wirtschaft« stelle. Bei einem Recherchegespräch mit einem Brüsseler Top-Lobbyisten der Großindustrie wusste dieser über die Wortmeldungen des Berichterstatters auch in der fraktionsinternen Arbeitsgruppe im Detail Bescheid. Er konnte daraus sogar wörtlich zitieren.

Bei der Abstimmung des Berichtsentwurfs im Industrieausschuss war der Saal im Besucherbereich gut besetzt wie selten, auch entlang der Sitzpulte der Abgeordneten klafften ungewöhnlich wenige, aber zunächst entscheidende Lücken.

Die erste Passage, wonach Lobbying, das eine »zeitgerechte, seriöse, fachliche, präzise Information durch transparent agierende Interessenvertreter« biete, bislang »nur sehr selten stattfindet«, fand noch eine knappe Mehrheit. Nur konservative und liberale Abgeordnete stimmten dagegen.

Plötzlich öffneten sich die Saaltüren und eine Gruppe von Parlamentariern eilte zu den verbliebenen freien Plätzen, um an der Abstimmung in Vertretung nicht anwesender Abgeordneter entsprechend der Fraktionsstärke teilzunehmen. Manche davon hatte der Berichterstatter zuvor noch nie bei einer Sitzung des Industrieausschusses angetroffen, insbesondere nicht die Berliner SPD-Abgeordnete Dagmar Roth-Behrendt, die spätere Vizepräsidentin des Parlaments. Da sie weder Mitglied noch stellvertretendes Mitglied des Ausschusses war, konnte sie überhaupt nur als Stellvertreterin eines stellvertretenden Mitglieds auftreten, im Parlament eine Rarität.

Von nun an fehlte aber die nötige Mehrheit bei entscheidenden Forderungen nach Transparenz und Kontrolle. Das »Nein« von Roth-Behrendt und ihrer sozialdemokratischen Kollegin Erika Mann aus Hannover gab immer wieder den Ausschlag. Zurück blieb ein Rumpfbericht, gerupft von den eigenen Fraktionskollegen, aber immerhin ausgestattet mit einem unmissverständlich kritischen Anhang.[35] Doch nicht einmal diese weitestgehend entschärfte Berichtsvariante des Ausschusses schaffte es bis zum abschließenden Votum ins Plenum des Parlaments. Die Fraktionsvorsitzenden beschlossen, den Lobby-Bericht »wegen Überfüllung des Terminkalenders« gar nicht zur Abstimmung zuzulassen – ein in der Parlamentsgeschichte vermutlich einmaliger Vorgang.

Der Berichtsverfasser war zu diesem Zeitpunkt, im April 2004, bereits mit Enthüllungen über die Spesenpraktiken vieler seiner Parlamentskollegen europaweit in den Schlagzeilen. »Wir werden Ihnen doch keine weitere Bühne bieten«, erklärte ihm ein äußerst einflussreicher deutscher EU-Abgeordneter. Und er drohte offen, aber glaubwürdig: Falls er damit namentlich zitiert würde, werde er umgehend für die Beschlagnahme jener Publikation sorgen, in der dies geschähe.[36]

Transparente Kosmetik

2005 griff der neue EU-Kommissar für Betrugsbekämpfung, Siim Kallas, vieles auf, das im Europaparlament zuvor gar nicht im Plenum abgestimmt werden durfte. Auch er rief eine »Europäische Transparenz-Initiative« aus und wollte zumindest Transparenz in die Brüsseler Lobby-Aktivitäten bringen. Doch sein anfänglicher Elan wurde mit Tricks und Schläue so vieler, die viel zu verlieren hätten, ebenfalls eingebremst. Im September 2008 legte er für die EU-Kommission ein Lobby-Register auf. Doch es bleibt weit hinter den Erwartungen zurück. Weder ist es verpflichtend noch müssen sich Lobbyisten namentlich eintragen. Nur Allgemeines zur Lobby-Organisation, für die sie tätig sind, wird erbeten. »Ein Lobby-Register ohne die Namen der Lobbyisten ist so nützlich wie ein Telefonbuch ohne Telefonnummern«, urteilt Jorgo Riss als Sprecher der Nichtregierungsorganisation Alter-EU.[37] In den USA müssen neben den Namen längst auch genaue Angaben zur Lobbyisten-Finanzierung, konkreten Aktivitäten und persönlichen Kontakten gemacht werden. Die neue Brüssel-Praxis sei lediglich »transparente Kosmetik«, schreibt Hajo Friedrich, Mitarbeiter der *FAZ* in Brüssel und rühriger Betreiber des Weblogs www.europa-transparent.eu.[38]

Obwohl die Vorgaben so lasch sind, kann es sich die große Mehrzahl der in Brüssel aktiven Lobby-Gruppen leisten, sich nicht einmal an der Transparenz-Initiative von Kallas zu beteiligen. Bis Dezember 2008 zählte das Online-Register nur 611 Einträge, weniger als ein Viertel der in Brüssel vermuteten Organisationen und nur ein Bruchteil der bis zu 25 000 bezahlten Lobbyisten.[39]

Im Vergleich zum globalen Mitbewerber USA erweist sich die EU in ihrer Verfasstheit damit weiterhin als skandalös intransparent. Der »Lobbying Disclosure Act of 1995« aus der 104. Sitzungsperiode des US-Kongresses schreibt äußerst detailliert bei Lobbyisten die Offenlegung von Namen, Aktivitäten und Kontakten vor. So lässt sich Missbrauch, der selbstverständlich auch in Washington regelmäßig vorkommt, zumindest leichter aufzeigen. Amerika, du hast es besser.

Bei der Tätigkeit von Interessenvertretern bei den EU-Institutionen wird in jedem Fall eine strukturelle Schwäche deutlich, insbesondere im Parlament: Abgeordneten, die sich lieber ein eigenständiges Urteil bilden und unabhängige Studien oder Experten einbinden möchten, fehlen die erforderlichen personellen und finanziellen Mittel. Dazu gehört auch, dass den meisten Abgeordneten die wenigen, aber durchaus vorhandenen Ressourcen und Forschungsmöglichkeiten im Parlament zu wenig bekannt sind. Lieber stützt man sich beim Verfassen von Berichten auf Parlamentsbeamte, Fraktionsmitarbeiter oder eben Lobbyisten. So werden auch die Sachbearbeiter im Parlament zur Zielscheibe verdeckten Lobbyings.

Unwidersprochen blieb die Expertise der Politikwissenschaftlerin Brigitte Reck »Zwischen Demokratie und Technokratie«.[40] Sie belegt, dass gerade dem Europäischen Parlament »die notwendigen Kapazitäten fehlen, in eigener Verantwortung die notwendigen Informationen für die Arbeit zu beschaffen und sie zu bewerten«. Auch in diesem Bereich können die Kollegen im US-Kongress viel souveräner arbeiten, allein die Bibliothek des Kapitols ist mehr als 100-mal so umfangreich. Und auch in einer Vielzahl europäischer nationaler Parlamente ist es einfacher, Studienaufträge an Fachleute zu vergeben, als in Brüssel. Dazu bedürfte es keineswegs einer weiteren Erhöhung des überblähten Parlamentsbudgets. Durch Umschichtungen im Haushalt könnte das Ziel sehr leicht verwirklicht werden.

Doch daran haben viele EU-Klüngel kein Interesse. Unabhängig zugänglicher Sachverstand würde auch die Unabhängigkeit des einzelnen Abgeordneten befördern. Dies läuft der Intention der Fraktionsführungen zuwider, die in ihren Reihen am liebsten getreue Mitglieder versammeln, die wiederum vielfach dankbar sind, dass ihre parlamentarische Arbeit erleichtert wird. Fast immer ist es auch so bequem.

Während gegenüber der Öffentlichkeit das Bild vom frei gewählten, als effizientes Korrektiv auftretendes Europaparlament gepflegt wird, zeigt sich damit schon beim Umgang mit Lobbying, wie wenig gemeinsinnorientiert gehandelt wird. Die Klage, wonach das Parlament sich eben noch in der Entwicklungsphase befände und doch erst seit 1979 direkt von den EU-Bürgern gewählt werde, greift da überhaupt nicht. Die Europaparlamentarier könnten sich jederzeit gegenüber Lobbyisten freispielen – wenn sie nur wollten.

Auch den Mitarbeitern in Kommission und in den Ministerräten wären die Hände keineswegs gebunden. Niemand in Brüssel oder Straßburg ist Opfer eines bösen Lobbyisten. Er ist, wenn er sich darauf einlässt, immer selbst Täter. Die Hintermänner und -frauen nützen einfach das Spielfeld, das sich ihnen bietet.

»Hier schwenkt jeder eifrig das Fähnchen vom begeisterten Europäer und lobt die gemeinsame Vision, die internationale Atmosphäre und die spannende Zusammenarbeit von Vertretern aus 27 Ländern. In Wahrheit stehen aber doch persönliche oder nationale Interessen an erster Stelle, ohne dass das offen ausgesprochen wird«, bilanziert eine Lobbyistin ihre Erfahrungen.[41] »Wenn ich ein Anliegen vorbringe, muss ich mir genau überlegen, aus welchem Land der Beamte oder Parlamentarier kommt, welche Kultur er vertritt und welche Netzwerke er hat. Und dann muss ich irgendwann erleben, dass ein über die Jahre mühsam vertretenes Vorhaben einfach fallen gelassen wird, weil es von einer Verhandlungsgruppe als Zugeständnis für ein anderes in die Waagschale geworfen wurde.«

Und »Brüssel ist immer noch eine Männer-Hochburg.

Wirklich einflussreich sind nur die Good-Old-Boys-Netz-
werke. Männer aus Kommission, Parlament, Rat, Interessenvertretungen und Medien spielen gemeinsam Fußball, Bad-
minton oder Golf, oder es gibt exklusive kleine Grüppchen,
die jedes Jahr einen Segeltörn in Ijsselmeer machen. In Wahrheit ist das Geschäft mit Europa deprimierend, manchmal
regelrecht abstoßend. Persönliche Eitelkeiten oder undurchsichtige Absprachen und Deals entscheiden oft darüber, welches Projekt Erfolg hat und welches nicht. All das darf man
nicht laut sagen. Wer im Biotop nicht mitschwimmt, fliegt
aus dem Teich. Öffentliche Kritik gefährdet die eigenen Kontakte und damit die eigenen Anliegen.«

Die Sicht des langjährigen deutschen EU-Beamten Ludwig
Krämer ergänzt diese Einschätzung in beklemmender Weise.
Er arbeitete von 1972 bis 2004 in der EU-Kommission und
war an der Erarbeitung der Umweltgesetzgebung beteiligt.
Das Fortkommen eines EU-Beamten, so argumentiert der
nunmehrige Bremer Universitätsprofessor, stehe und falle
mit den Beziehungen zu Industrie-Lobbyisten. »Wenn du
unabhängig bleiben willst, riskierst du dort deine Karriere«,
so Krämer. Als er einmal ein Geschenk, ein damals noch teurer DVD-Rekorder, wieder zurückgeben wollte, fragte ihn
der Lobbyist ungläubig: »Wir haben davon 120 in der EU-
Kommission verschenkt, und Sie sind der Einzige, der ihn
zurückgeben will?«[42]

Das Fazit: Demokratisch nicht legitimierte Beamte beschließen de facto über Gesetze unter dem Einfluss von Lobbyisten, und dies alles nicht im Sinne des Gemeinwohls. Die
meisten Minister und Parlamentarier machen dabei mit. Noch
knapper: Die Falschen entscheiden unter dem Druck der Falschen das Falsche.

Die verschwiegene Welt der Räte

Zur höchsten Blüte der Brüsseler Hinterzimmerkultur bringen es die Räte mit ihren Beamten in den Ständigen Vertretungen der Mitgliedsländer und deren verborgenen Zuarbeitern. Sie alle zählen zur EU-Ratsmaschinerie, die schon in ihren Begrifflichkeiten verwirrt.

Im »Europäischen Rat« treffen sich die Staats- und Regierungschefs, unterstützt von ihren Außenministern und dem EU-Kommissionspräsidenten. Das sind die allgemein bekannten »EU-Gipfel«, die üblicherweise vier Mal im Jahr jeweils für zwei Tage stattfinden und »die allgemeinen politischen Zielvorstellungen« der Union festlegen, wie es im geltenden EU-Vertragswerk steht.[43]

Darin werden auch die »im Rat vereinigten Vertreter der Regierungen der Mitgliedsstaaten« angeführt, die beispielsweise die Richter des Europäischen Gerichtshofs ernennen. Der »Europarat« wiederum, der in Straßburg tagt, ist nur ein loser Zusammenschluss von 45 europäischen Staaten, ohne jede institutionelle Einbindung in die EU.[44]

Wenn in den Medien von einer »Ratssitzung« die Rede ist, handelt es sich zumeist um den »Rat der Europäischen Union«. Er tagt, je nach Aufgabengebiet, in wechselnden Zusammensetzungen. Derzeit sind neun Fachministerräte eingerichtet, berichtet wird vor allem über Sitzungen der Außen- und Finanzminister. Sie haben bei der Rechtssetzung der EU das entscheidende Wort. Nur in knapp einem Drittel aller Bereiche darf und muss auch das Europäische Parlament einer neuen EU-Verordnung oder Richtlinie zustimmen. Umso mehr wäre es eine demokratische Grundvoraussetzung, dass die Räte vom Volk möglichst direkt legitimiert sind und selbstverständlich öffentlich tagen und beschließen müssten. Beides ist in der EU nicht der Fall. Durch den EU-Reformvertrag von Lissabon würde nur die Chance auf mehr Transparenz in einigen Bereichen steigen. Mit und ohne Lissabon-Vertrag kann ein nationaler Minister, der in seiner

Heimat nie eine Wahl bestreiten musste, aber in Brüssel als Gesetzgeber auftreten.

Beim so vielfach geforderten Zugang der Öffentlichkeit erklärte zwar der »Europäische Rat«, mithin die Staats- und Regierungschefs, im Juni 2006, »den Bürgern zu ermöglichen, aus erster Hand durch mehr Offenheit und Transparenz einen Einblick in die Tätigkeiten der Europäischen Union zu erlangen«, und dies »insbesondere, wenn der Rat über Rechtssetzungsakte berät, die unter das Mitentscheidungsverfahren fallen«, also der Zustimmung des Europäischen Parlaments bedürfen.[45]

Wie so viele wohlklingende EU-Versprechen versandet allerdings auch das Transparenzgelübde.

Je wichtiger, desto geheimer

Denn entgegen den Ankündigungen des EU-Gipfels vor drei Jahren, endlich für Transparenz bei den Ratssitzungen zu sorgen, wird weiterhin zumeist im Geheimen getagt. Bei den Treffen der so wichtigen Fachministerräte der Außen-, Finanz- und Wirtschaftsminister wurde im Jahr 2008 jeweils nur ein einziger Tagesordnungspunkt öffentlich behandelt. Die Bildungs- und Sozialminister besprechen wenigstens etwa die Hälfte der anstehenden Fragen transparent – allerdings verfügt die EU in diesen Bereichen kaum über Zuständigkeiten. Und gegenüber 2007, als die angeblich so transparenzsichernde neue Geschäftsordnung des Rates erstmals galt, kam es 2008 sogar zu einem Rückschritt in Sachen Offenheit – siehe die Tabelle auf Seite 92.

Für überzeugte Pro-Europäer ist die anhaltende Geheimnistuerei besonders bitter. Wie kann man diese Arbeitspraxis einem Demokraten gegenüber überhaupt rechtfertigen? Schlimmer ist noch, dass die Entscheidungsträger in den Räten, also die verantwortlichen nationalen Minister, oft nicht einmal persönlich anwesend sind. Diesbezügliche parlamentarische Auskunftsanfragen des Autors wurden vom Rat nur allgemein beantwortet, die Auswertung von Hunderten EU-Dokumenten bringt aber nunmehr Klarheit – mit einigen Überraschungen: Obwohl die Tagungen und Entscheidungen der Ministerräte in der EU von zentraler Bedeutung sind, glänzen vor allem die deutschen Bundesminister durch Abwesenheit. Ihre finnischen, niederländischen, luxemburgischen und auch französischen Amtskollegen lassen sich hingegen kaum eine Sitzung entgehen – siehe Tabelle auf Seite 93. Erheblich unterschiedlich ist auch innerhalb der deutschen und österreichischen Bundesregierungen, wie ernst ihre Mitglieder die Teilnahme an den jeweiligen Ministerräten nehmen – siehe die Tabellen auf den Seiten 94/95.

Der verborgene Machtapparat

Die unentschuldbar häufige Abwesenheit so vieler Minister bei den Ratssitzungen überlässt den Beamten – gemeinsam mit den Lobbyisten – in Brüssel die Schalthebel der Macht, vor allem in den Ausschüssen und Arbeitsgruppen. »Unbemerkt von der Öffentlichkeit, den Medien oder der Wissenschaft hat sich das Ausschusswesen im europäischen Politikprozess zu einem verborgenen Machtapparat entwickelt, der durch richtungweisende Vorentscheidungen die EU-Gesetzgebung entscheidend beeinflusst«, urteilt der Bremer Wissenschaftler Sebastian Huster in seiner 2008 erschienenen Untersuchung zur »Europapolitik aus dem Ausschuss«.[46]

Dabei ist »die Welt der EU-Ausschüsse nicht nur für Außenstehende ein Buch mit sieben Siegeln«, so Huster. »Dass außerhalb der eingeweihten EU-Zirkel niemand die Ausschüsse wirklich kennt, hängt mit der wenig transparenten Arbeitsweise dieser Gremien zusammen. In der EU offenbart der Blick hinter die offizielle Fassade eine undurchsichtige Substruktur von unzähligen Ausschüssen, Gruppen oder Netzwerken, die das EU-System am Laufen halten.«

Je wichtiger, desto geheimer

Entgegen den Zusagen des Rates 2006, endlich für Transparenz bei den Ministerratssitzungen zu sorgen, wird weiterhin überwiegend im Geheimen getagt. Bei den Treffen der so wichtigen Ministerräte der Außenminister, der Finanzminister und der Wirtschaftsminister wurde im Jahr 2008 jeweils nur ein einziger Tagesordnungspunkt öffentlich behandelt. Bei den Bildungs- und Sozialministern wird etwa die Hälfte der Tagesordnungspunkte transparent besprochen – allerdings verfügt die EU in diesen Bereichen kaum über Zuständigkeiten. Insgesamt nahm die Transparenz gegenüber 2007 sogar ab.

Die weiterhin geheimen EU-Ministerratstagungen				
Ministerrat	**Tagungen**	**Tagesordnungspunkte 2008**		**Differenz**
	Anzahl 2008	insgesamt	davon öffentlich	in Prozent	2007–2008
Bildung, Jugend und Kultur	3	36	18	50,0	+ 16,7 %
Beschäftigung, Sozialpolitik, Verbraucherschutz, Gesundheit	4	49	21	42,9	– 2,8 %
Verkehr, Telekommunikation, Energie	7	71	23	32,4	– 8,6 %
Umwelt	4	33	4	12,1	– 18,4 %
Landwirtschaft und Fischerei	11	91	4	4,4	+ 0,1 %
Justiz und Inneres	7	93	3	3,2	– 5,0 %
Wettbewerb (Binnenmarkt, Forschung, Industrie)	4	48	1	2,1	– 11,3 %
Wirtschaft und Finanzen	11	80	1	1,3	– 2,6 %
Allgemeine Angelegenheiten und Außenbeziehungen	24	130	1	0,8	– 0,5 %
Gesamt	75	631	76	12,0	– 2,2 %

Quelle: Auswertung der Tagesordnungen der Ministerratssitzungen. Als öffentlich wurden jene Tagesordnungspunkte gewertet, die in den Tagesordnungen mit dem Hinweis »öffentliche Beratungen gemäß Artikel 8 Absatz 1 Buchstabe c der Geschäftsordnung des Rates« ausgewiesen wurden.

Fleißige Finnen, abwesende Deutsche

Obwohl die Tagungen und Entscheidungen der Ministerräte in der EU von zentraler Bedeutung sind, glänzen vor allem die deutschen Minister durch Abwesenheit. Finnen, Niederländer, Luxemburger, aber auch die Franzosen lassen sich hingegen kaum eine Sitzung entgehen.

	Länder	Anwesenheit bei Ratstagungen 2008 in Prozent	Anwesenheit bei Ratstagungen 2007 in Prozent	Differenz 2007–2008 in Prozent
	Anwesenheit der Bundesminister bei den Ministerräten			
1.	Finnland	97,3 %	89,2 %	+ 8,1 %
2.	Niederlande	96,0 %	73,8 %	+ 22,2 %
3.	Luxemburg	94,7 %	86,2 %	+ 8,5 %
4.	Frankreich	92,0 %	73,8 %	+ 18,2 %
5.	Irland	90,7 %	78,5 %	+ 12,2 %
6.	Schweden	86,7 %	87,7 %	– 1,0 %
7.	Belgien	84,0 %	83,1 %	+ 0,9 %
8.	Slowenien	84,0 %	93,8 %	– 9,8 %
9.	Großbritannien	81,3 %	75,4 %	+ 5,9 %
10.	Estland	81,3 %	75,4 %	+ 5,9 %
11.	Portugal	81,3 %	90,8 %	– 9,4 %
12.	Dänemark	80,0 %	72,3 %	+ 7,7 %
13.	Griechenland	76,0 %	76,9 %	– 0,9 %
14.	Österreich	74,7 %	89,2 %	– 14,6 %
15.	Litauen	73,3 %	73,8 %	– 0,5 %
16.	Tschechische Republik	69,3 %	73,8 %	– 4,5 %
17.	Lettland	69,3 %	73,8 %	– 4,5 %
18.	Bulgarien	69,3 %	80,0 %	– 10,7 %
19.	Ungarn	68,0 %	70,8 %	– 2,8 %
20.	Spanien	68,0 %	81,5 %	– 13,5 %
21.	Polen	65,3 %	67,7 %	– 2,4 %
22.	Zypern	65,3 %	69,2 %	– 3,9 %
23.	Italien	64,0 %	78,5 %	– 14,5 %
24.	Rumänien	60,0 %	72,3 %	12,3 %
25.	Malta	60,0 %	75,4 %	– 15,4 %
26.	Slowakei	58,7 %	67,7 %	– 9,0 %
27.	Deutschland	58,7 %	87,7 %	– 29,0 %

Quelle: Auswertung der jeweiligen Ratsdokumente. 2008 fanden insgesamt 75 Tagungen in den neun verschiedenen Ministerräten statt (Außenminister, Finanzen, Wirtschaft etc.), 2007 waren es insgesamt 65.

Die EU bestimmt, und kaum einer ist dabei

Anwesenheit der Bundesminister bei Ministerräten Deutschland		
Ministerrat (insgesamt 75 Tagungen 2008, 65 im Jahr 2007)	Anwesenheit 2008 je Bundesminister in %	Anwesenheit 2007 je Bundesminister in %
Allgemeine Angelegenheiten und Außenbeziehungen		
Frank-Walter Steinmeier, SPD	50,0	100,0
Franz Josef Jung, CDU	8,3	5,6
Michael Glos, CDU	8,3	0,0
Horst Lorenz Seehofer, CSU	10,0	0,0
Heidemarie Wieczorek-Zeul, SPD	8,3	5,6
Wirtschaft und Finanzen		
Peer Steinbrück, SPD	54,5	63,6
Wettbewerbsfähigkeit		
Brigitte Zypries, SPD	25,0	40,0
Michael Glos, CDU	25,0	40,0
Annette Schavan, CDU	50,0	40,0
Landwirtschaft und Fischerei		
Horst Lorenz Seehofer, CSU	42,9	72,7
Ilse Aigner, CSU	66,7	–
Justiz und Inneres		
Brigitte Zypries, SPD	42,9	83,3
Wolfgang Schäuble, CDU	100,0	100,0
Umwelt		
Sigmar Gabriel, SPD	50,0	100,0
Verkehr, Telekommunikation und Energie		
Michael Glos, CDU	28,6	40,0
Wolfgang Tiefensee, SPD	28,6	80,0
Beschäftigung, Sozialpolitik, Gesundheit und Verbraucher		
Ursula von der Leyen, CDU	50,0	66,7
Ulla Schmidt, SPD	25,0	66,7
Olaf Scholz, SPD	25,0	100,0
Horst Lorenz Seehofer, CSU	0,0	33,3
Franz Müntefering, SPD	–	100,0
Bildung, Jugend und Kultur		
Ursula von der Leyen, CDU	0,0	66,7
Annette Schavan, CDU	0,0	66,7

Quelle: Auswertung der Ratsdokumente. Die prozentuale Anwesenheit bezieht sich auf die Anzahl der Ministerräte im Rahmen der Amtszeit des jeweiligen Ministers. Horst Seehofer, Bundesminister für Ernährung, Landwirtschaft und Verbraucherschutz, hätte etwa bis zu seinem Ausscheiden am 27. Oktober 2008 an 7 Landwirtschaftsratstagungen bzw. an 3 Verbraucherratstagungen im Jahr 2008 teilnehmen sollen, war aber nur bei 3 bzw. bei 0 tatsächlich anwesend, mithin bei 42,9 Prozent bzw. 0 Prozent.

Anwesenheit der Bundesminister bei Ministerräten Österreich		
Ministerrat (insgesamt 75 Tagungen 2008, 65 im Jahr 2007)	Anwesenheit 2008 je Bundesminister in %	Anwesenheit 2007 je Bundesminister in %
Allgemeine Angelegenheiten und Außenbeziehungen		
Ursula Plassnik, ÖVP	81,8	100,0
Norbert Darabos, SPÖ	8,3	5,6
Martin Bartenstein, ÖVP	9,1	0,0
Wirtschaft und Finanzen		
Wilhelm Molterer, ÖVP	54,5	81,8
Wettbewerbsfähigkeit		
Johannes Hahn, ÖVP	50,0	80,0
Martin Bartenstein, ÖVP	50,0	80,0
Erwin Buchinger, SPÖ	0,0	20,0
Landwirtschaft und Fischerei		
Josef Pröll, ÖVP	50,0	54,5
Justiz und Inneres		
Maria Berger, SPÖ	57,1	66,7
Maria Theresia Fekter, ÖVP	75,0	–
Günther Platter, ÖVP	66,7	100,0
Umwelt		
Josef Pröll, ÖVP	66,7	75,0
Verkehr, Telekommunikation und Energie		
Werner Faymann, SPÖ	16,7	80,0
Martin Bartenstein, ÖVP	50,0	40,0
Beschäftigung, Sozialpolitik, Gesundheit und Verbraucher		
Erwin Buchinger, SPÖ	66,7	66,7
Martin Bartenstein, ÖVP	33,3	33,3
Andrea Kdolsky, ÖVP	0,0	66,7
Bildung, Jugend und Kultur		
Johannes Hahn, ÖVP	33,3	66,7
Claudia Schmied, SPÖ	66,7	100,0
Doris Bures, SPÖ	0,0	33,3
Andrea Kdolsky, ÖVP	0,0	33,3

Quelle: Auswertung der Ratsdokumente. Die prozentuale Anwesenheit bezieht sich auf die Anzahl der Ministerräte im Rahmen der Amtszeit des jeweiligen Ministers. Außenministerin Ursula Plassnik hätte etwa bis zu ihrem Ausscheiden am 2. Dezember 2008 als Außenministerin an 22 Ministerräten im Jahr 2008 teilnehmen sollen, war aber nur bei 18 tatsächlich anwesend, mithin bei 81,8 Prozent.

Zwei Jahrzehnte lang bemühte sich der frühere Journalist Jens-Peter Bonde als Europaabgeordneter aus Dänemark, wenigstens die Anzahl und die Mitglieder der versteckten Arbeitsgruppen bei der EU-Kommission in Erfahrung zu bringen. Im Rahmen der geltenden EU-Verträge verfügt sie ja im Bereich der Europäischen Gemeinschaft über das alleinige formelle Initiativrecht, nur sie kann vor allem in Binnenmarktsfragen den Gesetzgebungsprozess in Gang setzen, während insbesondere Außen-, Sicherheits-, Justiz- und Polizeiangelegenheiten von den Ministerräten vorangetrieben werden.[47] Als »Hüterin der Verträge« leitet die Kommission auch die teilweise spektakulären Verfahren wegen Wettbewerbsverzerrung ein. Wer würde da nicht wissen wollen, wie die Kommission im Hintergrund arbeitet? Bondes parlamentarische Anfragen wurden aber Jahr um Jahr abgeschmettert. Kurz vor seinem altersbedingten Ausscheiden aus dem Parlament im Mai 2008 bekam der unnachgiebige Däne, den seine Erfahrungen immer EU-kritischer werden ließen, die erste ernsthafte Antwort. Demnach gibt es allein bei der EU-Kommission zur Erarbeitung von EU-Rechtsakten 3094 Arbeitsgruppen, in unzähligen sind die Lobbyisten der Großindustrie vertreten.[48] »Für die Interessengruppen bieten diese Gremien ein Instrument, um Einfluss auf die Ausarbeitung der Kommissionsvorschläge zu nehmen«, stellt auch Ausschussforscher Huster nüchtern fest.[49] Dennoch »gab es bis vor Kurzem keine offiziellen Listen, und selbst der Kommission fehlte der genaue Durchblick in dem Wirrwarr der vielfältigen Vorbereitungsgremien, da die Einrichtung dieser Ausschüsse den einzelnen Generaldirektionen grundsätzlich freigestellt war«.[50] Ein Eldorado für Beamtenwillkür und Einflüsterer.

Auch mit den nunmehr vorliegenden offiziellen EU-Informationen wird nur ein weit gefächertes Labyrinth erkennbar. Es existieren »formelle« und »informelle Expertengruppen«, viele sind »unbefristet«, manche »ad hoc«. Ihre Anzahl hat sich im Zehnjahresrhythmus jeweils verdoppelt. Bisweilen werden sie auch vom Rat *für* die Kommission einberufen. »Darüber hinaus«, ermittelte Huster, »ist eine überschaubare Zahl weiterer wissenschaftlicher Gremien aktiv, von denen es jedoch weiterhin keine offizielle Liste gibt«.[51] Von Montag bis Freitag sind die 20 Sitzungsräume im Albert-Borschette-Konferenzzentrum der Kommission überbucht, auch die zwölf großen Tagungssäle im Berlaymont-Gebäude, das nach der Asbestverseuchung im Jahr 2004 wiedereröffnet wurde, platzen aus ihren Nähten. Dabei verfügt allein die Generaldirektion Landwirtschaft über zwei zusätzliche, technisch bestens ausgestattete Sitzungssäle in ihrem Dienstgebäude. Den anreisenden Teilnehmern werden die Reisekosten vergütet, nicht ihre Tätigkeit. Da muss man es sich leisten können, dabei zu sein. Auch so verstärkt sich die EU-Schieflage zugunsten affluenter Wirtschaftskreise und nationaler Beamter, deren Einkommen durch den Staat garantiert wird. Mittelständische Unternehmer oder Vertreter der Zivilgesellschaft haben es ungleich schwerer.

Noch dichter am Ohr der Entscheidungsspitzen finden sich die sogenannten Sonderberater. Jeder der 27 EU-Kommissare kann im eigenen Ermessen solche Experten engagieren und sie, anders als die Mitglieder der Arbeitsgruppen, auch fürstlich honorieren. Unappetitliche Interessensverquickungen sind da vorprogrammiert.

Nach parlamentarischen Vorstößen kam im April 2008 erstmals eine umfassende Liste der »Schattenmänner«, wie die Sonderberater im Brüsseler Jargon bezeichnet werden, ans Licht. Im illustren Kreis fanden sich gescheiterte ehemalige EU-Abgeordnete ebenso wie raffinierte Lobbyisten. Zwei deutsche Sozialdemokraten stachen besonders hervor: Christa Randzio-Plath aus Hamburg hatte bei der EU-Wahl 2004 schon parteiintern keinen aussichtsreichen Listenplatz mehr geschafft. Dann aber durfte sie den sozialistischen EU-Steuerkommissar László Kovács, der zunächst selbst im EU-Parlament bei seiner Nominierung als Energiekommissar durchgefallen war, bei der »Ausarbeitung eines Arbeitsplans in Übereinstimmung mit der Anpassung der europäischen Fiskalpolitik in den Rahmen der Lissabon-Strategie« beraten. Ah ja.

Randzio-Plaths Stuttgarter Kollege Rolf Linkohr wiederum verabschiedete sich 2004 pompös in die Rente. Stets war er im Parlament ein Verfechter der Kernkraft, sein Abschiedsfest als Präsident des »Europäischen Energieforums« sponserte ein deutscher AKW-Betreiber, in dessen Beirat er ebenso aufgenommen wurde wie in den Aufsichtsrat eines schwedischen AKW-Konzerns.[52] Linkohr gründete gleichzeitig die Beratungsfirma »Centre for European Energy Strategy« (CERES). Dabei brüstete sich der Nuklearlobbyist auch seiner guten Beziehungen zu EU-Energiekommissar Andris Piebalgs – als dessen bezahlter Sonderberater er arbeitete. Linkohr verlor inzwischen seinen EU-Job, nicht aber Dutzende andere EU-Schattenmänner. Der belgische EU-Entwicklungshilfekommissar lässt sich etwa von einem Ex-Kommissar beraten, der im Aufsichtsrat eines Multis sitzt, der an der Privatisierung der Wasserversorgung in Entwicklungsländern äußerst interessiert ist. Italiens EU-Kommissar Franco Frattini beschäftigte, ehe er in Silvio Berlusconis neuer Regierung landete, sogar elf Sonderberater, allesamt Landsleute, darunter einen Finanzpolizisten, gegen den in einem Müllskandal ermittelt wurde, bei dem 200 Millionen Euro veruntreut wurden.

Wenngleich inzwischen die Namen der Berater an die Öffentlichkeit dringen, so bleiben all ihre Erörterungen vertraulich, wie auch die Gespräche und Verhandlungen in den Tausenden Arbeitsgruppen. Wer redet, wird nicht mehr eingeladen. Das ist die EU-Omerta. Da stirbt niemand, doch die Wirkung ist durchaus sizilianisch. Denn in den Wissensgesellschaften der Gegenwart ist existenziell tot, wer keinen Zugang zu Informationen hat und die Zeitläufte in keiner Form beeinflussen kann.

Seit Jacques Delors die EU-Kommission als Präsident bis Mitte der 90er-Jahre anführte, schwor jeder seiner Nachfolger, mit den Parallelwelten und den undurchschaubaren Abläufen »aufzuräumen« und eine »ordentliche und effiziente«, ja sogar die »weltbeste« Verwaltung einzurichten. Die Bilanz am Ende der Nuller-Jahre des neuen Jahrtausends kann nur lauten: Da waren Nullen am Werk. Und das ist äußerst kostspielig.

Die EU – ein UFO

Während sich durch Jens-Peter Bondes Hartnäckigkeit beim Blick auf die Arbeitsweise der EU-Kommission wenigstens ein Spalt öffnete, agieren die 260 Arbeitsgruppen des Rates weiterhin völlig uneinsichtig im Geheimen. Sie sind den Ministerräten, dem »faktischen Hauptgesetzgeber der EU«, vorgeschaltet, und so »verfügen diese Arbeitsgruppen über eine zum Teil beträchtliche Gestaltungsautonomie. Ein großer Teil der endgültigen Ratsentscheidungen wird bereits hier entschieden«, betont Huster.[53] Jedoch »wurde auch dem komplexen Ausschusssystem des Rates bislang vonseiten der Europaforschung wenig Aufmerksamkeit geschenkt«.[54] Dieses »Forschungsdefizit«, erklärt der Bremer Wissenschaftler, »begründet sich vor allem dadurch, dass das Untersuchungsobjekt lange Zeit überhaupt nur schwer zu identifizieren war.«[55] In den politischen Alltag übersetzt heißt dies, dass die EU einerseits von nicht gewähltem politischem Personal beherrscht wird, andererseits die Handelnden und ihre Handlungen nicht einmal in wissenschaftlichen Kreisen bekannt sind. Die EU – ein UFO.

Die unidentifizierten Flugobjekte der Ratsarbeitsgruppen werden von vier Vorbereitungsgremien überwacht und koordiniert: der »Gruppe der Freunde des Vorsitzes«, der »Attaché-Gruppe« sowie den »Antici« und »Mertens«.[56] Diese »vier Hilfsgremien, die jedoch selbst Kennern der EU-Institutionen weitgehend unbekannt sind«, wie Huster bei seinen Recherchen erstaunt bemerkte[57], docken schließlich am Stän-

digen Ausschuss der Botschafter bei der EU an, dem »Coreper«, der sich wiederum in zwei Arbeitsebenen gliedert.

Wie ungeniert und selbstherrlich darin Beamte Politik
machen, beschreibt Jochen Grünhage, ein erfahrener deutscher Diplomat im Botschafterrang in der EU-Hauptstadt.[58]
14 Jahre lang vertrat er die Bundesrepublik im »Coreper«,
stellte aber bald für sich fest: »Der deutschen Europapolitik
fehlt es bisweilen an einer klaren Definition eigener strate-
gischer Interessen«, und »ein grundsätzliches Problem der
deutschen Weisungskoordinierung ist die Schwerfälligkeit.«[59]
Grünhage hingegen war flexibel. Er wusste Rat im Rat, indem
er – wie naheliegend – auf sich selbst hörte. Denn er vertrat
die Ansicht: »Weisungen, die ich als deutscher Vertreter bisweilen erhalten habe und die etwa lauteten: ›Vorschlag der
Kommission ist abzulehnen, der nicht dem geltenden deutschen Recht entspricht‹, hatten keine Chance.«[60]

Genüsslich schildert Grünhage, wie er beispielsweise den
noch grünen Umweltminister Jürgen Trittin von dessen Kurs
abbrachte. Kurz nach dem Regierungsantritt von Rot-Grün
stand Anfang 1999 die umkämpfte Altauto-Richtlinie zur
Entscheidung an. Der Grüne wollte die kostenlose Rück-
nahme schrottreifer Fahrzeuge durch die Hersteller binnen
kurzer Zeit durchsetzen, die Autolobby forderte eine Verlän-
gerung der Übergangsfristen. Trittin setzte auf eine rasche
Abstimmung im Umweltministerrat, doch Grünhage agierte
anders. »Als Coreper-Vorsitzender rief ich eine Woche vor
der Tagung des Rates meine Kollegen im engsten Rahmen,
d. h. ohne Mitarbeiter und Dolmetscher zusammen und ap-
pellierte an sie ganz persönlich, auf ihre Minister bzw. Kommissarin dahin einzuwirken, dass sie keinen Antrag auf Abstimmung stellen.«[61] Trittin plädierte allerdings in seiner
Verantwortung als Minister bei der Ratstagung während des
Mittagessens für ein Votum. Doch der Beamte an seiner Seite
zog da nicht mit. Während der »erhitzten Debatte musste
ich, als Vertreter der gesamten Bundesregierung, dem deutschen Minister zuflüstern, dass er unverzüglich die Leitung

des Bundeskanzleramtes über die Entwicklung unterrichten müsse. Um das zu vermeiden, empfahl ich dem Minister eine Kehrtwendung und ein Plädoyer für Vertagung. Der Minister folgte der Empfehlung.«[62] Dank Grünhage wurde erst Monate später abgestimmt, mit reichlich Zeit für Interventionen. Dann »wurde die Richtlinie mit verlängerten Übergangszeiten vom Rat beschlossen«. Der Umweltminister hingegen »zog sich wegen seines Zickzackkurses heftige Kritik zu. Besonders die bitteren Worte der Kommissarin sind mir in Erinnerung geblieben«, merkt der deutsche Beamte süffisant an. So wurde nicht nur Trittin blamiert, sondern ein wichtiges Umweltanliegen auf dem Brüsseler Parkett formvollendet ausgebremst.

Ein anderes Mal wollte die deutsche Bundesregierung noch eine Richtlinie zur Telekommunikation nachbessern, weil sich der Finanzminister davon zu Recht höhere Einnahmen bei Mobilfunklizenzen erwartete. Zu dumm, dass unter den Beamten »im Coreper die Richtlinie schon ›ausverhandelt‹ war, auf der Ministerratstagung sollte der Gesamtkompromiss nur noch politisch gewürdigt und förmlich beschlossen werden«, so Grünhage. Als der angereiste zuständige deutsche Minister vertagen lassen wollte, trat der Beamte in Aktion: »Ich warnte den Minister vor einer solchen Vorgehensweise. Er würde damit die ungeschriebenen Regeln der vertrauensvollen Zusammenarbeit verletzen.« Grünhage weiter: »Der Minister schwieg zunächst. Nach Betreten des Ratsgebäudes – die Unterredung erfolgte auf dem Weg vom Flughafen zur Sitzung – seufzte der Minister im Fahrstuhl und zitierte mit einem Anflug von Galgenhumor den Titel des französischen Filmklassikers ›Fahrstuhl zum Schafott‹. Mir war klar, dass der Minister letztlich einlenken würde.«[63] Anders als bei Trittin begleiteten diesmal den unterlegenen Minister aber Grünhages Sympathien. »Zum Glück blieb dem hochgeschätzten Bundesminister die politische Guillotine erspart«, frohlockt der so aktive deutsche Beamte, der als Diplomat im Botschafterrang über die Abläufe in seine nationale Hauptstadt zu berichten hatte. Denn dies tat er mit Rafinesse: »Der Bericht der Ständigen Vertretung über diese Ratstagung wies aus, dass das deutsche Regierungsmitglied mit seinem Vertagungsantrag auf massive begründete Kritik aller übrigen Ratsmitglieder gestoßen sei und deshalb, um Schaden am Ansehen Deutschlands abzuwenden, der Entscheidung nicht mehr widersprechen konnte.« So kam freilich der deutsche Steuerzahler zu Schaden. Hätte Grünhage in den beiden Fällen genau andersherum agiert – also bei Trittins Altautoproblem nicht auf Vertagung gedrängt und bei den Telekom-Lizenzen einen Aufschub mit ihm bekannten, legitimen Verfahrensargumenten durchgesetzt, wären die Umwelt und der deutsche Staatshaushalt die Profiteure einer damit anderen Brüsseler Entscheidungslage geworden.

Grünhage misst dies aber nach seinen Maßstäben. Er sieht sich in der »Verantwortung des Ständigen Vertreters und seiner Pflicht zur Beratung«. Dazu zählt er auch seine Kontakte zu Lobbyisten. »Der Coreper kann auch Adressat von Interessenvertretung werden«, berichtet er nicht ohne Genugtuung.[64] »Ich selbst bin z.B. von dem Interessenvertreter eines großen französischen Reifenherstellers aufgesucht worden, wenn es um die europäische Gesetzgebung ging, die sein Unternehmen betraf. Mir waren diese Kontakte sehr nützlich.«[65] Auch »die US-Administration veranlasste ein umfangreiches Lobbying«, um eine geplante EU-Richtlinie zum Schutz vor Flugzeuglärm aufzuweichen. »Der Dialog zum Thema fand in einem fensterlosen, abgeschirmten Raum in der Brüsseler US-Mission statt.«[66] Und »im Verlauf der nachfolgenden internen Beratungen im ›Coreper‹ setzten sich die US-Behörden im Ergebnis mit ihrer Forderung durch; der Druck, vor allem auf Frankreich und Großbritannien, war zu stark«.

Grünhages Resümee seiner Brüsseler Amtszeit: »Aufgrund ihrer Funktion und ihrer Erfahrung sind die Ständigen Vertreter einflussreiche Steuerleute innerhalb der Institution Ministerrat, mit erheblicher Außenwirkung auch in Richtung Kommission und Parlament.«[67]

So demokratiepolitisch anmaßend dies klingt, es ist noch untertrieben. Internen Schätzungen zufolge werden 85 Prozent der Tagesordnungspunkte der Ministerräte in den Vorbereitungsgremien entschieden: 70 Prozent in den 260 Arbeitsgruppen des Rates und bei »Antici« und »Mertens«, 15 Prozent im »Coreper«.[68] »Dann bestätigt der Ministerrat das Ergebnis förmlich durch Annahme einer Sammelliste, auf der« – man halte sich fest – »die einzelnen Entscheidungspunkte *inhaltlich gar nicht mehr dargestellt* sind«[69], triumphiert Botschafter Grünhage in seinen Erinnerungen. Wer dachte da noch, die deutsche Bundesregierung sei an der Macht, oder der Bundestag in Berlin und der Nationalrat in Wien übten eine ernsthafte Kontrolle aus?

Hohe Herren unter sich

Wie geringschätzig auch die Staats- und Regierungschefs mit der ihnen überlassenen Europäischen Union umgehen, lässt sich nur erahnen, da ihre EU-Treffen ebenfalls höchst vertraulich sind. Welch Geistes Kinder da agieren, belegt allerdings eine Mitschrift, die vom EU-Gipfel 2001 in Laeken nach außen drang. Damals sollte vor allem der Präsident des angepeilten »Konvents für eine Verfassung für Europa« gekürt werden, die großen Zukunftsfragen der Union standen auf der Tagesordnung.

Die hohen Herren zankten aber im Schloss des belgischen Königshauses im Norden Brüssels mit Ingrimm um die Ansiedlung von zehn neuen EU-Agenturen, mithin ausgelagerten EU-Verwaltungsstellen fernab der EU-Hauptstadt. Zur Verteilung stand unter anderem die »Agentur für Lebensmittelsicherheit«, für einen Staatsmann eine schöne Trophäe, die in der Heimat glänzen und viele neue EU-Beamtenposten schaffen kann. Regierungschef Silvio Berlusconi war in seinem Element. Er favorisierte Parma, der amtierende EU-Ratspräsident Guy Verhofstadt wollte Helsinki.

Das Wortprotokoll, ein seltener Einblick[70]:

Premierminister Silvio Berlusconi: »Parma ist ein Synonym für gute Küche. Die Finnen wissen ja nicht einmal, was Prosciutto ist. Ich kann das nicht akzeptieren.«

Österreichs Kanzler Wolfgang Schüssel: »Ich bin nicht zufrieden. Wir haben ja gar nichts bekommen.«

Schwedens Premierminister Göran Persson: »Das ist keine leichte Aufgabe. Wir hatten dieses Problem schon während der schwedischen Präsidentschaft in Göteborg. Aber es ist schon befremdlich, dass die IT-Agentur (für Informationstechnologie) an Spanien gehen soll.«

Belgiens Premier Guy Verhofstadt (als Vorsitzender): »Die gastronomische Attraktivität ist kein Argument für die Ansiedlung einer EU-Agentur.«

Frankreichs Präsident Jacques Chirac: »Wie wäre es, wenn Schweden eine Agentur zur Modellausbildung bekäme, da ihr doch so hübsche Frauen habt?«

Berlusconi: »Ich habe bereits den europäischen Haftbefehl akzeptiert. Mein letzter Wort ist (schreit): NEIN!«

Deutschlands Kanzler Gerhard Schröder: »Ich liebe Parma, aber du wirst sie nie bekommen, wenn du so argumentierst.«

Chirac: »Lille ist auch ein Kandidat. Es liegt im Herzen der (EU) politischen Landkarte.«

Schüssel: »Die (EU) Beobachtungsstelle für Rassismus (in Wien) hat nur 19 Beamte. Andere haben Tausende.«

Verhofstadt: »Das war's.« (Er beendet das Gipfeltreffen.)

Die Entscheidung wurde wieder einmal vertagt, wie bei einer angejahrten, frustrierten Selbstfindungsgruppe. »Krach um Lebensmittel blockierte EU-Schlüsselentscheidungen«, lautete die Schlagzeile der BBC. Offiziell jedoch ließen die höchsten EU-Herren mitteilen, »der EU-Gipfel zeigte eine neue Harmonie und einen Sinn für die Zielsetzung, da eine große Überprüfung der zukünftigen Form und Steuerung

Europas gestartet wurde«.[71] Zwei Jahre später erhielt Parma beim Europäischen Rat im Dezember 2003 den Zuschlag für die Agentur für Lebensmittelsicherheit, eine äußerst fragwürdige Einrichtung. Berlusconi war zu diesem Zeitpunkt immer noch Regierungschef, Parma-Liebhaber Gerhard Schröder ebenso. Das energische Duo setzte sich durch.

Die Skandalmaschine

Europas Parlament zwischen Kindergarten und Kraftzentrum

> »Aber sicher: Natürlich ist Politik
> ein schmutziges Geschäft.«
>
> *Pat Cox, Präsident des*
> *Europäischen Parlaments 2002–2004*

Grrrrr, Grrrrr, Grrrrr. Das hell-aggressive Schrillen der Elektroklingeln zerhackt in allen Gängen jedes Gespräch, im Doppelhochhaus im Zentrum von Belgiens Hauptstadt gleichermaßen wie im elegant geschwungenen Glaspalast an der historischen Schnittstelle zwischen Frankreich und Deutschland im Elsass.

Grrrrr, Grrrrr, Grrrrr. Kein Alarm wird da signalisiert, nirgendwo steigt beißender Rauch auf, nichts brennt. Das penetrante Läuten, das sich regelmäßig wiederholt, gilt vielmehr den Vertretern des Souveräns in Europa, den 785 gewählten Mitgliedern des Europäischen Parlaments. Wie junge Schüler, die sich noch fürchten, beim Zuspätkommen ertappt zu werden, hetzen viele Abgeordnete beim letzten Grrrrr noch über die Flure, um dann gespielt gelassen im geschwungenen Riesenoval des Plenarsaals aufzutreten, in Brüssel wie in Straßburg.

Die Delegationsleiter, somit die Chefs ihrer jeweiligen Ländergruppe in ihrer Fraktion, stehen da schon wie strebsame Klassensprecher weit vorne an ihren Plätzen, bemüht um gefälligen Blickkontakt mit dem Präsidenten des Parlaments, der streng wie ein Internatsdirektor die Runde mustert. Mit sichtbarem Stolz genießt er den Augenblick: Die Abgeordneten haben sich um ihn versammelt, denn es ist Zeit, abzustimmen, mithin Demokratie zu leben. Setzt er sich, ist dies auch das Zeichen für die Abgeordneten, wie gelehrige Schüler es ihm gleichzutun.

»Oh nein«, stöhnen da wie im Chor die deutschen Parlamentarier Bernd Lange, Erika Mann und Mechtild Rothe, »nicht schon wieder.« Unübersehbar klatscht in der Mitte des Plenarsaals eine niederländische Kollegin über ihrem Kopf mit der rechten Handfläche auf ihren linken Handrücken und meldet sich so formgerecht zur Geschäftsordnung zu Wort. Als der Präsident ihr das Mikrofon freischaltet, klagt sie aufmerksamkeitsheischend laut, sie habe jetzt schon drei Mal im Plenum ihr Anliegen vertreten und mehrere Briefe geschrieben, doch noch immer könne sie in ihrem Straßburger Arbeitszimmer zwar portugiesische oder deutsche, nicht aber niederländische Fernsehprogramme empfangen.

Das Auftreten der TV-Vorkämpferin wirkt im weitgehend gefüllten, abstimmungsbereiten Saal wie eine Zündschnur zur polternden Anklage weiterer Banalitäten. Wort- und gestenreich erklären andere Parlamentarier wie petzende Pennäler, dass noch immer ein paar zugesagte Orientierungspfeile im Gebäude fehlten, und einige Abgeordnete würden gar bisweilen außerhalb der Raucherzonen mit einer brennenden Zigarette gesehen. Jeder Satz wird simultan in die anderen offiziellen Sprachen der Europäischen Union übersetzt, seit September 2008 ins parlamentfinanzierte Web-TV übertragen und penibel protokolliert. Fast eine halbe Stunde vergeht.

»Das ist ja wie im Kindergarten«, zischt die SPD-Parlamentarierin Erika Mann aus Hannover, und diese Bemerkung entfährt ihr regelmäßig bei den 18 jährlichen Plenumswochen, mal belustigt, mal entrüstet, oft einfach resigniert.

Haben sich die Eiferer zur Geschäftsordnung ausgetobt oder verliert der Parlamentspräsident endlich die Geduld, wird abgestimmt. Kein Abgeordneter wird da allein gelassen, auch wenn in bester französischer Revolutionstradition außer Volksvertretern nur besonders ausgewiesene Parlamentsmitarbeiter den Plenarsaal betreten dürfen, um die postulierte Unabhängigkeit und Unbestechlichkeit des Souveräns nicht noch im letzten Moment zu beeinträchtigen. Statt menschlichen Einflüsterern folgen fast alle Abgeordneten jedoch peniblen schriftlichen Vorgaben auf ihren Tischen, den sogenannten Abstimmungslisten.

Kein Wort oder noch so läppischer Halbsatz in einem Bericht oder Entschließungsantrag, über den das Europäischen Parlament befindet, bleibt dem Zufall überlassen. Völlig unerheblich ist allerdings, ob die Texte im Rahmen der EU-Gesetzgebung für die Rechtskraft von Richtlinien oder Verordnungen entscheidend sind oder nur allgemein die unverbindliche Meinung des Gesamtparlaments widerspiegeln.

Jede Fraktion arbeitet in ihren personalkräftigen Apparaten zu jedem Bericht und jeder noch so banalen Resolution detaillierteste Listen aus, die immer wieder mehr als 100 Abstimmungen je Bericht umfassen. Wer sich in den Papierbergen verheddert, muss nicht bange werden. Er kann sich in den bisweilen stundenlangen Prozeduren stets von der hilfreichen Hand seines Delegationsleiters führen lassen. Um auch für seine jeweiligen Abgeordneten weit hinten im Plenumsoval sichtbar zu sein, streckt der oft in bizarren Verrenkungen die Hand nach oben wie ein rudernder Fremdenführer den Erkennungsschirm für seine Gruppe im uferlosen Touristenstrom. Daumen nach oben bedeutet Zustimmung, Daumen nach unten Ablehnung, die Handfläche waagrecht in der Luft signalisiert Enthaltung – so einfach und stumpf wird so das Leben eines Volksvertreters in den Stunden der Entscheidung, wenn er der Parteilinie folgt, die sich oft auf Lobbyistenarbeit gründet. Wie in der Schule muss er nur vom Klassenersten abschreiben – im Parlament heißt das, entsprechend den Vorgaben die Hand zu heben oder auf die elektronischen Abstimmungsknöpfe zu drücken.

Folgerichtig ist die Mehrzahl der Abgeordneten bei den Abstimmungen nur physisch anwesend. Mit der routinierten

Teilnahmslosigkeit von TV-Dauerzappern, die sich gleichzeitig am Telefon mit einem Bekannten darüber austauschen, durch welche Sendungen sie gerade switchen, wiederholen Abgeordnete Sitzungswoche für Sitzungswoche, Abstimmungsprozedur für Abstimmungsprozedur den gleichen Dialog: »Worum geht es da eigentlich?«, fragt der eine. »Keine Ahnung« oder »Weiß ich nicht«, antwortet der andere.[1] Kein Problem, der Delegationsleiter vorne zeigt ja, was zu tun ist.

Statt sich noch schnell ums Thema zu kümmern, wird geplaudert und getratscht. Es rennt der Schmäh wie bei Schülern, die in einer viel zu großen Klasse im Geschichtsunterricht ungestört miteinander reden können, weil der schwerhörige Lehrer vorne am Pult sie ohnehin nicht verstehen kann. Grüne Abgeordnete gefallen sich bei der Lektüre der *Bild*-Zeitung, ihre Co-Fraktionsvorsitzende Monica Frassoni schlendert quer durch den Saal und genießt, wie etwa im Januar 2009, am Rande des Plenums ein langes Bussi-Bussi mit verschiedensten Kommissionsmitarbeitern, während gerade über eine Grundsatzresolution zur »Situation der Grundrechte in der Europäischen Union« abgestimmt wird – auf dem Papier ein grünes Kernanliegen.[2]

Vor namentlichen Abstimmungen jedoch, in denen das Stimmverhalten nicht nur durch Handzeichen, sondern auch individuell elektronisch zurechenbar erfasst wird, warnen die Parlamentarier in den hinteren Reihen einander gerne – als ginge es darum, bei einer Schularbeit nicht beim Schwindeln erwischt zu werden. Denn Patzer sind doppelt riskant: Wer mehr als die Hälfte dieser Voten an einem Sitzungstag schwänzt, erhält statt der 298 Euro Tagesdiäten lediglich die Hälfte. Und wer die politisch vorgegebene Linie verlässt, kann leicht bloßgestellt werden, zumal er den Parteigremien nur schwer erklären könnte, dass er in einem sensiblen Augenblick einfach nur geträumt, getratscht oder gepennt hat. Manche Fraktionsmitarbeiter müssen im Auftrag der Parlamentarier für jeden Sitzungstag genau berechnen, wann die Hälfte der Abstimmungen erreicht ist. Ist diese Grenze über-

schritten, wissen spesenmaximierende Abgeordnete: Jetzt
können sie gehen – und tun das auch.

Diese Praxis pflegten gerne Abgeordnete der Rechtsaußen-
Fraktion ITS, die bis November 2007 bestand. Zu ihren pro-
minentesten Mitgliedern zählten der Franzose Jean-Marie
Le Pen, dessen Tochter Marine sowie die bekennende Neo-
faschistin und Duce-Enkelin Alessandra Mussolini sowie der
Österreicher Andreas Mölzer von der ehemaligen Partei Jörg
Haiders, der FPÖ.[3]

Schließlich beantragen die einzelnen Fraktionen vor allem
die namentlichen Abstimmungen, um daraus politisches
Kleingeld schlagen zu können. Fünf Euro je Abgeordneten
kostet dieses aufwendige, computererfasste Verfahren je Votum, selbst wenn es um die Frage vereinheitlichter Steckdosengrößen oder um die unzähligste Verurteilung von Ge-
walttaten in Indonesien geht – ein rein symbolischer Akt.

Der Langeweile, selbst zumeist nur Teil einer Abstim-
mungsmaschinerie zu sein, entfliehen Hunderte Abgeordnete
so schnell wie möglich. Nicht selten ist deshalb, wenn länger
als eine Stunde abgestimmt wird, nur noch die Hälfte aller
Volksvertreter im Saal, auch im Wissen, finanziell bereits mit
dem Tagegeld-Polster ausgestattet zu sein.

Kaum ist das letzte Votum eingeholt, drängeln dann alle
nach draußen. Ausgenommen ist ein Typus Volksvertreter,
den es drängt, möglichst oft eine sogenannte Stimmerklärung
abzugeben, also ein bestimmtes Abstimmungsverhalten auch
noch im Plenum unbedingt mündlich zu begründen. Einer
davon ist der Österreicher Andreas Mölzer von der Freiheitlichen Partei, der die Rechtsaußen-Fraktion mit den Le Pens
möglichst schnell wiederbeleben will. Ein anderer ist der Italiener Carlo Fatuzzo. Wer immer den Vorsitz führt, kommt
an dem 65 Jahre alten selbsternannten Vertreter der Rentner-
interessen nicht vorbei. »Es hätte mich auch gewundert«,
kommentiert darum Vizepräsident Gérard Onesta, als sich
Fatuzzo einmal unerwartet spät zu Wort meldet. Dann sagt
der Italiener: »Als ich neulich nach Hause ging, habe ich mir

den kleinen Zeh gebrochen. Ich weiß auch nicht, wie das kam. Darum konnte ich die Stimmerklärungen nicht vorbereiten. Vielleicht können sie ja mit dem Fuß erfolgen.«[4] Onesta antwortet ernst: »Es tut mir leid, dass Sie sich den Fuß gebrochen haben. Guten Appetit, und damit ist die Sitzung geschlossen.« Auch dieser Dialog wird in voller Länge in alle Amtssprachen der Union übersetzt und in allen Protokollen festgehalten, ein Videomitschnitt ist Interessenten jederzeit zugänglich. Fatuzzos Freunde können seine Auftritte in 23 Sprachen erleben und nach geraumer Zeit in 23 schriftlichen Protokollen wiederfinden. Allein diese späteren Übersetzungen aller Reden im Plenum, die kaum jemand je abfragt, verschlingen jedes Jahr mehr als 30 Millionen Euro an Steuergeldern.

Mittendrin

»Hast du einen Opa, schick ihn nach Europa«, hieß es im vergangenen Jahrhundert. Doch das ist vorbei.

Denn Fatuzzo und seinesgleichen spiegeln nur eine Facette der parlamentarischen Wirklichkeit. Von Europas Bürgern wenig bemerkt erfuhr das Europäische Parlament durch die europäischen Verträge von Maastricht 1992, Amsterdam 1996 und Nizza 2000 einen Bedeutungszuwachs. Sofern der Vertrag von Lissabon Anfang 2010 in Kraft tritt, wird sich dieser Prozess fortsetzen.

Und dennoch bleibt die Europäische Volksvertretung weit entfernt von einem »ordentlichen« Parlament: Die Abgeordneten werden weiterhin keine Regierung wählen oder abwählen dürfen, auch nicht einzelne EU-Kommissare. Es existiert damit auch keine Mehrheitsfraktion oder Opposition. Nur in den Bereichen der Mitentscheidung kommt es letztlich auf das Parlamentsvotum an. Von sich aus kann das Hohe Haus aber auch keine einzige Gesetzesvorlage veranlassen, nur anregen.

Und richtig ist ebenfalls, dass 40 Prozent des EU-Budgets von gegenwärtig 133,8 Milliarden Euro pro Jahr dem unmittelbaren Einfluss der Europa-Parlamentarier entzogen sind: vor allem die Agrarsubventionen. Aber mit der Entscheidungsmöglichkeit über 80 Milliarden Euro jährlich hinterlassen die Volksvertreter nachhaltige Spuren auf dem europäischen Kontinent; und bei den Agrarfondsmilliarden mischen sie im Hintergrund bisweilen mit.

Dabei könnte ein struktureller Vorteil das Europäische Parlament gegenüber den EU-Ministerräten in die Kraftfelder der internationalen Politik schieben: Es ist immer wer da, dauernde Arbeitsorte sind Brüssel und Straßburg, nicht die versprengten Sitze der nationalen Regierungen von Dublin bis Athen. Und als Forum, als globaler Meeting Point bei der Abklärung von Positionen, kann sich die europäische Volksvertretung mehr als sehen lassen: Ronald Reagan kam schon zu einer Grundsatzrede; Robert Zoellick, der Weltbank-Präsident und die Zentralfigur bei den Verhandlungen um neue, weltweite ökonomische Liberalisierungen, startete von Straßburg aus zu seinen Antrittsbesuchen in Europas Hauptstädten. Fast alle Staats- und Regierungschefs des alten Kontinents lassen sich regelmäßig blicken, Nicolas Sarkozy ebenso wie der Tscheche Václav Klaus. Der Prozess der EU-Erweiterung fokussierte sich immer wieder im Parlamentsgebäude, auch der Finanzplatz London lässt nichts aus den Augen und entsendet seine Emissäre. In den Hinterzimmern verabreden sich Wirtschaftstreibende, Militärs und Politiker, wenn sie den Aufbau eines militärisch-industriellen Komplexes in Europa beschleunigen wollen. Lobbyisten nutzen täglich die Plattform der Volksvertretung für ihre Anliegen. Auch der Konvent zur später gescheiterten EU-Verfassung tagte über ein Jahr hinweg im EU-Parlamentsplenum.

Wie in anderen EU-Institutionen legt Frankreichs Regierung großen Wert auf erstklassige nationale Beamte vor Ort, die Briten nützen das Parlament höchst effektiv als Vorfeld und Kontrollorgan zur Durchsetzung ihrer Interessen, ähn-

Wer wurde was? Karrieren von EU-Parlamentariern			
	Staat	Mitglied	Später
Giorgio Napolitano	Italien	1999–2004 1989–1992	Staatspräsident
Silvio Berlusconi	Italien	1999–2004	Ministerpräsident
Nicolas Sarkozy	Frankreich	1999	Premierminister
Toomas Hendrik Ilves	Estland	2004–2006	Staatspräsident
Borut Pahor	Slowenien	2004–2008	Ministerpräsident
Susanne Riess-Passer	Österreich	1995–1996	Vizekanzlerin
Friedrich Merz	Deutschland	1989–1994	Fraktionschef im Bundestag
Pier Ferdinando Casini	Italien	1994–2001	Präsident Abgeord-netenkammer
Heidemarie Wieczorek-Zeul	Deutschland	1979–1987	Bundesministerin
Nicole Fontaine	Frankreich	1984–2002	Ministerin
Gianfranco Fini	Italien	1999–2001	Minister
Umberto Bossi	Italien	1999–2001	Minister
Rocco Buttiglione	Italien	1999–2001	Minister
Bertel Haarder	Dänemark	1999–2001	Europa-Minister
Daniel Ducarme	Belgien	1984–1985 1999–2003	Minister erneut Minister
Ana Palacio Vallersundi	Spanien	1999–2002	Ministerin
Cecilia Malmström	Schweden	1999–2006	Europaministerin
Alexander Stubb	Finnland	2004–2008	Außenminister
Maria Berger	Österreich	1996–2007	Justizministerin
Philippe Busquin	Frankreich	1999	EU-Kommissar
Loyola de Palacio	Spanien	1999	EU-Kommissarin
Viviane Reding	Luxemburg	1999	EU-Kommissarin
Pierre Schori	Schweden	1999–2000	Uno-Botschafter in New York
Kathleen Van Brempt	Belgien	2000–2003	Staatssekretärin in Belgien
Luciano Caveri	Italien	2000–2003	Regionaler Minister
Emilia Müller	Deutschland	1999–2003	Europaministerin in Bayern
António Seguro	Portugal	1999–2001	Regierungsmitglied
Carlos Westendorp y Cabeza	Spanien	1999–2003	Regionalregierung
Hanja Maij-Weggen	Niederlande	1979–1989 1994–2003	Regionalregierung
Freddy Thielemans	Belgien	1999–2001	Bürgermeister von Brüssel
Cem Özdemir	Deutschland	2004–2009	Parteichef
Peter Sichrovsky	Österreich	1996–2004	Partei-Geschäftsführer

Wer wurde was? Karrieren von EU-Parlamentariern			
	Staat	Mitglied	Zuvor
Willy Brandt	Deutschland	1979–1983	Bundeskanzler
Valéry Giscard d'Estaing	Frankreich	1989–1993	Premierminister
Mário Soares	Portugal	1999–2004	Ministerpräsident
Jacques Santer	Luxemburg	1999–2004	EU-Kommissionspräsident
Willy de Clercq	Belgien	1979–1981 1989–2004	Vizepremier, EU-Kommissar
Rachida Dati	Frankreich	ab 2009	Justizministerin
Michel Barnier	Frankreich	ab 2009	EU-Kommissar, Minister
Marialiese Flemming	Österreich	1996–2004	Ministerin
Harald Ettl	Österreich	1996–2004	Minister
Enrique Barón Crespo	Spanien	1986–2004	Minister
Otto von Habsburg	Deutschland	1979–1999	Kaisersohn

lich die Spanier und Polen. Von den großen EU-Staaten sind die Deutschen die letzten, die ihr konzentriertes Augenmerk auf die EU-Volksvertretung richten, wohl auch dies eine Folge des langwierigen nationalen Vereinigungsprozesses seit 1989.

Der Aufstieg im institutionellen und kontinentalen Machtgefüge ist aber – und dies wirkt sich auf Europas Gesamtzukunft dramatisch aus – in den Köpfen und im Verhalten viel zu vieler EU-Parlamentarier nicht gegenwartsgerecht umgesetzt worden. Das gilt erst recht für die nationalen Regierungschefs. In vielen seiner personellen Besetzungen ist so das EU-Parlament ein vom Steuerzahler hochsubventionierter Luxuswartesaal für Noch-nicht- und Nicht-mehr-Minister.

Das bequeme verbale Perpetuum mobile: Sitzen statt denken, wiederholen statt handeln

Für Europa ist dies fatal. Denn vorrangig konzentrieren sich viel zu viele Volksvertreter auf ihre nationale Karriere. So sind es viel zu wenige, die das gesamteuropäische Interesse im Auge haben. Dies verstärkt sich noch, weil auch die Top-Positionen im EU-Gefüge wie der Kommissionspräsident oder der Vertreter für die gemeinsame Außen- und Sicherheitspolitik weiterhin zwischen den Regierungsfürsten ausverhandelt werden. Schließlich pflegen auch die Medien, sprachlich und regional aufgesplittet, ihre nationalen Vorlieben.

In den USA können Mitglieder des Senats und auch des Repräsentantenhauses mit Initiativen punkten, die das ganze Land umfassen, in Europa gelingt dies den allerwenigsten Abgeordneten. Ohne europäische Perspektive kann es aber die politischen europäischen Gesichter nicht geben, deren Fehlen von Politanalysten ja wortreich beklagt wird – ein folgenreicher Kreislauf.

Im Schatten der Scheinwerfer der politischen Aufmerksamkeit hat sich eine allgemeine Atmosphäre herausgebildet, die jeden denkenden Menschen beleidigt. Der Terminkalender ist leicht zu füllen – doch womit?

Fast immer beginnt die parlamentarische Arbeitswoche montagmittags in Brüssel mit der Vorbesprechung zur Vorbesprechung der Aussprache im Ausschuss, der erst einmal eine gewisse Problemstellung erörtern wird. Nach dieser ersten Erörterung und der Behandlung einiger anderer, schon etwas fortgeschrittener Ausschuss-Themen ist es zumeist bereits 18 Uhr. Eine erste Entscheidung in der neuen Materie ist da noch mindestens zwei Monate entfernt, die verbindliche Abstimmung im Plenum weitere Monate, im Fall mehrfacher Lesungen auch Jahre. Muss das sein? Fast immer: Nein.

Als Argument führen die Verfechter solch unvorstellbar umständlicher Prozesse an, eine demokratische Willensbildung könne nicht übers Knie gebrochen werden. Richtig. Doch in der Beobachtung zeigt sich, dass die meisten Beteiligten an den unbegreiflichen Wiederholungsritualen Gefallen finden oder jedenfalls keine Einwände erheben.

Statt zügig abzuklären, in welchen inhaltlichen Punkten Übereinstimmung besteht, wird ein bequemes verbales Perpetuum mobile gepflegt. Dass jeder Abgeordnete, der sich an einem Entscheidungsprozess beteiligt, zunächst einmal seine Position darlegt, kann sinnvoll sein. Aber dann? Schon in der ersten Aussprache zu einem Thema wird nach den ersten fünf, sechs Rednern in den nachfolgenden Wortmeldungen in vielem den Vorrednern beigepflichtet, die meisten Parlamentarier wiederholen dann aber noch einmal ausschweifend die ohnehin bereits vorgetragenen Argumente, ehe sie vielleicht noch einen neuen Gedanken hinzufügen. Aussprachen gerinnen so zu Litaneien. Starre Sitzungsabläufe und strenge Hierarchien verhindern jede unmittelbare Diskussion, Rede und sofort folgende Gegenrede finden nicht statt. In ermüdender und inhaltlich meist kontraproduktiver Weise erhalten bevorzugt die Sprecher der jeweiligen Fraktionen das Wort zugeteilt, auch wenn sie in der konkreten Sache in keiner Weise kompetent sind. Dies gilt selbst für die fraktionsinternen Vorbesprechungen, in denen ebenfalls, dann nach Größe der jeweils vertretenen nationalen Delegation, eine lähmende Prozedur befolgt wird.

Der Konzentration auf das Wesentliche oder argumentativer Schärfe wird ebenso wenig Bedeutung beigemessen wie der Zeit, die zumeist niemandem fehlt. Es zählt die Selbstdarstellung. Da alle wichtigen Positionen ohnehin schriftlich aufbereitet werden, können die Darlegungen der meisten Redner inhaltlich oft nur für Analphabeten Bedeutung haben. So langsam, wie sich die Dinge argumentativ voranbewegen, kann wohl kaum jemand überhaupt denken. Ewig gleiche Höflichkeitsfloskeln von unzähligen Rednern kosten ebenso Zeit wie der chronisch verspätete Beginn der Sitzungen. Und dann fügt sich im Regelfall Stehsatz auf Stehsatz.

Die Substanz bleibt oft in einem Nebensatz versteckt, und die tatsächlichen Verhandlungen finden fast immer außerhalb der offiziellen Sitzungsabläufe statt. Es ist, als ob das Fußballspiel erst begänne, wenn die angesetzte Live-Übertragung zu Ende ist. Wie sich dabei der Sportfan betrogen sähe, so muss es auch dem Bürger ergehen, der sich für Politik interessiert. Und vor allem wenden sich Menschen von derartigen Prozessen ab, auf die eine offene, funktionierende Gemeinschaft jedoch nicht verzichten kann: Schnelldenker, Problemlöser, ernsthafte Argumentierer und nicht bloß blendende Rhetoriker.

Doch die meisten Beteiligten, welche die parlamentarische Arbeit pflegen – Abgeordnete, Beamte und auch die hoch bezahlten Fraktionsmitarbeiter –, wehren sich keineswegs gegen die himmelschreiende Abwesenheit von Dynamik und Entscheidungseffizienz. Man hat es sich im Namen der Demokratie eben so eingerichtet.

Es ist schrecklich. Sogar Fragestunden, zu denen führende Regierungsmitglieder aus den Mitgliedsstaaten anreisen, werden schamlos zur Selbstdarstellung missbraucht, etwa im Industrieausschuss mit der stellvertretenden Premierministerin Mary Harney aus Irland. Nach deren Einleitung ist kurz vor zehn Uhr morgens die konservative spanische Abgeordnete Concepció Ferrer am Wort. Sie sagt: »Ihre Ausführungen sind sehr ermutigend. Eigentlich möchte ich gar keine Frage stellen, denn um zehn Uhr nehme ich an einer anderen Sitzung teil. Doch ich möchte einiges sagen.«[5] Vier volle Minuten lang sagt sie dann Verschiedenstes, steht auf und geht. In dieser Zeitspanne wäre die ausführliche Beantwortung zumindest einer klar formulierten Frage leicht möglich gewesen.

Stars der heißen Luft finden sich vornehmlich auch unter griechischen, portugiesischen und italienischen Abgeordneten, denen bisweilen sogar die Übersetzer im Satzaufbau verloren gehen. Die Mitschrift eines Einleitungssatzes des linken Franzosen Gérard Caudron füllt schon mal eine komplette Buchseite. Inhalt: keiner.

Wenn kaum einer zur Sache kommt, haben viele vieles zu sagen. So sind das ewige Tuscheln und die Beschäftigung mit anderen Arbeiten während der nur so bezeichneten Aussprachen in ausschussvorbereitenden Sitzungen, im Ausschuss selbst und dann im Plenum eine fast zwingende Konsequenz dieses Systems.

Selbst wenn ein Kommissionspräsident in Straßburg zum Stabilitätspakt sein Statement vom Blatt vorträgt, sind die Nebengeräusche so laut, dass der Parlamentspräsident unterbricht und fordert: »Wenn Sie Gespräche führen wollen, bitte gehen Sie nach draußen.« Weit hinten kommentiert dies der bayerische SPD-Abgeordnete Wolfgang Kreissl-Dörfler lapidar: »Dann ist der Saal leer.«[6] Die Probe aufs Exempel wurde noch nie gemacht.

»Das Leben findet außerhalb dieses Gebäudes statt«, sagt die schwedische Parlamentarierin Maj Britt Theorin.[7] Wie aber kann eine leblose Volksvertretung funktionieren?

Volksvertreter als Stimmvieh: »Sorry, I have to leave my brain outside«

Es ist ja noch schlimmer.

Der Artikel 2 der Geschäftsordnung des Europäischen Parlaments lautet:

»Die Mitglieder des Parlaments üben ihr Mandat frei aus. Sie sind weder an Aufträge noch an Weisungen gebunden.« Ähnliche Paragrafen schmücken die Verfassungen in vielen Staaten und fallen dort dem Fraktionszwang systematisch zum Opfer. Doch von der Volksvertretung der europäischen Völker heißt es, sie respektiere die Gewissensfreiheit der Abgeordneten viel eher.

Im Abstimmungsalltag ist davon wenig zu bemerken. »Sorry, I have to leave my brain outside«, sagt der britische Labour-Abgeordnete Glyn Ford, wenn er den Plenarsaal zu den Abstimmungen betritt, »es tut mir leid, ich muss mein Gehirn draußen lassen.«[8] Vor allem die Briten Tony Blairs und Gordon Browns sorgen dafür, dass sich ihre Mandatsträger an die Linie halten, welche nicht selten direkt aus dem Regierungssitz in der Londoner Downing Street vorgegeben wird. Grelle gelbe Blätter liegen zur Abstimmungszeit unübersehbar auf den Parlamentstischen der Abgeordneten bereit. Ein besonders treuer Parteigenosse, »Chief Whip«, die Chefpeitsche genannt, ordnet darauf an, bei welcher Frage wie abzustimmen ist. Martialisch viele Ausrufezeichen verleihen seinen Vorgaben eine beängstigende Deutlichkeit.

So bleibt Ford nur ein resigniertes Achselzucken, wenn es um Steuer- oder auch Energiefragen geht. Er selbst engagiert sich für die Einführung einer Devisensteuer, die sogenannte Tobin Tax, um globale Spekulationsgewinne auf den Finanzmärkten etwas einzudämmen, seine Parteibosse sind strikt dagegen. Besonders die Labour-Führung schätzt aufwändige, namentliche Abstimmungen. Damit lässt sich nicht nur auf der Insel belegen, dass die Briten in Straßburg und Brüssel britisch gestimmt haben – die genaue Erfassung ermöglicht auch die genaue Kontrolle der eigenen Gruppe.

In 27 Prozent aller namentlichen Erfassungen des Stimmverhaltens weicht Labour von den Vorgaben der sozialdemokratischen Gesamtfraktion ab. Und das fast immer in geschlossener Formation.

Bei so viel Abstimmungsunterwerfung unter die persönlichen Überzeugungen des Volkvertreters würde es auch genügen, wenn der Delegationsleiter einfach der Größe seiner Gruppe entsprechend Kärtchen hinlegte. Bei Labour wären es derzeit 19. Es könnten auch, wie im Casino, Spieljetons in der Hand des Parteioberen sein.

Regelmäßige gezielte Anweisungen aus der nationalen Parteizentrale sind dabei keineswegs nur ein britisches Phänomen. »Was ist die Linie?«, fragte etwa die österreichische Sozialdemokratin Karin Scheele in Delegationssitzungen so intensiv und häufig, dass »die Linie« schon zu ihrem Spitznamen wurde. Wie bei von Kindern ferngesteuerten Autos kommt es nach entsprechenden Mitteilungen aus der Heimat bei gewählten Volksvertretern dann zu verblüffenden plötzlichen Richtungsänderungen und Überschlägen im Abstimmungsverhalten.

»Massieren« nennen das die Sozialdemokraten. Vor allem über den Jahreswechsel und während der Sommermonate, wenn die Parlamentsarbeit ruht, nehmen Parteiführer ihre Abgeordneten gerne zur Brust. So prophezeiten erfahrene Parlamentarier nach dem Abschluss der europäischen Regierungsverhandlungen in Nizza im Dezember 2000, der in den Straßburger Fluren heftigst kritisiert wurde, dass nach der bevorstehenden Weihnachtsmassage durch die Partei die Ablehnung in dieser Kernfrage für Europas Zukunft weitgehend vergessen sei. Sie behielten recht. Entmündigung erhält so eine parlamentarische Definition.

Der dadurch gespeiste Frust lässt sich nicht immer unterdrücken, etwa bei einer nervenden Verspätung des Fluges 2907 der SN Brussels Airlines. Der Steward teilt mit: Nebel in Wien. Die Wartezeit dauert so lange, dass die Flugzeugcrew noch vor dem Abflug gewechselt werden muss, Dienstschluss. Von den Sitzen aus darf sogar das Mobiltelefon benutzt werden, die Maschine bleibt am Boden, die Batterien der Laptops erschöpfen sich im Halbdunkel. Da kommt der Abgeordnete Othmar Karas, damals noch Schatzmeister, inzwischen Vizepräsident der Europäischen Volkspartei, auf Sitz 8C ins Sinnieren. Für die Parteichefs, »da sind wir nur die Schachfiguren. Die schieben uns nur herum. Leistung ist denen völlig wurscht: Dafür gibt es doch nur Neid und Niedertracht. Darum tun ja auch viele nichts mehr. Du musst nur die zwei richtigen Leute kennen«, dann bleibt man Abgeordneter. »Das alles entfernt uns immer weiter vom Bürger.«[9]

Die tschechische Volkswirtin Jana Bobošíková, die in Prag mit einer TV-Wirtschaftssendung glänzte, wurde 2004 als unabhängige Kandidatin mit telegener Leidenschaft ins Europarlament gewählt. Fünf Jahre später hat sie ein unmissverständliches Urteil gefällt: »Das ist ein Karaoke-Parlament.«[10]

Der ewige Wahlkampf

So wird ein Begriff zum Zauberwort unter Europas Politikern, der alles erklärt und fast alles entschuldigt. Er verbirgt sich überall und kommt noch ungleich häufiger vor, als politikinteressierte Bürger ihn wahrnehmen. Er ist ein Dauerzustand: der Wahlkampf.

Jede Abwesenheit und fast jede egoistische Gemeinheit lässt sich damit unter Politikern rechtfertigen. »Wenn Großbritannien oder Deutschland wählt, steht hier monatelang alles still«, warnte Pauline Green, bevor sie selbst im Hinterzimmer um die Position der Fraktionsvorsitzenden der Europäischen Sozialdemokraten gebracht wurde.[11]

Bedeutsame Entscheidungen fallen aber nur, wenn kein

wichtiger Wahlkampf stattfindet. Da in Europa fast immer irgendwo Wahlkampf ist, wird eben auch selten etwas entschieden.

Allein die Recherche zu den gewählten und bezahlten Volksvertretern in Deutschland und in Österreich fördert Erstaunliches zutage. Nach Auskunft der zuständigen Behörden sind allein in der Bundesrepublik 288 648 Volksvertreter tätig, in der Alpenrepublik, bezogen auf die Bevölkerungszahl, sogar fast doppelt so viele – siehe dazu die Tabellen auf Seite 124 / 125.

Dabei kommt es regional zu großen Unterschieden, und jeder Bürger darf sich fragen: Lohnt all dieser Aufwand? In jedem Fall gilt: Gleich und gleich gesellt sich gern. In den Parlamentsverwaltungen sind Beamte tätig, Parteifunktionäre arbeiten den Abgeordneten zu, die ihrerseits vor allem aus dem öffentlichen Dienst, aus Interessenvertretungen und aus Parteibüros stammen – siehe dazu Tabelle auf Seite 125.

Die Mär vom Dauerstress

»Wir arbeiten viel, sind viel unterwegs, haben eine 80-Stunden-Woche«, behaupten so viele EU-Politiker von sich, wie etwa der österreichische konservative Abgeordnete Paul Rübig.[12] Nur für ganz wenige trifft es tatsächlich zu.

Eine 80-Stunden-Woche, das bedeutet Arbeiten von montags bis freitags von 7 Uhr bis 24 Uhr (bei einer einstündigen Mittagspause und freiem Wochenende), und selbst bei fünf Arbeitsstunden samstags endet der Arbeitstag die Woche über auch erst eine Stunde vor Mitternacht.

Die Wirklichkeit in der EU-Politik hat damit nichts gemein. Fast alle Abgeordneten treffen frühestens Montagmittag in Brüssel ein, oder auch erst montagabends oder dienstags. Da mag es zuvor noch den einen oder anderen beruflichen Termin im Heimatland gegeben haben, doch ein 16-Arbeits-

Gewählte und bezahlte Volksvertreter Deutschland			
	Anzahl Volksvertreter	Einwohner in Millionen	Einwohner je Volksvertreter
1. Europäisches Parlament	99	82,2	830 485
2. Deutscher Bundestag	612	82,2	134 343
3. Berlin	809	3,4	4 222
4. Hamburg	482	1,8	3 674
5. Bremen	449	0,7	1 477
6. Nordrhein-Westfalen	20 023	18,0	899
7. Hessen	18 652	6,1	326
8. Bayern	40 540	12,5	309
9. Baden-Württemberg	36 190	10,8	297
10. Sachsen	14 384	4,2	293
11. Brandenburg	9 245	2,5	274
12. Niedersachsen	31 606	8,0	252
13. Saarland	5 266	1,0	197
14. Sachsen-Anhalt	14 441	2,4	167
15. Schleswig-Holstein	21 728	2,8	131
16. Thüringen	19 017	2,3	120
17. Mecklenburg-Vorpommern	15 678	1,7	107
18. Rheinland-Pfalz	39 427	4,0	103
Gesamt	**288 648**	**82,2**	**285**

Erfasst wurden die in Volkswahl gewählten Vertreter, die zumindest Sitzungsgeld oder eine Aufwandsentschädigung aus Steuermitteln erhalten. Dazu zählen Landtagsabgeordnete, Kreisräte, Stadträte, Gemeinderäte, Bürgermeister, Ortsteilvertreter, Stadtbezirksvertreter oder ähnliche Funktionen. Nicht berücksichtigt wurden etwa die 69 Mitglieder des Bundesrates, da sie nicht direkt gewählt werden.

Quelle: Telefonische und schriftliche Anfragen bei den Landeswahlleitern, Landesstatistikämtern oder den Landesinnenministerien, Oktober bis Dezember 2008.

Gewählte und bezahlte Volksvertreter Österreich		Anzahl Volksvertreter	Einwohner in Millionen	Einwohner je Volksvertreter
1.	Europäisches Parlament	18	8,3	460 072
2.	Nationalrat	183	8,3	45 253
3.	Wien	1 212	1,7	1 371
4.	Salzburg	2 152	0,5	244
5.	Kärnten	2 588	0,6	216
6.	Vorarlberg	1 815	0,4	201
7.	Tirol	3 683	0,7	189
8.	Steiermark	7 653	1,2	157
9.	Oberösterreich	9 613	1,4	146
10.	Niederösterreich	11 791	1,6	135
11.	Burgenland	3 153	0,3	89
Gesamt		**43 992**	**8,3**	**188**

Erfasst wurden die in Volkswahl gewählten Vertreter, die zumindest Sitzungsgeld oder eine Aufwandsentschädigung aus Steuermitteln erhalten. Nicht berücksichtigt wurden die 62 Mitglieder des Bundesrates, da sie nicht direkt gewählt werden, ebenso 131 Mitglieder der Grazer Bezirksräte, da sie keinerlei Entlohnung bekommen.

Quelle: Telefonische und schriftliche Anfragen bei den Landesregierungen, Landesstatistikämtern oder Gemeindeverbänden, Oktober und November 2008.

Berufliche Herkunft der Volksvertreter			
Berufszweig	Deutschland Bundestag 614 Abg.	Österreich Nationalrat 183 Abg.	Europäisches Parlament 785 Abg.
Öffentlicher Dienst, Parteien, Interessenvertretungen	61,1 %	46,5 %	61,7 %
Land- und Forstwirtschaft	2,6 %	7,7 %	2,2 %
Industrie und Gewerbe	11,1 %	6,0 %	3,6 %
Bankwesen, Versicherungen, Dienstleistungen wie Fremdenverkehr	6,7 %	14,2 %	9,7 %
Freie Berufe	16,9 %	11,5 %	18,5 %
Sonstige wie Geistliche oder Sportler	0,7 %	8,2 %	1,7 %
Nicht zuordenbar	1,0 %	6,6 %	2,8 %

Quelle: Eigenrecherche auf der Basis von Daten, die von den jeweiligen Parlamentsverwaltungen im Januar 2009 übermittelt wurden.

stunden-Tag sieht anders aus. Selbst die Flugzeit von Madrid, Stockholm oder Helsinki beträgt lediglich gute zwei Stunden bei besten Verbindungen.

Woche für Woche bietet sich so in den Flugzeugen ein ähnliches Bild wie bei Austrian Airlines ab Wien montags um 10 Uhr 45: Die meisten mitfliegenden österreichischen EU-Abgeordneten halten nach dem Anschnallen zunächst ein Nickerchen, dann wird ihnen auf Wunsch der Koffer von der Stewardess persönlich an den Sitz gebracht, man prüft eingehend die privaten Kontobelege, schließlich kommt das Essen.[13] Alles Arbeitszeit?

Auch während intensiver Sitzungswochen stechen die unzähligen gut besuchten Veranstaltungen von Lobbyisten und anderen Gruppen auf den breiten Fluren im Parlament ins Auge. Ab 18 Uhr herrscht quer durch bei täglich Dutzenden Cocktailempfängen Partylaune. Für parlamentarische Assistenten sind Brüssel und Straßburg sexy Partnerbörsen, am Donnerstag reisen die meisten Abgeordneten ohnehin wieder ab. Und am Dienstag und Mittwoch hat auch nur Stress, wer will. Oft tauchen verschlafen wirkende Volksvertreter erst gegen zehn Uhr morgens im Gebäude auf, die Tageszeitung lässig in der Hand und ohne Eile. Wenn der Lift am Dienstag ewig nicht kommt, kein Problem. »Warum soll mich das bekümmern, bis zu meiner Abfahrt am Donnerstagmittag wird er schon da sein«, sagt etwa eine slowakische Parlamentariern und meint das gar nicht so unernst.[14]

Die Kunst einer praktischen Zweieinhalb-Tage-Woche beherrschen gerade auch die Schweden. Donnerstagmorgens kurz vor acht steht etwa die EU-Abgeordnete Ewa Hedkvist Petersen vor dem Zeitungsstand im Parterre des Parlaments. Ins Anwesenheitsregister hat sie sich schon eingetragen, die zusätzlichen Tagesdiäten sind ihr sicher. Der Donnerstag ist aber der Heimreise gewidmet, der Freitag dann zu Hause im Regelfall keineswegs der vielbeschworenen Wahlkreisarbeit, sondern der Entspannung. »Am Freitag gehe ich zum Zahnarzt oder zum Friseur.« Auf den Einwand, dass es auch in

Brüssel und Straßburg Friseure gebe, meint sie: »Mein Friseur in Lulea ist etwas Besonderes. Da kann ich so wunderbar relaxen.«[15]

Auch Petersens Landsmann Lennart Sacrédeus war ein Mann mit Prinzipien. Regelmäßig wie sonst fast nur Deutsche und Briten ließ er sich bis zum Ende seiner Abgeordnetentätigkeit in der vergangenen Legislaturperiode am Freitagmorgen kurz nach acht Uhr von Straßburg mit der chauffierten Limousine bis nach Frankfurt bringen, von dort flog er bequem in den hohen Norden. Zuvor unterschrieb er noch schnell die Anwesenheitsliste. »Der Tag ist für mich ein ruhiges, friedliches Rendezvous mit mir selbst«, sagte er lächelnd, »da kann ich so schön gut über mich nachdenken.«[16]

Chef Pöttering unterwegs

Auch Hans-Gert Pöttering kann gelassen an sich denken. Er hat es weit gebracht. Bevor der deutsche CDU-Politiker 2007 im Rahmen einer Abmachung mit den Sozialdemokraten zum Präsidenten des Europäischen Parlaments wurde, stand er siebeneinhalb Jahre lang der Europäischen Volkspartei vor, der größten Fraktion im EU-Parlament mit derzeit 288 Mitgliedern. Er war es, der die großen politischen »Deals« mit den Sozialdemokraten vereinbarte, und er war es, der etwa Helmut Kohl kaum von der Seite wich, wenn der als Elder Statesman vor der Fraktion noch mal eine Grundsatzrede hielt.

Trotz der Vielfalt und Fülle seiner Aufgaben nahm sich Pöttering, der 1995 in Osnabrück auch noch zum Honorarprofessor ernannt wurde, für finanzielle Dinge reichlich Zeit. In seiner Zeit als Fraktionsvorsitzender argumentierte er dann donnerstagvormittags in seinem Straßburger Büro so deutlich und ausführlich über zusätzliche Tagesgelder, die ihm in seiner Funktion doch zustünden, dass Wartende vor der Tür auch hörten, wie er immer wieder sogar auf kleinste Erstattungsbeträge bei Kurzreisen in Belgien bestand. Schon mehr als ein Jahr vor der nächsten Wahl plante er akribisch Wahlkampfeinsätze

Eine halbe Stunde später, kurz vor zwölf Uhr an diesem Donnerstag, klagte er im Aufzug über diese »besonders anstrengende Woche«. Eine Stunde später verließ er schnellen Schritts das Parlament, bog um eine Ecke, dann um noch eine, blickte prüfend zurück und verschwand nach zehn Gehminuten im »Eckertshäusl«, einem Edelrestaurant in der Hauptstadt des Elsass.

Erst am folgenden Morgen, kurz nach halb neun, fiel er im Parlament wieder auf. Wenige Minuten nur war er im Gebäude, wieder im Lift meinte er: »Hatten Sie auch eine so schwere Woche?«[17] Danach trug er sich, ganz eilig, ins Register ein und reiste ab, es war ja schon Freitag. Und da war auf den Fraktionschef Pöttering in Straßburg Verlass. Mit bestechender Regelmäßigkeit ließ er morgens seinen Chauffeur am Eingang warten, nach wenigen Minuten brachte der ihn nach Offenburg zum ICE in Richtung heimatliches Osnabrück.

Wie in Straßburg agierte der europäische Spitzenpolitiker im Fraktionsvorsitz auch in Brüssel mit Routine. Da unterschrieb er gerne am Donnerstagmorgen im zentralen Anwesenheitsregister des Parlaments. Um sieben Uhr sieben kam es vor dem Zeitungsgeschäft im Erdgeschoß zu diesem Dialog[18] :

Pöttering: »Wie geht es?«

Fragesteller: »Danke, und Ihnen?«

Pöttering: »Alles ok? Ich bin zufrieden. Danke.«

Fragesteller: »Das ist gut. Ich hätte eigentlich eine Frage.«

Pöttering: »Ja, ich muss in einer Minute am Fahrzeug sein, aber bitte.«

Fragesteller: »Ach so. Könnten wir vielleicht einmal reden, ich habe einen größeren Bericht, der ins Plenum kommt zum Thema Lobbying.«

Pöttering: »Ja, sehr gerne. Machen Sie einen Termin mit meinem Büro.«

Fragesteller: »Sie müssen in die weite Welt?«

Pöttering (bereits genervt): »Ich muss nach Paris und es warten zwei Kollegen auf mich um zehn nach. Deswegen darf ich nicht verspätet sein, das macht einen schlechten Eindruck.«

Fragesteller: »Alles klar. Fahren Sie da mit der Bahn oder mit dem Flugzeug?«

Pöttering: »Ich fahre mit der Bahn um zwanzig vor acht.«

Fragesteller: »Olla, na dann. Sie kaufen die gleiche Mischung, die ich auch immer lese: *FAZ* und *Bild*. Das eine hat Qualität und beim anderen weiß man, was so die Grundstimmung ist.«

Pöttering: »Ja. Genauso ist es. Genauso ist es.«

Fragesteller: »Gute Reise.«

Pöttering: »Danke, Ihnen auch.«

Fragesteller: »Ich fahre nicht weg.«

Den letzten Satz konnte Pöttering schon nicht mehr hören. Er eilte bereits durch die Sperren hinaus aus dem Parlamentsgebäude und erreichte auf die Sekunde pünktlich seine wartende chauffierte Limousine.

Bereits zwei Wochen später wiederholte er diese Prozedur in Brüssel. Zuerst unterschrieb er im Kämmerlein, kurz nach halb neun Uhr morgens fuhr ihn dann ein Chauffeur vom Parlament zum Flughafen zur Maschine nach Berlin.[19]

Als Präsident des Europäischen Parlaments bleibt ihm all dies erspart. Da erhält er automatisch das Tagegeld von 298 Euro, 365 Mal im Jahr, netto, auch zu Ostern und Weihnachten.

Der schnelle Euro

Zwei, drei Minuten Parlamentsaufenthalt, eine flotte Unterschrift und danach die sofortige Abreise – dieses Ritual pflegt weiterhin eine Vielzahl von Europaabgeordneten. Nirgendwo sonst lässt sich wohl unkomplizierter und ohne jede Arbeitsleistung europäisches Steuergeld einstreichen, denn jede Unterschrift bringt seit Anfang 2009 exakt 298 Euro, ohne Abzüge, steuerfrei.[20]

Gedacht als ohnehin üppiger Ausgleich für einen zeit- und kräftezehrenden Sitzungstag mit Übernachtung fernab von zu Hause, verkommt das Tagegeld im Europäischen Parlament zur Unterschriftenprämie. Während Millionen Wähler ihre Arbeitszeit an der Stechuhr und ihre Leistung im Akkord nachweisen müssen, genügt für deren Volksvertreter ein Autogramm am richtigen Ort, und sie verdienen in Sekunden als Zubrot, wofür die meisten Beschäftigten zumindest einige Arbeitstage lang konzentriert ihre Leistung erbringen müssen. Hinzu kommt, dass der Tagessatz für die EU-Abgeordneten jedes Jahr ansteigt, während anderswo Zulagen gekürzt oder zumindest eingefroren werden.[21]

Die Gelegenheit zum schnellen Euro unterdrückt bei vielen Parlamentariern nicht nur das Unrechtsbewusstsein, sondern auch jedes Bewusstsein für die Gefahr, beim Abzocken beobachtet zu werden.

Der Steuerzahler verliert allein durch diese Register-Praktiken – nach eingehenden Beobachtungen – mehr als vier Millionen Euro im Jahr.[22] In jeder Wahlperiode summiert sich das auf mindestens 20 Millionen Euro. Das Abzockpotenzial für alle Abgeordneten erreicht staunenswerte 110 Millionen Euro.

Der Straßburger Freitag

Bis zur Jahrtausendwende tagte das Plenum des Europäischen Parlaments zwölf Sitzungswochen im Jahr in Straßburg jeweils von Montag bis Freitag, außerdem zusätzlich sechs Mal in Brüssel, jeweils mittwochs und donnerstags. Während die Plenarsessionen in der EU-Hauptstadt unverändert blieben, wurde in Straßburg der Freitag als Sitzungstag ab Januar 2001 abgeschafft – wegen Arbeitsmangel, der nicht mehr zu verschleiern war.

Gespenstische Szenen beherrschen seither den Freitagmorgen nach den monatlichen Straßburger Plenartagen. Die Beamten reisen bereits ab Donnerstagmittag zurück nach Brüssel oder Luxemburg. Auch viele hundert Abgeordnete, ihre begleitenden Mitarbeiter sowie ihre mitarbeitenden Begleiter suchen das Weite. Post, Bank und Zeitungsgeschäft schließen ebenso wie Kantine und Restaurants. Nur wenige Mitarbeiter des Sicherheitsdienstes durchstreifen wortlos die Flure und sichern den Eingang, Putzfrauen räumen fast geräuschlos die Papierberge weg. Der Plenarsaal, nach Indiens Volkskammer der größte seiner Art weltweit, verbreitet eine stählerne Leere, in den Gängen regiert eine muffige Stille. Alles ist ruhig. Alles?

Zumeist ist es noch dunkel, da knallen serienweise Autotüren vor dem herausfordernden Parlamentsoval, das die Architekten nach oben hin unvollständig ließen, in Anspielung auf das unfertige Europa. Dicht an dicht parken Taxis und Privatwagen von Abgeordneten vor den riesenhaften Flaggen der EU-Mitgliedsländer auf dem Platz, der zum TV-Synonym für das Europäische Parlament wurde, wie die gläserne Kuppel auf dem Berliner Reichstag für die deutsche Volksvertretung.

Doch statt um Durchschaubarkeit, mithin um Transparenz oder gar um Volksnähe geht es am Straßburger Freitag um bürgerfeindliche Politikergier der übelsten Sorte. Es ist auch mit ausschweifender Phantasie nicht möglich, an diesen

Tagen um diese Zeit in den verlassenen Parlamentsfluchten irgendwelche politischen Sitzungen oder sinnvolle Besprechungen abzuhalten zu denen man sich nicht auch in jedem Café verabreden könnte. In dem 15-stöckigen Gebäude ist nur noch ein einziger Beamter mit Sicherheit anzutreffen: Er sitzt im 2. Stock und wacht dort persönlich über die Anwesenheitsliste – zur ausschließlichen Freude der Abgeordneten. Es ist, als lägen für jeden, der dort vorbeikommt, 298 Euro bereit, einfach so. Zum Erhalt reicht eine Unterschrift unter den Augen des Beamten. Anders als in Brüssel darf diese Liste nicht einmal von anderen Parlamentariern abgeschrieben werden. Der Straßburger Skandal-Freitag sollte ein dauerhaftes Geheimnis bleiben.

Folgerichtig agieren die Abgeordneten rund um den wachsamen Beamten im Elsass umsichtiger als nahe dem Brüsseler Register. Vieles erinnert an die verklemmt-klebrige Atmosphäre vor Peepshows in Provinzstädten vor 25 Jahren. »Pssst«, warnte ein bekannter britische Parlamentarier, »sonst sieht uns wer, wie wir wieder einmal unser Taschengeld abholen.« Der angestrebte Witz erstickte in seinem gequälten Lächeln.[23]

Ungleich entspannter traten da viele Deutsche auf. Sie trafen sich wie routinierte Safari-Freaks frühmorgens vor Ort, dann fuhren sie, wenngleich nicht im Jeep, so wenigstens im komfortablen Kleinbus, nach Offenburg zur Bahn oder nach Stuttgart zum Lufthansa-Flug. Knapp die Hälfte aller Volksvertreter zwischen Konstanz und Flensburg waren praktizierende Straßburger Diätenspezialisten.

Wenn sich ein Volksvertreter unangenehm beobachtet fühlte, drehte er im sterilen Oval des Bürotraktes auch mal eine möglichst unauffällige Ablenkungsrunde, ein peinliches Verhalten, das sogar Spitzenpolitiker pflegten.[24] So konnten an einem durchschnittlichen Freitagmorgen mehr als 140 Parlamentarier vor Ort beobachtet werden.

Bei den letzten Stimmabgaben am Donnerstagnachmittag beteiligten sich hingegen nur etwa 80 Volksvertreter. Der

Freitag war weitaus populärer. Insgesamt fanden sich in Straßburg sogar oft mehr Namen im Anwesenheitsregister, als in früheren Jahren überhaupt Abgeordnete anzutreffen waren, als man auch freitags noch im Parlament Aussprachen und Abstimmungen angesetzt hatte. Ein Kurzbesuch zum Kassieren der Prämie war für viele weit attraktiver als ein Arbeitsmorgen im Plenum.

Der Politikerspuk dieser Extrem-Abzocker wurde erheblich eingeschränkt, als der Autor dieses Buches die Praktiken im Frühjahr 2004 öffentlich machte. Unbemerkt aufgenommene Videos, die auf Anraten der Anwälte zur allfälligen Beweissicherung entstanden waren, sendete vor allem TV-Moderator Günther Jauch in seinem »Stern TV«. Danach gingen die Bilder um die Welt. Seither unterschreiben nach Mitteilung der Parlamentsverwaltung im Schnitt noch 72 Abgeordnete an einem Straßburger Freitag, allerdings bei einer von 626 auf 785 gestiegenen Mitgliederzahl. Durch den nachweislichen Rückgang bei den Unterschriften am Straßburger Freitag spart der Steuerzahler so allein 1,3 Millionen Euro in der laufenden Legislaturperiode bis 2009. Da nach den Enthüllungen auch in Brüssel und während der Woche die Eintragungen ins Anwesenheitsregister etwas zurückhaltender erfolgten, liegt die Kostenersparnis durch die Aufdeck-Aktionen bei mehr als 30 Millionen Euro. Durch eine nunmehr erfolgte Reform soll nach der EU-Wahl im Juni 2009 erst ein Anspruch auf ein Tagegeld entstehen, wenn sich ein Abgeordneter zumindest vier Stunden am Sitzungsort aufhält. Würde diese Regel jetzt schon gelten, betrüge die geschätzte Reduktion der Kosten weitere 70 Millionen Euro binnen einer Wahlperiode.

Allerdings hat dies seinen Preis. Nach einem Beschluss des Ältestenrates des Parlaments im Jahr 2005 können selbst Abgeordnete ihre Kollegen beim Unterschreiben nicht mehr beobachten. Auf Anordnung der Parlamentsspitze wird das Kämmerchen, in dem das Anwesenheitsregister aufliegt, nun auch in Brüssel streng bewacht und muss sofort nach der

Unterschriftsleistung verlassen werden. In den Listen darf nicht einmal mehr geblättert werden. Auch für Journalisten wurden die Möglichkeiten, Abgeordnete unverzüglich vor Ort zur Rede zu stellen, massiv eingeschränkt. Von wegen Pressefreiheit. Lex Martin wird das im Parlament genannt.

Außer jeder Kontrolle

Auch andere Privilegien, die bei den Enthüllungen des Spesenmissbrauchs weltweit für Berichte sorgten, werden ab Juli 2009 eingeschränkt, teilweise sogar abgeschafft. Dies gilt etwa für die unhaltbaren Reisekostenpauschalen. Denn bislang wird noch immer jeder Flug, wie auch jede Bahnreise oder Autofahrt, vom Heimatland zu den Sitzungen in Brüssel und Straßburg den Volksvertretern vergütet, jedoch keineswegs die tatsächlich entstandenen Kosten.

Bezahlt wird vielmehr der volle Preis eines zeitlich beliebig veränderbaren Economy-Tickets, etwa auf der Strecke Madrid – Brüssel – Madrid 2350 Euro. Iberia bietet diese Verbindung aber bereits für 120 Euro an, sofern der Flug einen Monat vorab gebucht wird und ein Wochenende mit einschließt. Wer ab Brüssel fliegt, kommt mit der belgischen Fluglinie SN Brussels sogar für 180 Euro hin und zurück. Hinzugerechnet werden noch eine Entfernungspauschale von 480 Euro sowie 40 Euro Anfahrtskosten zum Flughafen. Die fallen auch an, wenn der Lebenspartner oder ein Freund diesen Transport übernimmt.

Solcherart können spanische Parlamentarier jedes Jahr locker 80 000 Euro netto hinzuverdienen. »Ich muss mir keine Sorgen mehr machen«, sagt etwa ein Abgeordneter, der sich in seiner Fraktion konsequent für den Sozialismus auf Kuba engagiert und strahlend Zeitungsausschnitte herumreicht, die ihn bei Europa-Vorträgen vor Kindern zeigen, »ich kann längst mit sehr viel Geld in Rente gehen.«[25] Sein graumelierter Kollege Manuel Medina Ortega, dessen Familie zwar in

Madrid eine Wohnung unterhält, übertrifft ihn noch. Er ist zwar nicht ganz so kubafreundlich, aber geografisch näher dran, da er seinen Wohnsitz auf den Kanarischen Inseln gemeldet hat. Durch die größere Entfernung und die damit höheren Flugkosten kann er sein Jahreseinkommen allein durch vorausschauende Buchungen um 100 000 Euro steigern. In Yaiza auf Lanzarote, am Rande des Vulkan-Nationalparks, lädt der 69 Jahre alte Marylin-Monroe-Fan und Kosmopolit, der deutsch fast so gut spricht wie englisch, internationale linke Prominenz in seine aufwendig renovierte elterliche Finca zu ausladenden Festen ein und schwärmt auch gerne davon.[26]

Die EU-Parlamentarier zählen zu den größten Profiteuren der europaweit enorm expandierenden Billig-Airlines. Auf den meisten innereuropäischen Routen sind in den vergangenen Jahren durch die Liberalisierung, die auch vom EU-Parlament angetrieben wurde, die Flugpreise nach Brüssel oder in die Nähe Straßburgs abgestürzt. Schnäppchen sind vor allem für Passagiere möglich, die lange Zeit vorausbuchen können, und die EU-Abgeordneten kennen ihre Ausschuss- und Plenumstage oft mehr als ein Jahr vorab. Würden diese Einsparmöglichkeiten an den Steuerzahler weitergegeben, ließe sich das Parlamentsbudget monatlich sofort um einige Millionen Euro entlasten. In der Politikerwirklichkeit sanken aber die Vergütungspauschalen für die Abgeordnetenreisen in all den Jahren keineswegs, sondern stiegen weiter an.

Die Reisekostenpraxis des EU-Parlaments eignet sich so als einprägsames Lehrbuchbeispiel, wie individuelle Vorteilsmaximierung in absolutem Gegensatz zu volkswirtschaftlich sinnvollem Einsatz knapper Ressourcen stehen kann, vor allem von Steuergeldern.

Je weniger Wochenenden die Parlamentarier in Brüssel verbringen, umso wohlhabender werden sie. Und wollen sie nicht in ihren Wahlkreis fliegen, so dürfen sie bis zum Pauschalwert überall hin, der grüne Österreicher Johannes Voggenhuber gerne zu Freunden an die Riviera, andere nach

Übersee. Auch Umwege können noch das Einkommen steigern.

Und wer sich wundert, warum die Sitzungen in den Ausschüssen und Fraktionen in Brüssel üblicherweise auf jeweils zwei Halbtage in unterschiedlichen Wochen verteilt sind, den lässt Alexander Radwan, Finanzexperte bei der CSU, wissen: »Es finden bei uns so viele Sitzungen statt, damit man möglichst oft nach Brüssel fliegen kann. Sobald dieses Pauschalsystem eingestellt wird, würde sich unglaublich viel ändern.«[27] Wenn man die Sitzungen einfach bündelte, blieben viel mehr Kalenderwochen tagungsfrei, neben den Reisekosten ließen sich auch im Parlamentsbetrieb viele Millionen sparen.

Ab Juli 2009 ist es endlich so weit, nur die tatsächlichen Reisekosten werden noch erstattet. Hintertürchen allerdings bleiben: Im Stillen wird noch an einer neuen »Entfernungszulage« gebastelt.

Und das Europaparlament wäre nicht das Europaparlament, wenn sich darin nicht weiterhin Spesenritter wie in einer Trutzburg verschanzen könnten – mit einer Luxus-Krankenzusatzversicherung für die ganze Familie oder einer beispiellos großzügigen Altersversorgung. Mehr dazu und jeweils aktuell unter www.eti.info – der Internetseite des Buchautors. Denn aus rechtlichen Gründen sind viele der Skandale nicht zwischen Buchdeckel zu pressen.

Bis Mitte 2009 kommt jedenfalls ein EU-Parlamentarier, der sich zu organisieren versteht, nach Abzug aller damit verbundenen Aufwendungen *zusätzlich* zu seinem Gehalt auf ein Taschengeld von 100 000 Euro netto – jedes Jahr. In Verbindung mit dem regulären Einkommen, das die einzelnen Mitgliedsstaaten nach ihren nationalen Regeln den jeweiligen Abgeordneten anweisen, verdienen die meisten EU-Volksvertreter somit mehr als ihre Regierungschefs zu Hause.

Angela Merkels Bruttogehalt beträgt derzeit 180 000 Euro, netto wird ihr etwa die Hälfte überwiesen. 99 deutsche EU-Parlamentarier, egal wie aktiv oder bekannt, erhalten wie ihre Kollegen im deutschen Bundestag jeweils 85 000 Euro Diäten, jedoch ihre ungeheuerlichen EU-Pauschalen und Vergütungen sind noch hinzuzurechnen. Jeder EU-Abgeordnete aus der Bundesrepublik kann damit mehr verdienen als die Regierungschefin in Berlin. So gesehen leistet sich Deutschland nicht nur eine, sondern 100 Kanzler und Kanzlerinnen.

Dies spricht der Verantwortung Hohn, die mit den Jobs verbunden ist, und vor allem der individuell nachprüfbaren Leistung. Würden nur die Ausgabenposten, die doch lediglich als Kostenerstattungen gedacht sind, entsprechend transparent als reale Aufwendungen abgerechnet, so müssten die europäischen Steuerzahler allein für ihre Volksvertreter mindestens 60 Millionen Euro jährlich weniger nach Brüssel überweisen. In jeder Wahlperiode des Europäischen Parlaments wären es 300 Millionen Euro.

Die gegenwärtig noch anhaltende skandalöse Praxis müsste aber auch ganz andere Konsequenzen haben: Würden nämlich die Maßstäbe, die im März 1999 beim Rücktritt der 15-köpfigen EU-Kommission galten, ein Jahrzehnt später ans Europäische Parlament angelegt, so müssten von den insgesamt 785 Europa-Abgeordneten mehr als 150 Volksvertreter mit sofortiger Wirkung ihr Mandat zurückgeben.

Elf Monate bezahlter Urlaub

»Und, wie war der Sommer?« Die Kollegen treffen sich nach der Sommerpause am Rande der ersten Sitzung des Konstitutionellen Ausschusses in Brüssel wieder. »Hervorragend«, antwortet der EU-Abgeordnete Gerhard Hager und zitiert souverän Rainer Maria Rilke: »Herr, es ist Zeit, der Sommer war sehr groß, leg deine Schatten auf die Sonnenuhren, und auf den Fluren lass die Winde los. Befiehl den letzten Früchten, voll zu sein. Gib ihnen zwei südlichere Tage, dränge sie zur Vollendung hin und jage die letzte Süße in den schweren Wein. Wer jetzt kein Haus hat, baut sich keines mehr.«[28] Hager ist aus der Partei Jörg Haiders in Österreich ausgetreten und »jetzt geht es mir besser, weil ich habe meine Pensionsgesuche alle abgegeben. Das heißt, das brauch ich nicht abgeben, das geht automatisch. Als Hofrat des Obersten Gerichtes gehe ich mit 31.3. in Pension«, also in Rente.

Frage: »Des nächsten Jahres?«

Hager: »Mit großer Freude.«

Frage: »Werden Sie uns dann auch als Abgeordneter verlassen?«

Hager: »Nein, nein, das sitze ich da aus bis zum 20.Juli, weil da muss ich mein unverteiltes Geld abholen.«

Frage: »Welches Geld?«

Hager: »Na, des i dafür krieg, dass ich herausfahr, fürs Nixtun. Also mein derzeitiger Stand ist, dass ich da her fahr, 2300 Euro krieg, und wieder heimfahr am nächsten Tag.«

Wenige Wochen später, im Oktober, wird Hager noch klarer: »Ich hab jetzt bis Juli eine Art Urlaub.«[29]

Frage: »Sie haben bis Juli nächsten Jahres Urlaub?«

Hager: »Quasi.«

Frage: »Ist das Urlaub?«

Hager: »Pensionsvorbereitungen.«

Frage: »Warum kommen Sie überhaupt noch her?«

Hager: »Das Geld abholen. Ich schicke SMS von der Rack, vom Schneeberg.[30] Ich geh ja derzeit nur mehr Wandern und solche Sachen. Das ist hervorragend.«

Gesagt, getan. So fliegt Hager sogar etwa erst nachmittags von Wien nach Brüssel und abends bereits wieder zurück nach Wien. Dazwischen trägt er sich ins Zentralregister des Parlaments ein und lässt sich kurz im Büro blicken.[31] Aufgrund der pauschalen Vergütung der Reisekosten, die noch bis 2009 gilt, kassiert er beim Kauf von Billigtickets so allein an einem Halbtag knapp 2000 Euro netto zusätzlich zu seinem Gehalt.

A-3021: »Der Freund eines Freundes«

Politische Tücken stecken gerade in Brüssel im papiernen Detail, Überraschungen finden sich im Kleingedruckten, vor allem im EU-Budget. Bis zur Beschlussreife durchläuft es jährlich Hunderte von Sitzungen. Die Parlamentsausschüsse geben Stellungnahmen ab, auf die jeder Abgeordnete durch Änderungsanträge Einfluss nehmen kann. Wichtige Berichte wie jene zum Budget oder zur Chemikalienrichtlinie werden mit Hunderten von Änderungswünschen eingedeckt. Wird ein Antrag im Ausschuss oder im Plenum mit Mehrheit angenommen, hinterlässt der Abgeordnete damit eine Art Handschrift im Text, auf die er später als seine Leistung verweisen kann.

Schon ein einzelnes geändertes Wort kann einen Bericht beeinflussen, ein eingefügter Satz dem Ganzen eine andere Richtung geben. Dies beabsichtigt auch Andrew Duff, ein britischer Liberaler, als er seinen Antrag zum Budgetposten A-3021 einbringt, der die Zuschüsse »für europäische Studiengruppen und Organisationen zur Förderung der europäischen Idee« betrifft. Die Verteilung von zwei Millionen Euro steht an.

Sein geforderter Zusatz klingt nach routinierter, unverständlicher Beamtensprache: Alle Mittel, so fordert der Brite, sollen »auf der Grundlage des Leitfadens der Kommission zu Beihilfen und Zuschüssen ausgeführt« werden, »um die Gleichbehandlung der antragstellenden Organisationen sowie vollständige Transparenz und Rechenschaftspflicht zu gewährleisten«.[32]

Eine Selbstverständlichkeit, würde man meinen.

Doch als Duff dies im Parlamentsausschuss mit Nachdruck vertritt, geht bei den anwesenden Kollegen ein Raunen durch die Reihen, wenngleich keiner offen widerspricht.[33]

Doch intern, in der Arbeitsgruppe der Sozialdemokraten, wird ein bekannter Abgeordneter deutlicher: »Duff macht das doch nur, weil seine Organisation Federal Trust zuletzt rausgeflogen ist. Der sagt sich: Wenn ich draußen bin, dann sollten wir die anderen auch umbringen.«[34]

Und die niederländische grüne Abgeordnete Kathalijne Buitenweg wird ganz konkret:»Du musst den Freund eines Freundes kennen, um etwas zu bekommen. Das weiß ich als jemand, der selbst von der NGO-Arbeit kommt. Doch da kommt man in ein Dilemma: Wenn du für die richtige Position bist, bekommt deine Gruppe nichts. Darum bin ich jetzt für das Earmarking für meine Gruppe.«[35]

Deutsche gegen Franzosen: Die verheimlichte Wahl

Die Stimmung ist gereizt. Genosse António Seguro kehrt dem Parlament den Rücken, er wird überraschend Regierungsmitglied in Portugal.

Der Wechsel wirkt, wie so oft bei Karrieresprüngen in der Politik, wie eine Flucht. Anders als bei einem Jobwechsel im üblichen Geschäftsleben werden die noch offenen Arbeiten in keiner Form abgeschlossen, ja nicht einmal ordnungsgemäß übergeben. Der jähe Abgang verrät eine Unernsthaftigkeit, eine Beliebigkeit der übernommenen Aufgaben. Das Politikerleben ist ein beständiges Lauern auf mehr, sehr selten findet Befriedigung über Geleistetes und Erledigtes statt. Das sind die Parlamentarier gewohnt, verübelt wird dem Portugiesen allerdings, dass »er ohne irgendein Abschiedsfest wegging«, wie erstaunlich viele Kollegen klagen.

Der Mandatsverzicht bringt Bewegung. Kaum macht die Kunde die Runde, ballt sich die Energie der Intervention und der Intrige. Der zentrale Bericht »Zur Zukunft Europas«, der Seguro anvertraut war, braucht einen neuen Verfasser aus den Reihen der Sozialdemokraten. Der Deutsche Martin Schulz zeigt sich vereinnahmend zuvorkommend, als er den Deutschen Jo Leinen pusht. Dabei bringt er kaum dessen Kompetenz ins Spiel, sondern argumentiert, Leinen müsse doch abgefunden werden, da bereits ein anderer Deutscher, nämlich Ex-Parlamentspräsident Klaus Hänsch, dann die wichtige Position im EU-Konvent einnehmen soll, die Leinen eigentlich anstrebt. Und Schulz wiederum ist bei Hänsch im Wort, der zugesagt hatte, ihm den Posten des Stellvertretenden Fraktionschefs zu überlassen.

Die Stimme für Leinen könne sich doch lohnen, buhlt Schulz. Wer sich mit ihm aber auf keinen Handel einlassen will, sondern verlangt, dass bei der Nominierung des neuen Berichterstatters Können und reale Leistungen zählen sollten, wird ausgezählt.

Treffen, Tuscheln, Telefonate. Dimitris Tsatsos, germanophiler Grieche, sichert seine Stimme verbindlich mehreren Kandidaten zu. »Die Abhaltung einer Wahl wäre wohl die schlechteste Lösung«, beschwört der Brite Richard Corbett die Genossen. Er ist Koordinator der 15 sozialdemokratischen Mitglieder im Verfassungsausschuss, die alle stimmberechtigt sind. Wieder und wieder fordert er einen »Deal«.[36]

Leinens Konkurrentin Pervenche Berès, Delegationsleiterin der französischen Sozialisten, ist mit den Angeboten an sie nicht zufrieden und beharrt auf ihrem Anspruch. Ihr Hauptargument: Sie sei in der fraktionsinternen Hierarchie wichtiger als Leinen, außerdem habe der Deutsche bereits früher einen interessanten Parlamentsbericht zugesprochen bekommen. Für ein hilfreiches Zusatzargument hält sie, lange Jahre die vertraute Kofferträgerin von Laurent Fabius gewesen zu sein, des früheren französischen Premiers.[37]

So kommt es zur Abstimmung, sicherheitshalber per Stimmzettel. Leinen und Berès haben dazu auch Kollegen aus Deutschland und Frankreich mobilisiert, die sich sonst kaum je in der Arbeitsgruppe blicken lassen. Als das Ergebnis verkündet wird, ist die unterlegene Berès schon wieder weg. »Damit sie ihr Gesicht wahren kann«, so Koordinator Corbett, darf die Französin aber rückwirkend ihre Kandidatur zurückziehen. Von diesem Angebot macht sie Gebrauch.[38] So heißt es bereits Stunden später, es habe gar keine Wahl gegeben, alles sei einvernehmlich geregelt worden.

Diese verheimlichte Wahl ist bezeichnend für Entscheidungsprozesse unter Europas Roten. Man mauschelt bis zum Ende, ehe die Entscheidung den Nichteingeweihten in der Partei verkündet wird. Gelingt dies einmal nicht, ist ihnen das Wählen geradezu körperlich unangenehm.

Möllemanns Tod: »Zum Lachen«

Die unter Politikern so abstoßend erlebbare Entfremdung schlägt in Zynismus um, wenn es Berufskollegen trifft.

Jürgen Möllemann, der umstrittene FDP-Spitzenpolitiker, ist tot. Die Nachricht, dass sein Fallschirm sich nicht öffnete, macht Sekunden nach den mittäglichen Abstimmungen im Plenarsaal in Straßburg die Runde. Statt zumindest zu schweigen, wird gehöhnt: »Wenn das stimmt, finde ich das zum Lachen«, sagt der grüne Spitzenpolitiker Daniel Cohn-Bendit.[39]

Als er kurze Zeit später beim Mittagessen die Bestätigung bekommt, reagiert er noch eindeutiger: »Na und? Ehrlich gesagt, ich muss nur lachen. Ich muss nur lachen. Dieses Arschloch. Ich muss lachen. Mir ist das egal. Er war am Ende, zu früh. Wenn ein verrückter Mann mit einem Fallschirm abspringt und dabei umkommt, was soll ich sagen? Ich würde sagen: Vielleicht existierte Gott, es ist eine Art von Gerechtigkeit. Ich sah ihn im Fernsehen vergangene Woche ...«

Seine Tischnachbarin Kathalijne Buitenweg, eine grüne Niederländerin, hakt ein: »Darum musste er springen.«

Cohn-Bendit spricht nicht mehr vom Lachen, er lacht lauthals auf. »Das ist gut. Wirklich, bei manchen Leuten, wenn die sterben, sage ich: Es musste sein. Bei manchen ist es eine Tragödie. Bei Möllemann ist das keine Tragödie.« Er nimmt sein Glas in die Hand und schränkt mit einem breiten zynischen Grinsen ein: »Für die Familie oder Frau, ich weiß.«

Abgeordnetenkollege José Mendiluce Pereiro aus Spanien, auch er beim Essen dabei, ergänzt: »Anscheinend sie sind sehr glücklich. Sie hatten wohl eine sehr gute Lebensversicherung.« Cohn-Bendit darauf: »Vielleicht entdecken sie jetzt all die Millionen, die er von den Arabern bekommen hat.«

Erst dann erfährt der grüne Star, dass am Morgen Hausdurchsuchungen bei Jürgen Möllemann stattgefunden hatten, und meint: »Ist das wahr? Dann war es ein Selbstmord.«

Als ob es um eine Bagatelle ginge, wird das Thema abrupt gewechselt. Cohn-Bendit spricht davon, was ihn in diesem Augenblick wirklich bewegt, die Heimfahrt nach Frankfurt: »Also, um viertel vor drei bei den Chauffeuren.« Kathalijne Buitenweg wendet gegenüber ihren Kollegen am Mittagstisch ein, dass um 16 Uhr noch Abstimmungen stattfänden. Cohn-Bendit meint unwirsch: »Ach, sprecht nicht mit ihr über so etwas, sie ist eine Calvinistin.«

Grüne Redlichkeit?

Der schillernde Daniel Cohn-Bendit zählt bei der konkreten Parlamentsarbeit zu den Arroganten, solide Themenbearbeitung ist seine Sache nicht. In Brüssel, so sagt er, hält er sich jeweils nur so kurz wie möglich auf, »von Dienstag bis Donnerstag, sonst wirst du ja verrückt«. Während der Abstimmungen im Plenum liest er vergnügt aus dem Sportteil der *Bild*-Zeitung vor und bleibt auch bei namentlichen Abstimmungen, die elektronisch erfasst werden, nicht an seinem Platz, obwohl er seit Anfang 2002 sogar Fraktionsführer der 45 Grünen ist. Während er wieder einmal durch die Sitzreihen schlendert, als sei er bei einem Cocktailempfang, nennt ihn ein prominenter deutscher Abgeordneten-Kollege schlicht einen »Flegel«, weil »das ist kein Einzelfall. Es gibt immerhin Abstimmungen, und der Führer einer Gruppe läuft durch die Gegend und scherzt mit jedem und sagt, das sind alles Idioten, ihr müsst abstimmen und ich mach hier Witze. So etwas ist disziplinlos. Du bist Gesetzgeber, das ist hier die entscheidende Minute, und dann läuft da einer durch die Gegend und scherzt.«[40]

Bisweilen ist der witzelnde Spitzenmann so unaufmerksam, dass selbst der grüne Vizepräsident des Parlaments, Gérard Onesta, als er die Abstimmungen leitet, seinen Parteikollegen übers Saalmikrophon direkt anspricht: »Hat jeder abgestimmt, auch Herr Cohn-Bendit?«[41]

Daniel Cohn-Bendit ist der Spitzenkandidat der französischen Grünen für die Europawahl am 7. Juni 2009.

Menschenrechte verspielt

Mit Inbrunst definiert sich das Europaparlament als Hort der Menschenrechte. »Wir werden uns von niemandem, ob in der Europäischen Union oder außerhalb, bei der entschlossenen Verteidigung der Menschenrechte einschränken lassen«, erklärte Parlamentspräsident Hans-Gert Pöttering bei einer Festsitzung zur Charta der Grundrechte in Straßburg im Dezember 2007, denn »wir als Europäisches Parlament haben die moralische und politische Verpflichtung, die Menschenwürde immer zu verteidigen.«[42]

Vor Ort, abseits der hohen Halle des Plenarsaales, ist die Brust freilich kaum so geschwellt. Exemplarisch schmalbrüstig verlief etwa die offizielle Tagung der Vertreter des Europäischen Parlaments mit den Delegierten des Nationalen Volkskongresses in Peking Ende November 2008. Die Chinesen behandeln diese Treffen beinahe wie Staatsbesuche, da sie den demokratisch völlig unlegitimierten Volkskongress aufwerten. Nur das Beziehen klarer Standpunkte kann deshalb von europäischer Seite die Teilnahme an solchen Tagungen rechtfertigen. In diesem Sinne fand sich die Frage der Menschenrechte auf der Tagesordnung auch an prominenter Stelle.

Als erste Rednerin ist die deutsche grüne EU-Abgeordnete Helga Trüpel vorgesehen. Nur: Wo bleibt sie denn? Ihre Mitarbeiterin lässt verlauten, dass sie jeden Moment eintreffen werde. So wird zunächst ein anderer Tagesordnungspunkt vorgezogen. Doch Trüpel fehlt weiterhin in der Großen Halle des Volkes am Platz des Himmlischen Friedens. Und die Stunden vergehen. 30 Minuten vor Sitzungsende werden die Menschenrechte dann doch noch zum Thema. Da Trüpel noch immer durch Abwesenheit glänzt, übernimmt kurzfristig die wenig erfahrene litauische Abgeordnete Laima Andrikiené die Sprecherrolle für das Europäische Parlament. Den Chinesen dient das als Steilvorlage. Weitschweifig belehren sie Trüpels Platzhalterin wegen formaler Fehler in ihrer Darstellung. Und der Delegationsleiter der Chinesen, Zha Peixin, greift zur großen Keule: »Menschenrechte sind ein internes Thema. Das Benehmen des Europäischen Parlaments ist ein Problem, ein Affront gegen das chinesische Volk, ein Akt der Feindseligkeit.«[43] Spätestens jetzt müsste der Vorsitzende der EU-Parlamentsdelegation, der liberale Belgier Dirk Sterckx, eingreifen, protestieren, klarstellen, zumal er gerade die Sitzung leitet. Doch er schweigt.

Vereinbart ist wenigstens, dass der Autor dieses Buches als zweiter europäischer Redner einen besonders drastischen Fall ansprechen soll. Der chinesische Biochemiker Wo Weihan, der in Deutschland studiert und in Österreich gelebt hat, ist auf Basis von Spionagevorwürfen, die selbst nach chinesischem Recht auf sehr tönernen Füßen stehen, zum Tode verurteilt worden. Seine Hinrichtung stehe unmittelbar bevor, so die Informationen europäischer Spitzendiplomaten tags zuvor. Ihre Bitte: Ein massives Eintreten für den Beschuldigten könne vielleicht noch helfen, gerade wegen der ungewöhnlichen Bedeutung der europäischen Parlamentsdelegation für die chinesische Politführung. Doch statt wie besprochen zu verfahren, erklärt der Vorsitzende Sterckx, seinen Blick auf die Uhr gerichtet, plötzlich ganz lapidar: »Die Zeit ist abgelaufen. Wir freuen uns auf unser nächstes Treffen in Brüssel.«[44] Das zufriedene Lächeln der chinesischen Delegierten ist unübersehbar. Was für ein Appeasement.

Und Frau Trüpel? Wenige Minuten vor Ende der Sitzung ist sie doch noch eingetroffen, ihr Flugzeug aus Amsterdam habe 20 Stunden Verspätung gehabt. Warum sie bei so einer verantwortungsvollen Aufgabe nicht einfach eine der zahlreichen anderen Flugverbindungen von Europa nach China genutzt habe? Auf diese Frage antwortet sie nur mit einem bösen Blick. Und danach ist die Grüne auch schon wieder weg, sie habe in Peking »anderes zu tun«, als am Programm der Parlamentsdelegation teilzunehmen, erklärt ein mitreisender Sekretär.[45]

Nur die wenigsten teilnehmenden EU-Abgeordneten zeigen sich über die Vorgänge empört. Statt Trüpel und Sterckx zu kritisieren und gegen die Angriffe der Chinesen eine Protestnote zu beschließen, gerät bei einer internen Besprechung lediglich die Litauerin Andrikiené ins Schussfeld, die Trüpel vertreten hatte. »Unmöglich« nennt die sozialistische Vizepräsidentin des Europaparlaments, Martine Roure, ihr Verhalten, »die Chinesen sind sehr sensibel.«[46] Doch Andrikiené hatte lediglich aus dem offiziellen Positionspapier des EU-Parlaments vorgetragen, formale Fehler inklusive. Dies aber sei nicht mehr überprüfbar, da es ja lediglich chinesische Tonbandmitschnitte gäbe, wird argumentiert. Dabei wird die 22-köpfige EU-Delegation von 15 Mitarbeitern begleitet, darunter vier beamtete Sekretariatsmitarbeiter und sechs Dolmetscher.

»Wir setzen unseren Besuch fort und werden so viel wie möglich dabei lernen«, erklärt der Vorsitzende Sterckx beim folgenden Luxusessen im Songhelou Restaurant. Und beim nächsten offiziellen Termin, dem Treffen mit Vizeminister Zhang Zhijun am Sitz der Kommunistischen Partei in der Fuxing-Straße, zeigt sich der Belgier handzahm wie eh und je: »Wir behandelten lebendige, sehr interessante Fragen«, charakterisierte er gegenüber Zhang die Sitzungen mit den Vertretern des Volkskongresses.[47] Selbst beim wöchentlichen

Treffen der führenden europäischen Diplomaten schüttelte man tags darauf über so wenig Standfestigkeit nur den Kopf.[48]
Dafür meldet sich die deutsche Helga Trüpel doch noch zu Wort. Auf der Reise ins »chinesische Paradies« Hangzhou stößt sie wieder zur Delegation. In der Folge fällt sie vor allem mit Klagen über schlechten Kaffee und beim Einkauf von Seidenwäsche auf. Auf der Busfahrt nach Shanghai jedoch nimmt sie kein Blatt vor den Mund. »Wir sind hier mit einer Parlamentsdelegation und hatten ja das Treffen«, erklärt sie unverblümt einem deutschen Journalisten in einem Telefoninterview nach Europa. Die Atmosphäre »war gespannt, um nicht zu sagen feindselig. Die Lage ist sehr schwierig.«[49] Ah ja.

Am Abreisetag wird Wo Weihan, der beim EU-China-Treffen nicht zum Thema gemacht wurde, von Soldaten in Peking erschossen.

Zurück in der EU-Hauptstadt ist freilich verbal alles wieder im Lot. Beim aufwändig inszenierten Empfang für den Dalai Lama im Plenum in Brüssel Anfang Dezember 2008 deklamiert Parlamentspräsident Pöttering: »In unserem Dialog mit China haben wir die Pflicht, offen und aufrichtig unser Eintreten für unsere gemeinsamen Werte der Demokratie, des Rechts, der Menschenrechte und der Meinungsfreiheit zum Ausdruck zu bringen, die auf dem grundlegenden Prinzip der Würde des Menschen aufbauen. Würden wir aufhören, für diese Prinzipien einzutreten, würden wir uns selbst aufgeben.«[50]

Der schamlose Mai

Es kann offenbar nie genug sein.

Nach Silvio Berlusconis Italien führte Irland ein halbes Jahr lang den Vorsitz in der Union. Am 1. Mai 2004 hob die Ratspräsidentschaft in Dublin zum Beitritt von zehn neuen EU-Mitgliedern die Gläser. Zehn neue EU-Kommissare durften ab dem Tag der Arbeit in Brüssel ihre Büros beziehen – bei vollen Bezügen und mit exquisiten Mitarbeiterstäben, aber ohne Arbeitsbereich, denn die waren an die bisherigen Kommissionsmitglieder fest vergeben. Die Schwedin Margot Wallström, damals noch EU-Umweltkommissarin, klagte wenige Monate vor der großen, unüberlegten Erweiterung: »Wir wissen überhaupt nicht, wie das funktionieren soll. Ich wünschte, ich würde es wissen.«[51] Bereits zum 1. November 2004 wurde die gesamte, nunmehr 25-köpfige Kommission mit zumeist anderen Mitgliedern wieder neu bestellt, Wallström allerdings stieg zur stellvertretenden Kommissionschefin auf. Doch die kurze Zusatzperiode für ein paar Monate und zehn neue EU-Kommissare ohne konkrete Tätigkeitsbereiche reihen sich in die Liste der unzähligen EU-Verschwendungen ein – locker zehn Millionen Euro für den Schein.

Das Europäische Parlament wollte da in Straßburg nicht nachstehen. »Rivalisierende Eitelkeit«, nannte ein EU-Spitzenbeamter als wichtigstes Motiv und erläuterte in seinem ausladenden Büro, was Europas Volksvertreter für die Sitzungswoche im Mai im Schilde führten[52]: »Wir werden überhaupt keine normalen Legislativberichte haben, überhaupt nicht. Der Mai wird eine große politische Manifestation sein. Wir werden da die neue erweiterte Kommission einsetzen, formell.«

Fragesteller: »Aber es sind dafür vier Sitzungstage angesetzt.«

Spitzenbeamter: »Wir haben im Prinzip vier Tage, aber ich würde davon ausgehen, dass wir schon, wie sollen wir sagen, dass wir schon, mehr oder weniger, am Mittwochnachmittag werden wir aufhören. Wir haben ein großes Problem: Wir haben also unsere 626 Abgeordneten plus 162 von den neuen Ländern. Und wir haben die Reduktion, die (dann später nach der Wahl ab Juli) vorgesehen ist. Wir haben ganz einfach nicht die Möglichkeit, eine normale elektronische Abstimmung für 788 Leute durchzuführen. Wir werden nur am Ende ein oder zwei Abstimmungen haben, nicht lange Abstimmungen mit 100 Änderungsanträgen. So ist das.«

Frage: »Kann man das nicht auch an einem Tag machen?«

Spitzenbeamter: »Ja, ja, aber ich glaube, dass wir Montag die Fraktionssitzungen haben, Dienstag fangen wir an mit der großen Debatte, Mittwochmittag stimmen wir ab. Das ist eine namentliche Abstimmung. Für den Moment habe ich keine elektronische Lösung, dann müssen wir eventuell, ja, ja…« (macht eine Schreibbewegung)

Fragesteller: »Also mit der Hand machen.«

Spitzenbeamter: »Sooo, äääh.«

Fragesteller: »162 neue Parlamentarier nur für eine Session, dann sind Wahlen. Das ist eine aufwendige große Feierstunde.«

Spitzenbeamter: »Mmh, genau, und es muss als solche verkauft werden, das ist ganz klar. Aber normale legislative Arbeit, nein. Und unsere Ausschüsse wissen das auch. Da können wir nichts einbringen.«

Fragesteller: »Das sind viel Diäten für eine große Feierstunde.«

Spitzenbeamter: »Also, öh, kann man sagen, wir hatten sie ja eigentlich für früher vorgeschlagen, dass wir eine kleinere Sitzung haben sollten, nicht so lang. Aber am Ende wurde diese Frage dann mit der Sitzfrage (der Standortfrage) verbunden. Sie wissen, wie das ist, und dann haben wir also eine viertägige Sitzung trotzdem in Straßburg angesetzt. Ich würde aber davon ausgehen, dass wir schon mehr oder weniger am Mittwoch die Arbeit erledigen.«

Frage: »Aber vom offiziellen Ablauf her, also Sitzungsgelder und so, bleibt das eine normale Sitzungswoche?«

Spitzenbeamter: »Ja, natürlich.«

Die Kosten für den Steuerzahler allein für diese überflüssige Tagungswoche: eine Million Euro für Sitzungsgelder, etwa zwei Millionen Euro für Reisekosten plus Übersetzungskosten plus der Aufwand für die anreisenden Beamtenheere, die Assistenten und so weiter. Und selbstverständlich liefen in dieser Zeit die Gehälter der Abgeordneten weiter, die bis zum Juli 2009 noch von den Steuerzahlern im jeweiligen Mitgliedsstaat aufgebracht werden müssen.

Neuerlich warf dieser schamlose Mai ein intensives Schlaglicht auf den offiziellen Parlamentssitz Straßburg, wie er in den bestehenden EU-Verträgen festgelegt ist und auf den Frankreichs Regierung wider aller Vernunft beharrt. So fallen jährlich 250 Millionen Euro Extrakosten an, weil die Parlamentarier vor allem und auch sinnvollerweise in der EU-Hauptstadt Brüssel aktiv sind. Dort befindet sich die gesamte Infrastruktur, dort laufen die Informationsstränge zusammen, dort werden die Sachfragen vorangebracht, dort sind die meisten Mitarbeiter tätig. Doch zwölf Mal im Jahr verlassen LKW-Kolonnen mit wuchtigen Stahlkisten voller Akten die EU-Hauptstadt, transportieren alles nach Straßburg und kehren eine Woche später mit denselben Aktenbergen wieder zurück. Ein irrwitziger Reisezirkus, der vor allem diejenigen bremst, die ernsthaft arbeiten wollen. Jeden Monat geht ein Werktag nur durch diese unnötigen An- und Abreisen verloren, wichtige Unterlagen, die unerwarteterweise benötigt werden, bleiben oft zurück, nach jedem Umzug muss alles auch wieder eingeräumt werden.

Wenigstens wächst der Widerstand gegen diese Praxis der doppelten Standorte. Doch die Parlamentsoberen kauften inzwischen für mehr als 450 Millionen Euro den bislang nur angemieteten Straßburger Gebäudekomplex. Dem Bauträger SERS, an dem die Stadt Straßburg beteiligt ist, wurde damit geholfen, der Pleite zu entkommen. 2005 wurden auch noch Nebengebäude für 130 Millionen Euro auf Kosten der Steuerzahler erworben. Danach stellte sich heraus, dass die Gebäude mit Asbest verseucht sind.

Auch so verkommt das Europäische Parlament, das unverzichtbar die Stimme der einzelnen Bürgerinnen und Bürger in Europa zu Gehör bringen und jeweils sachgerecht entscheiden sollte, zur Skandalmaschine.

Weiße Schafe

Selbstverständlich gibt es auch rechtschaffene, seriöse und engagierte Politiker im umfassenden Sinn. Nur wo und welche?

Ein weißes Schaf ist etwa Harlem Désir, ein Franzose schwarzer Hautfarbe. Nach allen vorliegenden Informationen ist er nicht nur fleißig und vertritt seine Anliegen konstant, sondern fällt auch durch seine finanzielle Redlichkeit angenehm auf. Desir ist einer der Mitbegründer der Menschenrechtsorganisation SOS racisme in Paris, sehr viel auf Achse und unbeirrbar aktiv in der Fraktion der europäischen Sozialdemokraten im Europaparlament.

Caroline Lucas, ein weiteres weißes Schaf, ist Britin und grün. Sie lässt sich im Industrieausschuss des Europa-Parlaments nicht verbiegen, publiziert Sachbezogenes, war lange bei der entwicklungspolitischen Organisation Oxfam. Souverän vertritt sie ihre Überzeugungen, auch wenn sie in entscheidenden Punkten von einer andersdenkenden Mehrheit überstimmt wird.

Ein drittes weißes Schaf ist Paul Schlyter, ein schwedischer Grüner. Unbeirrt vertritt er einen EU-kritischen Kurs, ist aber weltoffen und enorm sachkompetent. Seriös treibt er Reformen voran, engagiert sich glaubwürdig, besitzt eine seltene Handschlagqualität und Verlässlichkeit.

Gemeinsam ist allen drei Personen, dass ihre Berufslaufbahn nicht nur Parteikarrieren einschließt, dass sie extrem fleißig sind, bei aller Loyalität in Grundsätzen dennoch selbstständig denken und sich nicht brechen oder korrumpieren haben lassen. Sie sind glaubwürdig und vertrauenswürdig. Sie haben Überzeugungen und vertreten diese auch. Und alle drei haben es trotzdem »geschafft«. Doch sie gehören keineswegs zur Mehrheit.

Das teure Tabu der Deutschen

Zahlen ohne Ende

> »Keines von des Kaisers Kleidern
> hatte jemals so viel Anklang gefunden.
> ›Aber er hat ja gar nichts an!‹, sagte ein kleines Kind.
> ›Er hat nichts an!‹, rief zuletzt das ganze Volk.
> Und den Kaiser schauderte es, denn er fand,
> sie hätten recht.«
>
> *Hans Christian Andersen,*
> *»Des Kaisers neue Kleider«*

Gerhard Dieterle ist keiner, der große Sprüche klopft, er überlegt und wägt ab. Nicht nur die verfrühte Herbstsonne im August zeichnet sein bärtiges Gesicht weich. Er ist ein verständiger Familienvater, drei Kinder. Alle mit derselben Frau? »Selbstverständlich«, sagt er, wenn da nachgehakt wird.[1] Was für eine abwegige Frage. Seit 1979 ist er schon verheiratet, selbstverständlich hat er auch immer seine Steuern bezahlt. Und die Kinder? »Sie funktionieren, wie ich funktioniere, meine Tochter arbeitet und zahlt ihre Steuern, die anderen sind auf dem besten Weg, das auch bald zu tun.«

Gerhard Dieterle ist einer, wie man sich in aller Welt einen demokratischen Bilderbuch-Deutschen vorstellt. Rechtschaffen, fleißig, reiselustig, Lehrer. Samstags um zwölf Uhr trifft er sich mit Freunden zum Cappuccino im »Piccolo«, seinem italienischen Stammcafé in Tübingen. Pünktlich. Doch in letzter Zeit erschrickt er fast über das, was ihm politisch durch den Kopf geht.

»Ich habe noch nie rechts gewählt«, sagt er, damit man ihn nur ja nicht falsch verortet. In Tübingen wäre dies auch ungewöhnlich, erst recht im »Piccolo«. Hinter der Bar steht

Michele, eine Institution. Seine Cappuccini sind legendär. Michele zog schon aus den Abruzzen ins Schwabenstädtchen, bevor Gerhard Dieterle heiratete. Der grüne Polit-Ex-Star Rezzo Schlauch, der fast Bürgermeister im nahen Stuttgart geworden wäre, verkehrt hier. Und Boris Palmer, wohl ein zukünftiger Politstar der deutschen Grünen, der es schon im ersten Wahlgang mit absoluter Mehrheit zum Bürgermeister von Tübingen schaffte. »Affenfelsen« nennen Einheimische und die vielen Studenten den kleinen Hügel vor Micheles »Piccolo«, weil da bei schönem Wetter die lokalen Promis die weißen Gartenstühle besetzen.

Dieterle ist Berufsschullehrer, Fachgebiet Nahrung. »Die EU bläht sich doch auf«, beginnt er, seinen unkorrekten Unmut anzusprechen. »Bei der Gesetzgebung für Lebensmittel war die Bundesrepublik Deutschland doch schon früher eines der strengsten Länder. Das wurde aber noch getoppt durch EU-Vorschriften. Wenn jetzt jemand eine Fleischerei weiterfahren will, muss er sie umbauen und so viel investieren, dass es sich auf seine Lebenszeit gar nicht mehr lohnt. Das amortisiert sich nicht mehr. Nur die Großen können sich das leisten. Darum werden so viele Geschäfte geschlossen. Auch in vielen anderen Bereichen trifft das viele Kleine. In Deutschland ist man sehr gesetzeskonform, da setzt man alles um.«

In anderen Ländern werde damit anders umgegangen. »Man muss natürlich aufpassen, dass man nicht in ein Klischee verfällt«, ermahnt sich Dieterle. »Doch in Griechenland oder Italien ist die Mentalität anders, da finden die einen Weg.« Selbstverständlich sei die EU »gut für den Weltfrieden. Aber für den inneren Frieden? Da gibt es doch die Gefahr, dass es explodiert.« Vieles könne er nur »spüren, da fehlen mir die genauen Zahlen und Informationen«. Im Internet »habe ich schon versucht, mich schlau zu machen, wie viel Geld nach Brüssel und wie viel davon zurückfließt. Da gibt es Seiten ohne Ende, etwa zu angeblich häufig gestellten Fragen zur EU, doch es wird nicht klar, das ist so was von verwirrend.«

In der EU, so fürchtet er jedenfalls, »sind wir doch die Zahlmeister. Es wird so viel über das Scheckheft gelöst. Dabei liegt das Schaffige hier doch im Blut von uns Menschen, das Rührige. Es kann doch nicht sein, dass man dafür auch noch bestraft wird.«

Der 54 Jahre alte Lehrer blickt sich um. »Ich traue mir das aber gar nicht zu sagen, weil man damit gleich ins rechte Eck gestellt wird.«

Mit dieser Politkeule im Nacken wird fast jede grundsätzliche EU-Kritik zu einem Tabu in Deutschland. Das historische Trauma, zwei Weltkriege verantworten zu müssen, blockiert in Politik und Medien zwischen Schwäbischem Meer und Nordsee das Thema Europa. Zugespitzt heißt dies: Die Europäische Union hat gut zu sein, weil sie als Friedensprojekt und Binnenmarkt den Rückfall in Nationalstaaterei und Protektionismus verhindert. EU-Kritiker hingegen sind böse, sogar wenn sie eklatante Missstände ansprechen. Das stigmatisiert auch die wenigen Journalisten, die sich dem EU-Mainstream widersetzen und in Brüssel nachbohren.

Doch Dieterles Meinung wird in Deutschland von Millionen Mitbürgern geteilt, vermutlich ist sie schon mehrheitsfähig. Wissenschaftlich unabhängig erfasst und regelmäßig ausgewertet wird die Einstellung der Deutschen zur EU aber nicht. Das gehört zum politischen Absurdistan im größten EU-Staat.

Interessierte können sich nördlich des Bodensees zwar ausführlich, umfassend und zur besten Sendezeit über die Ansichten von Wählern bei regionalen Urnengängen informieren wie zuletzt im Januar 2009 in ARD und ZDF zur Wahl im Bundesland Hessen.[2] Für ein bundesweites Publikum wurden da Einstellungen und Motive auch kleiner Wählergruppen aufbereitet, Trends analysiert, zu Sachfragen ebenso wie zur Glaubwürdigkeit der Parteien. TV-Zuseher erfuhren etwa, dass in Hessen 59 Prozent der Bürger klagen: »Wirkliche Alternativen stehen nicht zur Wahl.«[3]

Wie aber steht es mit der detaillierten Befindlichkeit in

Deutschland gegenüber den EU-Machthabern, die den Start-
schuss für 84 Prozent aller in der Bundesrepublik geltenden
Gesetze geben?[4] Wie beurteilen die Deutschen den Lissabonner EU-Reformvertrag, der das Gefüge der Union vermutlich über eine Menschengeneration hinaus prägen wird, sofern er Anfang 2010 in Kraft tritt? Welche Kompetenzen
soll Brüssel behalten, welche abgeben? Soll die EU nur die
Finanzmärkte an die Kandare nehmen und ansonsten weiter
deregulieren?

Wollen die Bundesbürger ihre politischen Repräsentanten
in Rat und EU-Kommission per Volkswahl bestimmen? Wie
stünde es mit einer persönlichen Direktwahl von Kandidaten
statt einem Absegnen von vorfabrizierten nationalen Partei-
listen zur Europawahl im Juni 2009? Es ist, als ob die welt-
führende Tageszeitung *The New York Times* die Überlegungen von US-Wählern gegenüber der Politik in Washington
nur am Rande und ohne Tiefgang vermelden würde. Oder
profaner: Die Berichterstattung über die EU ähnelt den Auf-
klärungsbroschüren der 60er-Jahre des vergangenen Jahrhunderts. Ein paar mechanische Hinweise, aber wenig Butter
bei die Fische. Das Tabu greift.

So bleibt zur kontinuierlichen Orientierung fast nur das
»Eurobarometer«, eine zweifelhafte Quelle. Seit 1978 beobachtet die Generaldirektion für Kommunikation der EU-
Kommission mit diesem Instrument die allgemeine Stimmung in den Mitgliedsländern. Die Hauptfrage wird alle
sechs Monate gestellt: »Hat Ihrer Meinung nach Deutschland
insgesamt gesehen durch die Mitgliedschaft in der Europäischen Union Vorteile oder ist das nicht der Fall?« Als Antworten sind nur möglich: »Vorteile«, »keine Vorteile« oder
»Weiß nicht«.[5]

Jeder Student lernt im Statistik-Grundkurs, dass einer Fra-
gestellung die Seriosität fehlt, wenn die positive und negative
Antwortmöglichkeit nicht gleich gewichtet ist und nicht dif-
ferenziert erwidert werden kann. Doch der EU-finanzierte
und EU-kontrollierte Eurobarometer lässt die Antworten

»Nachteile«, »eher Nachteile«, »eher Vorteile«, oder auch »Vorteile und Nachteile«, gar nicht zu.

Selbst auf die vorgegebene EU-Suggestivfrage ist die Replik der Deutschen keineswegs berauschend. 58 Prozent der 1526 repräsentativ befragten Bundesbürger sahen im Oktober 2008 »Vorteile« in der EU-Mitgliedschaft. Zu diesem Zeitpunkt war die globale Finanzkrise schon voll ausgebrochen. Im Lichte der damals inbrünstigen Beteuerungen aus Brüssel, die EU-Mitgliedsstaaten könnten nur gemeinsam wirksam gegensteuern, muss das Ergebnis das EU-Establishment regelrecht enttäuschen. EU-weit liegt die aktuelle Zustimmung auch nur bei ernüchternden 56 Prozent, in Österreich gar nur bei 47 Prozent.[6]

Danach gefragt, ob sich »die Dinge generell in der Europäischen Union in die richtige oder in die falsche Richtung bewegen«, antworteten lediglich 41 Prozent der Deutschen, dass der Kurs grundsätzlich stimme (EU-weit 35 Prozent, Österreich 26 Prozent). Auch dies ein unübersehbarer Hinweis, dass es in der Bevölkerung grummelt.

Dem widerspricht nicht, dass 64 Prozent der deutschen Bevölkerung in Summe die EU-Mitgliedschaft »generell für eine gute Sache« halten, gegenüber einem langjährigen Durchschnitt in allen EU-Mitgliedsstaaten knapp über 50 Prozent.[7] Die Iren stimmen der EU sogar zu 67 Prozent zu, lehnten aber im Sommer 2008 spektakulär den EU-Reformvertrag ab und werden seither medial oft fälschlich als »Anti-Europäer« beschrieben (siehe Kapitel »Der Schicksalsvertrag«). Auch die Niederländer, die 2005 bereits gemeinsam mit den Franzosen die EU-Verfassung zu Fall brachten, bekennen sich zu 80 Prozent zur Union. »Ja« zu einem gemeinsamen Europa, aber »Nein« zu dieser undemokratischen Bürokraten-EU, das entspricht doch einer quer über den Kontinent weitverbreiteten Geisteshaltung.

Viel zu viele der EU-Entscheidungsträger können oder wollen dies nicht begreifen. »Aus der Umfrage ergibt sich für mich, dass die Mehrheit der Deutschen verstanden hat,

dass kein Land die europäische Einigung mehr braucht als
Deutschland, und dass auch kein anderes Land stärker von
der europäischen Einigung profitiert, politisch und wirtschaftlich«, kommentierte etwa der deutsche EU-Kommissar
Günter Verheugen die jüngsten Eurobarometer-Resultate.[8]
Für eine derartige Sichtweise ist in der Tat eine dicke Brille
vonnöten. Denn auf Seite 63 dieser Untersuchung, die Verheugen im Januar 2009 exklusiv auf »Spiegel Online« präsentierte, ist nachzulesen: »In Deutschland herrscht die Mehr-
heitsmeinung, dass die Erweiterung der EU von 15 auf 27 die
Europäische Union geschwächt hat.«[9]

Unmittelbar unter diesem Satz findet sich eine Grafik mit
den konkreten Zahlen: Lediglich 38 Prozent der Deutschen
sehen die EU durch die große Erweiterung ab 2004 als »ge-
stärkt«, 48 Prozent hingegen als »geschwächt« (bei 14 Prozent »weiß nicht«). EU-weit ist die Einstellung nur in Österreich noch negativer: 33 zu 57 Prozent.

Verheugen dürfte bei seiner falschen Darstellung die eigene
Vita den Blick getrübt haben, da er von 1999 bis 2004 in der
EU-Kommission für die Verhandlungen mit den zwölf Er-
weiterungskandidaten persönlich verantwortlich war.

Doch bei aller Nachsicht: Was, fragt sich ein politisch interessierter Nichtdeutscher wie der Autor dieses Buches, geht
da ab?

Mangelndes Selbstbewusstsein kann es nicht sein. Deutschland im Jahr 2009 ist die höchstentwickelte Demokratie unter
den großen Staaten dieser Welt. Eine ausgeprägte, bewährte
Rechtsstaatlichkeit, eine vergleichsweise umfassende Freiheit,
hervorstechende Sachkompetenz und eine immer noch beste-
chende Präzision sind in der 1949 gegründeten Bundesrepublik zu Hause. Chapeau, bei dieser Geschichte! Als Österreicher möge mir dieses Lob erlaubt sein, erst recht bei unserer
Geschichte. Die Auseinandersetzung mit der realen EU
bräuchten Deutschlands Meinungsführer wahrlich nicht zu
scheuen, so wenig wie seine Bürger. Erklärt bitte Brüssel zur
tabufreien Zone, im Interesse der Demokratie!

Ein weiter anhaltendes EU-Tabu plus Meinungsmanipulation hilft doch nur politischen Kräften, die damit vermeintlich bekämpft werden sollen – den Radikalen. Wer EU-Kritiker gleich zu EU-Gegnern stempelt und sachliche EU-Kritik als reaktionär und nationalistisch diffamiert, arbeitet in Wirklichkeit den Rechtsaußen in die Hände. Wenn Bürger ihre ernsthaften Bedenken zur EU nur in diesen Kreisen artikuliert sehen, werden sie eines Tages zu den Wählern der Falschen, die auf ihre berechtigten Sorgen die wirklich falschen Antworten geben. Österreich ist da ein mahnendes Beispiel.

Was als politisch korrekt eingesetzte Nazikeule derzeit in Deutschland noch so effektiv zu wirken scheint, kann sich schon bald als Bumerang erweisen. Denn die tatsächliche Stimmungslage und Einschätzung gegenüber der EU sind weitaus schlechter als ihre mediale Spiegelung. Aus fallweisen Umfragen deutscher Institute, wie etwa in Allensbach, lässt sich eine Zustimmungsrate zur EU ablesen, die eher bei 25 Prozent als bei den vom Eurobarometer ermittelten 64 Prozent liegt.[10] Vieles spricht also für ein »Erdulden« von Brüssel in der Bevölkerung. Die Gemeinschaft muss sein, ist der Konsens. Aber sie sollte ganz anders funktionieren. Ohne politisches und mediales Ventil sind Deutschlands Bürger in EU-Fragen eingezwängt wie in einen fest geschlossenen Dampfdrucktopf, der sich durch die nunmehrige globale Wirtschaftskrise beständig erhitzt.

Die dummen Deutschen

In den Hauptstädten der anderen EU-Mitgliedsländer weiß man über das EU-Kritiktabu in Deutschland und kalkuliert damit. Die bundesdeutschen Steuerzahler entrichten dafür einen stolzen Preis.

Wenn es bei Verhandlungen in Brüssel eng wird, so kann man sich auf bestimmte Konstanten verlassen. Den Vertretern Frankreichs etwa ist der offizielle Sitz des Parlaments in

Straßburg sakrosankt, obwohl in Brüssel die gesamte parlamentarische Infrastruktur zur Verfügung steht und sich der Arbeitsalltag der Abgeordneten sinnvollerweise weitgehend auf Brüssel fokussiert. Das monatliche Pendeln nach Straßburg, so unsinnig es ökonomisch und auch demokratiepolitisch wegen des Effizienzverlustes für die Parlamentarier ist, wird damit zum Faustpfand für die anderen Verhandlungspartner. Auch sie haben oft eigene Wünsche, und die Franzosen zeigen sich ihnen gegenüber erwartbar entgegenkommend, nur um das Prestige, das Europaparlament im eigenen Land zu beherbergen, weiter pflegen zu können.

Bei den Deutschen können die Mitverhandler darauf zählen, dass sie sich nie als schlechte Europäer dargestellt sehen wollen. Und so darf jede wichtige Einigung auch Milliarden kosten. Ein historisches Paradebeispiel liefert das Gezanke um den EU-Finanzrahmen für die Jahre 2007 bis 2013, mithin um die Aufgliederung von sieben Jahresbudgets über jeweils mehr als 125 Milliarden Euro.

Über Jahre steuerten die EU-Staaten auf einen Showdown zu. Die Briten wollten ihren Beitragsrabatt, den noch Premierministerin Margaret Thatcher ausgehandelt hatte, nur einkürzen, wenn im Gegenzug endlich auch die EU-weiten Agrarförderungen verringert würden. Sie sichern vor allem Großbauern im europäischen Süden und Frankreichs Agrarkonzernen Milliardenzuschüsse. Der damalige Staatspräsident Jacques Chirac blockierte selbstredend, Tony Blair, der im zweiten Halbjahr 2005 außerdem noch die EU-Ratspräsidentschaft innehatte, schäumte. Die Entscheidung musste unter seiner Führung im Dezember beim EU-Gipfel fallen. Die Atmosphäre war besonders knisternd, weil im Frühsommer auch noch die EU-Verfassung bei den Volksabstimmungen in Frankreich und in den Niederlanden durchgefallen war.

In der Nacht auf den 16. Dezember 2005 drohte im Justus-Lipsius-Gebäude, dem Sitz des Rates in Brüssel, das große Scheitern. »Der Granit-Kubus besitzt die Anziehungskraft eines Grabsteins, seine Innenarchitektur changiert zwischen Kleinstadt-Eisdiele und Gefängnisflur«, beschreibt *Zeit*-Korrespondent Jochen Bittner das gestalterisch so bezeichnend missratene EU-Machtzentrum.

Chirac gab schon am frühen Abend im muffeligen Saal 20.4 eine Pressekonferenz, präsidial allein mit Flagge, ohne begleitenden Sprecher neben sich, und sichtlich verstimmt. Blair war abgetaucht, irgendwo in den Weiten der Verhandlungsfinsternis. Angela Merkel hatte gerade erst in Berlin die Regierungsgeschäfte übernommen, als Kanzlerin war sie in Brüssel eine Newcomerin, entsprechend gering die Erwartungen an sie.

14 Milliarden für ein Schlagzeilenlob

Doch dann geschah das deutsche Wunder. Um vier Uhr morgens verbreiteten die Brüsseler Auguren die Kunde. Blair willigte auf sofortige Abstriche beim Britenrabatt ein und gab sich mit einem bloßen Versprechen Chiracs zufrieden, in Zukunft die Agrarpolitik zu reformieren. Nach der historischen Einigung klopften alle auf Angela Merkels Schultern. Es war absichtsvoll.

»Sie spielte hinter den Kulissen des EU-Gipfels eine Schlüsselrolle«, wusste der britische linksliberale *Guardian* zu berichten. »Sie sprach lange, ohne in den Datenblättern nachschlagen zu müssen«, zitierte die EU-kritische Londoner *Times* gar einen Teilnehmer der Gespräche und schwärmte: »Frühere Physikerin findet die magische Formel.« Merkel, so die *Times* weiter, »sieht die französisch-deutsche Achse nicht mehr als wichtigsten Motor Europas, sondern agiert als unabhängige Vermittlerin«. Wow.

So viel Lob für eine deutsche Regierungschefin in der englischen Presse – das fand unverzüglich Widerhall in den deutschen Medien, zumal auch französische und italienische Zeitungen sich ähnlich beeindruckt zeigten. »Merkel erschien als diejenige, ohne die Europa einer neuen Krise nicht hätte entrinnen können«, befand der konservative *Le Figaro*. »Dies trug dazu bei, dass Tony Blair sein Gesicht wahren konnte.« Die Mailänder Zeitung *Corriere della Sera* schrieb unter dem Titel »Der Mut Angelas«: »Auch Jacques Chirac hat gewonnen, weil von ihm kaum etwas verlangt wird.« Der Hamburger »Spiegel Online« fasste all dies in der Überschrift zusammen: »Ausland feiert Merkel als neuen Star.«[11]

Worin bestand nun »der Mut Angelas«, was war ihre »magische Formel«? Wie üblich wurde die Antwort darauf in Textpassagen der EU-Gipfelbeschlüsse versteckt, so dass sie auch EU-Finanzexperten erst nach Tagen entdeckten. Die »Spindoktoren«, also die PR-Profis im Dienste der Regierungstrosse und ihrer Parteiführer, hatten da dem Ereignis längst erfolgreich den erwünschten medialen »Dreh« verpasst. Die Medienberichterstatter aus Brüssel waren längst abgereist, die Kommentatoren hatten an ihren Schreibtischen in den Redaktionszentralen längst ihr Urteil in die Tastaturen gehämmert.

Der *Berliner Zeitung* blieb die Aufdeckung vorbehalten, dass Merkels medialer Glamour teuer erkauft war. Statt mit 8,5 Milliarden Euro – wie es bis zur Verhandlungsnacht der Kanzlerin galt – muss Deutschland von 2007 bis 2013 mit mindestens 10,4 Milliarden Euro an Nettozahlungen an Brüssel rechnen – jedes Jahr.[12] Das Schlagzeilenlob schlägt sich beim deutschen Steuerzahler mit einer Mehrbelastung von zumindest 14 Milliarden Euro nieder.

Die Europäische Union hat ja selbst nicht das Recht, Steuern oder Abgaben zu erheben, damit also keine Finanzhoheit. Sie erhält ihre Mittel von den EU-Mitgliedsstaaten, darunter Einnahmen aus Zöllen und Mehrwertsteuer, vor allem jedoch einen Finanzbeitrag, der sich auf die jeweilige Wirtschaftskraft bezieht. Der Nettobetrag ergibt sich aus der Differenz zwischen Geldern, die nach Brüssel fließen, und den Zahlungen, die wieder zurückkommen, insbesondere für Agrar- und Regionalsubventionen, aber auch für Forschung. Nur ein

Drittel der EU-Staaten ist Nettozahler. Die Briten handelten für sich ab 1984 einen Rabatt von 66 Prozent auf ihren Netto-beitrag aus, der nun bis ins Jahr 2013 langsam und auch nur teilweise abgeschmolzen wird.

Schon bis 2007 finanzierte Deutschland den EU-Netto-haushalt mit durchschnittlich 35 Prozent, obwohl nur 22 Pro-zent der EU-Bürger im größten EU-Staat leben.[13] Mit den EU-Beitritten von Bulgarien und Rumänien sinkt der EU-Bevölkerungsanteil der Deutschen auf 16,5 Prozent, mit der Merkel-Aktion steigt der Nettobeitrag an den EU-Zahlungen jedoch auf über 50 Prozent. Noch unmittelbar vor dem fol-genschweren EU-Gipfel, am 3. Dezember 2005, hatte Finanz-minister Peer Steinbrück medienwirksam kundgetan: »Für Deutschland muss es ganz klar darum gehen, dass unsere Nettozahlerposition nicht weiter ausgeweitet wird. Im Ge-genteil: Unsere Nettozahlungen müssen geringer werden, und wir brauchen auch eine für die Mitgliedsstaaten verkraft-bare Obergrenze bei den Ausgaben der EU.«[14] Da lohnt sich ein nochmaliger Blick auf dieses Zitat: »Ganz klar«, beteuert da Steinbrück. »Zahlungen müssen geringer werden«, legt sich Steinbrück fest. »Im Gegenteil«, sagt Steinbrück auch, wenn auch ganz anders gemeint. Eben.

Doch wen bekümmert's? Die neuen Berechnungen wur-den am Tag vor Heiligabend veröffentlicht, die Extra-Milliar-den für Brüssel gingen unter. So bescherte Kanzlerin Merkel einen Monat nach ihrer Amtseinführung den Deutschen 2005 das teuerste Weihnachtsgeschenk in ihrer Geschichte. Und es wurde kaum wahrgenommen, denn nach den Feier-tagen fanden gleich andere Themen den Weg auf die Titelsei-ten und in die TV-Nachrichten. Neuere, interne Schätzungen lassen inzwischen sogar den Schluss zu, dass die Kosten der Brüsseler Einigungsnacht mehr als 20 Milliarden Euro betra-gen werden.[15]

Die grüne Europa-Abgeordnete Helga Trüpel meinte, Merkel habe »aus nationaler Sicht nicht sehr gut« verhandelt, »für Europa allerdings seien die deutschen Zugeständnisse

richtig gewesen.«[16] Ja, stimmt denn das? Wo sind die über-
zeugenden Belege dafür? Ist es nicht vielmehr so, dass andere
Staatenlenker um die Spendierfreudigkeit der Deutschen wissen und sie einfach gewinnbringend ausnutzen?

Was wäre ohne die Merkel-Milliarden geschehen? Man
hätte weiter verhandeln müssen. Und dabei wäre vielleicht
endlich einmal die Milliardenverschwendung durch die EU-
Bürokratie zum Thema geworden. Und die 50 jährlichen
Agrarmilliarden, die in Milchkühe, Olivenbäume und Schaf-
herden investiert werden statt in Universitäten und Forschung wie in China oder wohl bald auch in den USA. Mehrere Dutzend Euro-Milliarden ließen sich im EU-Getriebe
zielgenau einsparen, jedes Jahr. Allein in Programmen der
EU-Kommission wird im Bereich der operativen Kosten, die
in konkrete Förderungen fließen müssten, ein Milliarden-
betrag für zusätzlichen Personalaufwand verborgen. Mit der
deutschen Nachgiebigkeit werden die verantwortungslosen
Zustände EU-weit zementiert und die so dringend notwendigen Grundsatzreformen immer länger aufgeschoben.

Keine Frage, die deutschen Milliarden für Brüssel, zunächst
in D-Mark und nun in Euro, haben Türen geöffnet und die
deutsche Exportwirtschaft beflügelt. Historisch. Doch gilt
dies immer noch? Mehr als vier Milliarden Euro jährlich erhält Spanien weiterhin, auch nach den großen EU-Erweite-
rungen. Wozu? Als eine Art Schweigegeld? Als Zustim-
mungsprämie zur vorschnellen Osterweiterung der Union?
Wer konkret profitiert auf der Iberischen Halbinsel, auf der
auch Portugal jährlich mit knapp drei Milliarden Euro netto
aus dem Brüsseler Füllhorn bedient wird?

Entlang den zugemauerten Stränden und kaum je ausge-
lasteten Autobahnen an Atlantik und Mittelmeer kann jeder
Urlauber erkennen, wo und wie Milliarden vergraben wurden. Ja, noch immer gibt es Armut in Spanien und Portugal.
Doch die gibt es, welch Frevel, dies als liberaler Demokrat in
diesem Zusammenhang niederzuschreiben, auch in Deutschland. Und vor dem großen Finanzkollaps, den die EU-Ver-

antwortlichen durch ihr jahrelanges Ignorieren der Gefahren mit ermöglicht haben, hatte diese Armut auch im Westen der deutschen Republik schon deutlich zugenommen. Durch die Crashfolgen wird es noch ernster.

Wie wäre es, die gängige Argumentation zu den EU-Subventionen auf den Kopf zu stellen? Die These lautet dann: Weil über Jahrzehnte zu viele Euro-Milliarden ungezügelt und spekulantentauglich nach Spanien flossen, wurde damit der Bauboom so überhitzt, dass nunmehr die Blase platzte. Und was »gut für die Wirtschaft« ist, ist schon länger nicht mehr automatisch gut für den durchschnittlichen deutschen Arbeitnehmer. Auch durch den deutschen EU-Geldregen wandten sich zahlreiche Staaten schneller der Union zu, als es, nüchtern kalkuliert, ökonomisch und auch politisch sinnvoll gewesen wäre. Für Großunternehmen ersetzte die Europäische Union das in den 90er-Jahren des vergangenen Jahrhunderts gescheiterte »Multilateral Agreement on Investment«, kurz »MAI«. Betrieben von der OECD, der Organisation der entwickelten Staaten mit Sitz in Paris, sollte damals ein weitreichender Schutzschirm für transnationale Investoren aufgespannt werden. Im Rahmen neuer universeller Investitionsregeln wurde die weitestgehende Handlungsfreiheit globaler Unternehmen angepeilt, nationale Eingriffe sollten äußerst erschwert, Verstaatlichungen verunmöglicht werden. Umweltschutz und Arbeitsgesetze wären vielerorts verwässert worden. Als der konkrete Plan an die Öffentlichkeit gelangte, machten Nichtregierungsorganisationen rund um den Erdball dagegen mobil. In diesem Fall schnappte die Globalisierungsfalle nicht zu, die französische Regierung brachte 1998 durch ihren Rückzug das Projekt zu Fall.

Dies beförderte die Konzentration zahlreicher ökonomischer Global Player mit Stammsitz in Europa auf den EU-Binnenmarkt. Wenn sich schon der Erdball nicht ungehemmt erschließen ließ, so doch die EU. Ist dies in dieser Form im Interesse der Mehrheit der deutschen Bürger? Wenn die Realeinkommen wie so lange Zeit stagnieren oder durch die

Steuerlast rückläufig sind: Wo bleibt der Nachweis, dass die deutschen Investitionen in die EU-Töpfe ökonomisch nicht nur wenigen nützen? Wo blieb denn die vielfach verkündete »Friedensdividende« nach dem Fall des Eisernen Vorhangs für alle? Wo sind die seriösen Kosten-Nutzen-Rechnungen für jenen nächtlichen Durchbruch der Kanzlerin, wofür sich am Ende alle EU-Gipfelteilnehmer feiern ließen? Nur der *Corriere della Sera* äußerte 2005 unverzüglich Skepsis: »Aber wenn es stimmt, dass nun Chirac, Blair und Merkel gewonnen haben: Ob beim Gipfel in Brüssel auch Europa gewonnen hat, das ist eine Sache, die es erst noch zu beweisen gilt.« Seit mehr als drei Jahren ist dieser Beweis nun ausständig. Es bleiben 14 Milliarden Euro zusätzliche Zahlungsverpflichtungen und einige wohlmeinende Schlagzeilen. Merkel Superstar. Deutschland gut. Oder auch: So dumm sind die Steuerzahler zwischen Rosenheim und Flensburg, dass sie sich dies gefallen lassen.

»9,4 Milliarden für Deutschland«, meldete die *Bild*-Zeitung im Frühsommer 2008 auf ihrer Titelseite: »Die EU überweist Deutschland bis Ende 2014 9,4 Milliarden Euro zum Abbau der Arbeitslosigkeit. Laut Arbeitsminister Olaf Scholz (SPD) kommt das Geld zwei Millionen Bundesbürgern zugute.«[17] Das klingt gut. Nur: Im gleichen Zeitraum überweist der deutsche Steuerzahler mehr als 160 Milliarden Euro nach Brüssel an EU-Beiträgen. Brutto. Und davon netto? Siehe oben.

Im Verhältnis zu den Mitteln für die Konjunkturprogramme, welche die EU-Institutionen zur Bekämpfung der Weltwirtschaftskrise auflegen, fehlt jede Proportion. Denn da stehen bis 2010 lediglich 30 Milliarden Euro zur Verfügung, der Großteil davon als Kredite der Europäischen Investitionsbank. Lächerlich. Wo bleibt dann die stets beschworene Ehrlichkeit der Politik über den explodierenden Nettobeitrag unter dem »EU-Finanzrahmen 2007–2013«? Reale Kostenabschätzungen und Untersuchungen über die Folgewirkungen dieser EU-Entscheidungen erreichen keine breitere

Öffentlichkeit, sofern es sie überhaupt gibt. Unter solchen Bedingungen wäre es fatal, der Europäischen Union die Finanzhoheit einzuräumen, wie dies so viele Europapolitiker fordern, um die angeblich irreführende Debatte über die Nettobeiträge zu beenden, und wie dies rund um den EU-Reformvertrag auch angepeilt wird. Ohne Transparenz, ohne tief greifende Bürokratiereform, ohne demokratische Verantwortlichkeit wäre das Recht für den EU-Apparat, selbstständig Steuern festzulegen und einzuheben, wie die freizügige Lieferung von Ölkanistern an einen notorischen Brandstifter.

So ist die deutsche Zahlmeisterei keineswegs so gut für die EU, wie gerne Glauben gemacht wird. Die europäische Gemeinschaft ist ein Gebilde im Wachstumsprozess. Vielfach gleicht der deutsche Politikauftritt in Brüssel einem schuldbewussten Vater, der immer und überall nachgibt, von den pubertierenden Kindern aber hinter dem Rücken ausgenützt und verlacht wird. Als österreichischer Bürger, der Deutschland schätzt und mag, kann man das unverstellt beobachten und darf sich Sorgen machen. Und in Deutschland? Auch 64 Jahre nach dem Ende des Zweiten Weltkriegs, 20 Jahre nach dem Mauerfall – bleibt alles ein Tabu, gar auf ewig?

Österreicher im Boot

Im oft anbiedernden Schlepptau lassen sich Österreichs Politiker in Brüssel häufig vom deutschen Politkorps mitziehen. Sie nicken ab und tragen mit, was von den großen Nachbarn im Norden ausverhandelt wird. So wurden zum EU-Beitritt im Jahr 1995 fundamentale nationale Interessenfelder nicht abgesteckt, darunter ein fairer Umgang mit dem umweltzersetzenden LKW-Transitverkehr über die Alpen nach Italien wie auch in die ehemaligen Ostblockstaaten. Als noch verhängnisvoller erwies sich, dass die österreichischen Verhandler sich in das EU-Nettozahlerschema unvorteilhaft hineinpressen ließen.

Der österreichische EU-Beitrag liegt im Verhältnis zur Wirtschaftskraft hinter jenem Deutschlands, ist aber vergleichsweise höher als der französische oder britische.[18] 2007 betrugen die Nettozahlungen 628 Millionen Euro, im neuen Finanzrahmen steigen sie auf 800 Millionen. In der Alpenrepublik begünstigten diese unvorteilhaften Verhandlungsabschlüsse die Agitation des rechten Verführers Jörg Haider. Auch sein Klon Heinz-Christian Strache von der FPÖ, der Freiheitlichen Partei, versteht es, daraus politisches Kapital zu schlagen.

Damit fördert ein solches EU-Gebaren neuen Nationalismus. Die EU bewirkt so das Gegenteil dessen, wozu sie vor allem gegründet wurde. Durch supranationales EU-Missmanagement wächst ein neuer nationaler Chauvinismus heran. Eine grundlegende Finanzreform wäre auch eine Antwort auf solche gefährlichen gesellschaftlichen Strömungen. Und Angela Merkel taugt in Fragen der EU-Finanzen nicht zum Superstar. Ein Budget ist stets ein in Zahlen gegossener politischer Wille. In Brüssel ist es nur der Wille einer kleinen Clique.

Das große Versagen

Wie die EU ihre Jahrhundertchance verspielt

>»Diejenigen unter uns, die öffentliche Gelder verwalten,
werden zur Verantwortung gezogen werden –
wir müssen sie klug ausgeben,
schlechte Gewohnheiten verändern
und unsere Angelegenheiten im Licht des Tages erledigen –,
denn nur so können wir das lebenswichtige Vertrauen
zwischen dem Volk und seiner Regierung wiederherstellen.«
>
> *Barack Obama in Washington vor dem Kapitol*
> *in seiner ersten Rede als US-Präsident*
> *am 20. Januar 2009[1]*

>»Die Situation ist brutal. Es ist Krise überall.«
>
> *Günter Verheugen, Vizepräsident der*
> *EU-Kommission, wenige Stunden später[2]*

Wer, wenn nicht er? Natürlich hat er die Lizenz, das Empire zu retten, notfalls mit aller Macht. An einer der feinsten Adressen weltweit, 1 Piccadilly. Im Art-Deco-Ballsaal des Park Lane Hotels trotzt er allen, die Londons Finanzwelt Böses wollen. Und er ist der Held. Pierce Brosnan alias James Bond in »GoldenEye«, wer sonst?

»Guten Abend, Ladies und Gentleman«, hebt er an. Vor ihm glänzen die prestigeheischenden Abendkleider und Smokings, getragen von den selbsternannten »Masters of the Universe«, den Bankern der nahen City, dem global aktiven Finanzplatz. »Es ist eine Ehre, heute unter so vielen talentierten Individuen zu sein. Ich spüre hier finanziellen Wagemut, das Zurückdrängen von Grenzen. Ich bin weiterhin verblüfft über Ihren Erfindungsreichtum. Wer hätte noch vor zehn

Jahren davon zu träumen gewagt, dass die Maschinerie der heutigen globalen und europäischen Finanzmärkte mit so ausgeklügelten Produkten wie Kreditausfall-Versicherungen und Kreditderivaten geölt würde?«

Bond in Aktion? Nein, so einen Redetext hat Ian Fleming seinem Agenten 007 nie zugemutet. Doch so wurde gesprochen, genau so und genau an diesem Ort, den Bond schon aufgemischt hatte. Es war aber nicht im Film, sondern in echt. Am Abend des 10. Oktober 2006, elf Jahre nach dem Londoner Agenten-Showdown um das erfundene russische Waffensystem »GoldenEye« und Tina Turners Ohrwurm, sang im Park Lane Hotel ein europäischer Spitzenpolitiker sein ernst gemeintes, unsägliches Hohelied auf die Finanzwelt: der EU-Kommissar Charlie McCreevy, zuständig für den EU-Binnenmarkt und den Dienstleistungssektor.[3]

Exakt jene Finanzprodukte, die McCreevy da bejubelt hatte, erwiesen sich kurze Zeit später in der Lebenswirklichkeit als »Zeitbomben« und »finanzielle Massenvernichtungswaffen«, vor denen Experten und überlegte Spekulanten wie Warren Buffet bereits 2003 eindringlich gewarnt hatten.[4] So wird McCreevy zum Anti-Bond der Politik. Während der MI6-Mann in Großbritanniens Hauptstadt mit einer imaginären Atomwaffe zu kämpfen hatte und dabei erfolgreich blieb, bemerkte der EU-Kommissar nicht einmal die so klar identifizierbare, reale Gefahr. Vom notwendigen Kampf dagegen fand sich in seiner Rede erst recht kein Wort. Damit war er fast allein, aber als Anti-Held. Selbst die geldmarktfreundliche *Frankfurter Allgemeine Zeitung* analysierte, noch ehe es zum großen Crash kam: »Das spekulative Geschäft mit den Credit-Default-Swaps, also Versicherungen gegen Kreditausfall, hat maßgeblich dazu beigetragen, dass die Verflochtenheit zwischen den großen Banken, und damit das Systemrisiko, stark zugenommen hat.«[5]

Brandstifter als Feuerwehr

McCreevy, ein ausgebildeter Wirtschaftsprüfer und früherer Finanzminister in Irland, pflegte eine ganz andere Perspektive. »Es ist unsere Aufgabe, nicht die Feuer der Innovation abzudämpfen, welche die Motoren der globalen Märkte antreiben«, deklamierte er bei seinem denkwürdigen Londoner Auftritt. Dabei »haben wir eine Pflicht«, erklärte er vor den Finanzmanagern, »uns daran zu erinnern, dass in Ihrem Business die Versicherungsbeiträge, die Ersparnisse und die Altersvorsorge unserer Leute angelegt sind. Wo immer sie herkommen. Aus London, Bristol oder Inverness. Athen, Tallinn oder Porto. Man darf von uns als Gesetzgeber ein Umfeld erwarten, in dem die Kapitalanlagen wachsen können. Und dabei dürfen Sie zu Recht erwarten, dass wir nicht zu dick auftragen, zu viele Eier in den Pudding geben, Innovationen abdrosseln oder Europas Exzellenzzentren im Bereich der Finanzmärkte aushöhlen.«

McCreevys Credo lautete: »Mein Job ist es, zu helfen, Barrieren zu beseitigen, die Märkte noch besser arbeiten zu lassen. Nehmen Sie unsere neue EU-Richtlinie zu den finanziellen Instrumenten, genannt MiFiD. Wir in Brüssel glauben, dass diese Richtlinie insgesamt sogar die Regulierung der Unternehmen noch verringern wird.«

Die Veranstalter des herausragenden »Financial Times The Banker Awards Dinner« hatten ihren Hauptredner nicht ohne Bedacht ausgesucht: er war wichtig, anbiedernd und durch und durch neoliberal. Kommissar McCreevy versprach den Finanzmanagern sogar, »Sauerstoff für diese Feuer der Innovation bereitzustellen« und »Explosionen zu verhüten«. Es ist nicht überliefert, ob im denkmalgeschützten Saal die geschliffenen Gläser der tief hängenden Luster klirrten und die spektakulären Lichtgirlanden ob der gewagten Metaphern erloschen, als McCreevy zu seinen beiden Schlusssätzen tief Luft holte: »Möge das Feuer der finanziellen Kreativität und Innovation noch für eine lange Zeit weiter brennen. Und möge unsere Arbeit in der EU Sie mit dem Rahmen für globalen Erfolg ausstatten.«

»Sauerstoff«, »Feuer«, »Explosion«, »brennen«. So kam es auch, freilich mit einem katastrophalen Ergebnis. Der Politikansatz des Laisser-faire und des systematischen Ignorierens systemischer Risiken führte zum weitreichendsten Finanzknall in der Geschichte der Menschheit, vom Volumen her noch größer als 1929. Wie bei der letzten Weltwirtschaftskrise fanden sich die Auslöser in den USA. Doch es waren gerade die EU-Institutionen, die neoliberal verblendet waren und oft wider besseren Wissens nicht jenes Regelwerk für ihre Mitgliedsstaaten vorantrieben, mit dem sich die Europäische Union als Fels in der Brandung global falscher Finanzpolitik hätte bewähren können. Auch die europäische Finanzwirtschaft konnte so grundlegende Vorschriften unterlaufen. Der in EU-Richtlinien gegossene »Basel-II-Akkord« mit der Vorgabe von acht Prozent Eigenkapital griff nicht bei den intransparenten Geschäften der Investmentbanken und den ausgelagerten Zweckgesellschaften. Gleichzeitig stieg und stieg der Renditedruck, die Spekulationen wurden immer riskanter, die meisten Bankmanager schritten kräftig mit.

Erst als die Krise im Spätherbst 2008 immer offensichtlicher wurde, geriet Binnenmarkt-Kommissar Charlie McCreevy in die Kritik. Dabei waren es vor allem sozialdemokratische Europaparlamentarier, die den Liberal-Konservativen parteipolitisch opportun angriffen. »Wir haben das Vertrauen und die Zuversicht in Kommissar McCreevy verloren«, schrieb der Präsident der Partei der Europäischen Sozialisten, der dänische Ex-Premier Poul Nyrup Rasmussen, an den konservativen Kommissionspräsident José Manuel Barroso, gemeinsam mit weiteren EU-Spitzengenossen.[6] »Seine Handlungen scheinen eher einem bezahlten Lobbyisten der Finanzindustrie zu entsprechen als einem EU-Kommissar.« »Das ist zu viel«, so Rasmussen und seine Freunde. Andere deutsche Sozialdemokraten nannten McCreevy kunstvoll einen »Apologeten der irregeleiteten

Marktradikalität«, einen »Regulierungsverhinderer« oder einen »Liebhaber brandgefährlicher Kreditderivate und Hedgefonds-Heuschrecken«.

Wie wahr, und doch wie verlogen. Denn in seinem letzten grundsätzlichen Parlamentsbericht »über die Zukunft von Hedgefonds und derivativen Finanzinstrumenten«[7] hielt es das Europäische Parlament lediglich »für an der Zeit, ein angemessenes EU-weites Beaufsichtigungssystem für Hedgefonds zu entwickeln, das *nur wenig regulierend eingreift*«.[8] Und es »weist darauf hin, dass die Regulierung durch ein Beaufsichtigungssystem für Hedgefonds *nur so gering* ausfallen darf, dass ihre Rolle als alternatives Anlagemedium der Wahl keinen Schaden nimmt und *die Freiheit der Investmentmanager nicht eingeschränkt* wird, wenn es (unter anderem) darum geht

- innovative und sogar exotische Techniken und Instrumente anzuwenden,
- starke Positionen zu beziehen, einschließlich durch Nutzung von Leerverkäufen, Leverage und Derivaten,
- entsprechend ihrer Leistung bezahlt zu werden.«

Was sich wie eine Handlungsanleitung für das inzwischen eingetretene Desaster liest, hätte Kommissar McCreevy kaum spekulantenfreundlicher formulieren können. Der ursprüngliche Verfasser des Berichts im Wirtschaftsausschuss war der britische Konservative John Purvis, der damals selbst eine Firma leitete, die vom Steuerparadies Luxemburg aus einen Hedgefonds betrieb.[9] Schon im Ausschuss erreichte Purvis unter der SPD-Vorsitzenden Christa Randzio-Plath eine komfortable Mehrheit, die auch seinen eigenen Geschäftsinteressen nützte.[10]

Im Plenum fand die Abstimmung über diese Begünstigung hochriskanter Finanztransaktionen im Januar 2004 statt. 344 Abgeordnete stimmten dafür, nur 69 dagegen.[11] Zu den Kämpfern gegen notwendige Regulierung und für die Freiheit der Heuschrecken zählten nicht nur alle anwesenden Abgeordneten der britischen Labourpartei, sondern auch fast alle SPD-Mitglieder und die österreichischen Sozialdemokraten. Mit ihrem Stimmverhalten billigten die vereinten Genossen auch ausdrücklich »Leerverkäufe«, die inzwischen an vielen Börsen wegen ihrer desaströsen Wirkung verboten wurden und bereits beim Börsencrash 1929 das Unheil erheblich beschleunigten. Für die satte Mehrheit im Interesse des europäischen finanzindustriellen Komplexes sorgten in Straßburg schließlich die liberalen Abgeordneten und die große konservative Fraktion, die geschlossen wie selten mit »Ja« votierte. Vorneweg erwies sich der damalige Fraktionsvorsitzende Hans-Gert Pöttering als Verfechter solch neoliberaler Positionen. »Die Abgeordneten fordern für Hedgefonds und Derivate eine weniger strenge Gesetzgebung als für andere Wertpapiere«, fasste der offizielle Pressedienst des Europäischen Parlaments noch am gleichen Tag das Ergebnis zusammen.[12]

Als sei nichts gewesen, spricht Pöttering nunmehr ganz anders. »Bestimmte Produkte, wie beispielsweise Hedgefonds und Derivate, die meist außerhalb des traditionellen Bankensektors gehandelt werden, haben im sogenannten Schattenbankensystem erheblich zur heutigen Krise beigetragen«, erklärte der gegenwärtige Parlamentspräsident beim EU-Gipfel im Dezember 2008.[13] »Entscheidend ist«, so sagte er auch, »den richtigen Ordnungsrahmen für die Aufsicht der Finanzmärkte in einem einheitlichen europäischen Binnenmarkt zu schaffen. Dabei müssen wir die klaren Grundsätze der sozialen Marktwirtschaft berücksichtigen: Freiheit benötigt Ordnung! Insbesondere fordern wir, um zukünftige Krisen besser zu vermeiden, dass alle Finanzinstitute und Produkte europäischen Regeln unterworfen werden.«[14] Und ohne Wimpernzucken verlangte er vor den Staats- und Regierungschefs: »Die Europäische Union sollte auch hier die Führung übernehmen. Daher sollte das Legislativ- und Arbeitsprogramm der Kommission für das Jahr 2009 ehrgeiziger sein. Wir können nicht bis 2010 warten, um legislativ tätig zu werden.«[15]

Die eigene Stimmvergangenheit verdrängen, vergessen oder als Wendehals einfach abhaken – egal, Hauptsache, man bleibt weiter im Geschäft. Seit die Finanzkatastrophe nicht mehr zu leugnen ist, versucht sich nicht nur CDU-Politiker Pöttering in einer konträren politischen Positionierung. Es gilt die Devise: Es wird schon keiner merken.

»Die Politik muss dort handeln, wo der Markt versagt. Diesen ganz wichtigen, auch psychologischen Effekt darf man nicht unterschätzen«, erklärt auch Deutschlands wichtigster Politiker in Brüssel, Günter Verheugen, der Vizepräsident der EU-Kommission. Der frühere Liberale und nunmehrige Industriekommissar hat sich oft gewandelt. »2009 ist ein Jahr des Übergangs«, sagt er nun. »Zumindest für die Kommission gilt: Es wird bis zum letzten Tag hart gearbeitet und entschieden. Es wird keine Phase des politischen Stillstands geben.«[16] Kommissionspräsident Barroso behauptet inzwischen sogar: »Die Kommission hat ihre Fähigkeit erwiesen, auf die Krise rasch und effektiv zu antworten.«[17]

So stellen sich Brandstifter jetzt als Feuerwehr dar. Die europäischen Bürger haben das nicht verdient, aber auch keine Wahl. Denn die einzelnen Kommissionsmitglieder werden unmittelbar von den nationalen Regierungen für fünf Jahre nominiert. Das Europäische Parlament verfügt dabei nur über ein kurzes Anhörungsrecht. In den Wochen vor diesem Ereignis wird in den Fraktionen genau überlegt, welcher Abgeordneter welchem designierten Kommissar welche Frage stellen soll und darf. Nominierte Kommissare, die der eigenen politischen Gruppierung angehören, bekommen oft vorab besprochene Scheinfragen zu Themen gestellt, bei denen sie sich profilieren können. Beim parteipolitischen Gegner hingegen gibt es für den Fragesteller eine Chance zur Profilierung. Wer dies vertauscht, muss bei seinen Parteifreunden mit erheblichen Schwierigkeiten rechnen.

Auch bei Inkrafttreten des Lissabonner Reformvertrags

wird dem Europäischen Parlament verwehrt bleiben, per Misstrauensantrag einen einzelnen Kommissar abzuberufen. Darum ist auch Charlie McCreevy noch im Amt. In einer funktionierenden Demokratie hätte er für seine eklatanten Fehleinschätzungen, die schon zu Milliardenschäden für die Steuerzahler führten und vermutlicherweise noch Billionen kosten werden, längst zurücktreten müssen und wäre jetzt zumindest öffentlicher Schimpf und Schande ausgesetzt. Doch in Brüsseler Kreisen ist alles anders. Es ist ein Paradies der Verantwortungslosigkeit für die politische Klasse.

Das EU-Finanzmarktdesaster

Die gesamte Dimension der anhaltenden Finanz- und Wirtschaftskrise bleibt weiter unbekannt. »Wir kennen noch immer nicht das volle Ausmaß der Risiken, die in den vergifteten Wertpapieren stecken«, räumte EU-Kommissar Verheugen Ende Januar 2009 ein.[18] »Vergiftete Wertpapiere« – das ist jetzt das Synonym für »innovative und sogar exotische Techniken und Instrumente«, die das Europäische Parlament in seinem Grundsatzbeschluss noch vor wenigen Jahren so glorifizierte.

Einer verbreiteten Dolchstoßlegende, woran an allem nur das US-System Schuld sei, muss massiv entgegengetreten werden. Vieles ist EU-hausgemacht. Finanzaufsicht und Regulierungsbehörden haben auch in den EU-Mitgliedsstaaten eklatant versagt. Eine spekulative Immobilienblase gab und gibt es ebenso auf dem alten Kontinent, in Großbritannien wie in Spanien und in den neuen EU-Staaten des Ostens.

Vor allem rächte sich, dass mit dem Wachsen einiger Dutzend europäischer Großbanken, die im Rahmen des EU-Binnenmarktes ab 1992 immer leichter grenzüberschreitend tätig werden konnten, die Kontrollinstrumente nicht angepasst wurden. Wieder waren es die ideologische Ausrichtung und entsprechende Interessenverbände, die in Brüssel den Ausschlag gaben. Große Einheiten wurden begünstigt, um »im globalen Wettbewerb bestehen zu können«. Das klang, als zähle man eher zu den Opfern als zu den Tätern. Doch die EU-Finanzpolitik ist immer auch Beschleuniger weltweiter Entwicklungen und einer verhängnisvollen Entgrenzung ohne adäquate Kontrolle gewesen. Mit dem Maß ging jedoch auch das Ziel verloren – möglichst viel Wohlstand für möglichst viele Menschen.

»18,2 Billionen Euro faule Werte vergiften europäische Banken«, alarmierte ein interner Untersuchungsbericht der EU-Kommission Mitte Februar 2009.[19] 44 Prozent der Vermögenswerte der europäischen Banken sind demnach »faul« oder unverkäuflich und bedeuten für das EU-weite Bankensystem ein »systemisches« Risiko, die Umschreibung für den vollständigen Zusammenbruch. Bislang wurden aber laut Einschätzung des Internationalen Währungsfonds lediglich 1,7 Billionen abgeschrieben. Das wären weniger als zehn Prozent der noch verbleibenden Ramschpapiere.

Und nach der US-Subprime-Krise aufgrund viel zu leichtfertig vergebener Immobilienkredite offenbart sich nun ein EU-Subprime-Debakel – in Spanien, Griechenland und vor allem in Osteuropa. 1,23 Billionen Euro wurden dort bislang an noch nicht zurückbezahlten Krediten gewährt. Experten schätzten Ende Februar 2009, dass die Kreditgeber mit mehr als 250 Milliarden Euro an Verlusten rechnen müssen – wenn alles einigermaßen in geordneten Bahnen bleibt. Auch ein Mehrfaches der Schadenssumme scheint möglich. Der deutsche Ökonom Hubert Gabrisch »hält es nicht mehr für ausgeschlossen, dass Osteuropa zusammenbricht. Das ist ein Sprengsatz für die Union, den man nicht unterschätzen darf.«[20]

Eine sich beschleunigende Abwärtsspirale ist in Gang gekommen. »Schätzungen über die gesamten zu erwartenden Abschreibungen lassen erwarten, dass die budgetären Kosten für die Finanzhilfen – derzeit und geplant – sehr groß sein könnten – sowohl in absoluten Zahlen als auch im Verhältnis zur gesamten Wirtschaftsleistung der Mitgliedstaaten«, heißt es in dem Dokument der EU-Kommission. Neuerliche staatliche Bankenhilfspakete nach den bereits im Herbst 2008 geschnürten Milliardengarantien und Subventionen können die Staatsverschuldung so weit in die Höhe treiben, dass Kreditgeber sich über die Rückzahlungsfähigkeit längst Sorgen machen. Betroffen sind bereits Spanien, Griechenland, Portugal, Irland und Großbritannien. Die baltischen Staaten und Ungarn schrammen entlang des Bankrotts. War Island nur ein Vorreiter, eine Avantgarde des Zusammenbruchs?

Lars Wohlin rechnet damit. Der Schwede leitete die nationale Notenbank in Stockholm, jetzt ist er Europaparlamentarier in der konservativen Fraktion. »Ich bin überzeugt, dass es noch viel schlimmer kommen wird als bislang bekannt«, prophezeit er beim monatlichen Treffen der parteiübergreifenden Parlamentariergruppe »SOS Demokratie« im Februar 2009 in Straßburg.[21]

Vermutlich 57 Billionen Dollar umfasste die globale spekulative Blase, als der Finanzkollaps in den USA ausgelöst wurde. Inzwischen sind noch etwa 40 Billionen Dollar, die in riskanten Kreditversicherungen verborgen sind, hoch problematisch. Derzeit sorgt sich Wohlin insbesondere um Griechenland, das im Lauf von zwölf Monaten seine bereits angehäuften Staatsschulden in Höhe von 50 Milliarden Euro umzuschulden hat. Dafür müssen die Südosteuropäer ihren Gläubigern jetzt schon drei Prozent mehr Zinsen bieten als die vergleichsweise solide Bundesrepublik Deutschland. Ähnliches gilt für Italien und Portugal. Mit dem Osteuropa-Risiko kann auch Österreich bald abrutschen.

»Wer über Geld verfügt und dies in Euro-Anleihen investieren will, bevorzugt heutzutage deutsche Staatsanleihen. Damit wächst der Zinsabstand und wird zur Zerreißprobe für den Euro. Dies aber bereitet gerade Entscheidungsträgern in Berlin schlaflose Nächte. Denn zerfällt der Euro, gibt es wieder eine starke neue D-Mark, die massiv aufgewertet würde. Dies wiederum würde deutsche Produkte extrem verteuern – eine Katastrophe für exportabhängige Arbeitsplätze«, entwirft der schwedische Geldexperte sein Szenario. Das sei der Grund, so Wohlin, warum derzeit so hektisch an gemeinsamen Anleihen für alle Euroländer gebastelt und die Gründung eines Europäischen Währungsfonds geprüft werde. Das würde den so unverantwortlich agierenden Eliten in Brüssel aber zusätzliche Macht verleihen, ebenfalls eine Schreckensvorstellung. Und müsste für so eine neue Euro-Geldpolitik nicht auch ein neuer EU-Vertrag beschlossen werden? »Grundsätzlich ja, doch da fürchtet man sich vor neuen Volksabstimmungen und überlegt gewagte Neuinterpretationen der bisherigen Abkommen.« Selbst wenn die Talsohle des Finanzdebakels bald erreicht ist und die neuen Staatsschulden quer durch Europa »nur« Hunderte Milliarden statt Billionen Euro betragen werden, müssen auch diese Schulden zurückgezahlt werden. »Spätestens in drei Jahren wird es zu einer heftigen Inflation kommen«, ist deshalb Wohlin überzeugt.[22]

Diese Einschätzung der akuten Gefahrenlage gilt auch unter Topbankern in London keineswegs als wirklichkeitsfremd. Bei einem vertraulichen Abendessen im »Coq d'Argent« berichtete einer von ihnen dem Autor, dass allein in seiner global tätigen Bank Bargeldbestände von mehr als 50 Milliarden Euro gehortet seien. Man fürchte sich vor dem Risiko des Unknown-Unknown. Bekannte, sich abzeichnende Risiken könne man ja grundsätzlich einschätzen. Unbekannte Risiken, die sich irgendwann irgendwo ergeben, »das ist für uns jetzt aber das Teuflische«. Darum laute die Unternehmensstrategie seines Konzerns derzeit nur: »Es geht einfach ums Überleben.« Dazu gehöre, auf unerwartet auftretende Gläubiger vorbereitet zu sein, die »aufgrund irgendeines Derivats plötzlich zu uns kommen und ihre Schulden geltend machen. Wenn es sein muss, können wir ihnen 30 Milliarden Pfund in 50er-Banknoten auf den Tisch blättern und sagen: Bitte nimm, aber wir existieren weiter.«[23]

Dennoch ist der Finanzmanager überzeugt, dass es nach der Krise »fast so weitergehen wird wie zuvor. Die Welt braucht uns.« Dies allerdings wird zur vordringlichen politischen Frage, nicht nur in der EU. Es steht die Grundsatzentscheidung an: Wird die Londoner und Frankfurter Finanzcity wie auch die New Yorker Wall Street das Desaster letztendlich ohne tief greifenden Reformzwang überstehen – oder gelingt der Durchbruch zu einer soliden Finanzarchitektur, die wieder den Aufgabenkern des Bankenwesens in den Mittelpunkt rückt: das Leihen und Verleihen von Geld im Interesse der Realwirtschaft und von Privatpersonen? Eine tragfähige Regelung wäre nur global möglich, doch die EU-Institutionen könnten in ihren Bereichen der Wegbereiter sein – wenn sie nur wollten.

Die explosive Ungleichheit – Immer schneller immer ärmer

Schon die Premierenausgabe des neuesten Kommunikationsinstruments der EU-Kommission bestätigte alle Befürchtungen: Die Wirtschaftskrise wird, so der erste »Monatsbericht zur Beschäftigungslage in Europa«, allein im Jahr 2009 EU-weit mehr als 3,5 Millionen Arbeitsplätze kosten. Auch 2010 rechnet die EU-Zentrale mit weiter steigender Arbeitslosigkeit.[24]

So zerplatzt die Verheißung breiten Massenwohlstands, die mit der Einführung des Binnenmarktes ab 1992 verbunden war. Das große Versprechen verkehrte sich sogar ins Gegenteil. Das durchschnittliche Arbeitnehmereinkommen ist heute in Deutschland nicht höher als beim Fall der Zollmauern zu den EU-Nachbarn vor 17 Jahren. Und seit mehr als einem Vierteljahrhundert profitieren vom Zuwachs des Bruttoinlandsprodukts in den deutschsprachigen Ländern fast ausschließlich Unternehmen und private Vermögenseinkommen. Die Werte der Finanzanlagen verzehnfachten sich, auch die Geldmenge vervielfachte sich, aber eben nicht zugunsten der Löhne.

Dabei waren die EU-Staaten bis zur nunmehrigen Rezession so reich wie nie zuvor in ihrer Geschichte. Doch die soziale Ungleichheit wuchs, durch die Krise droht sie zu explodieren. Immer mehr Menschen werden immer schneller in die Armut abrutschen. Vermutlich werden sich die Staatsschulden binnen Jahresfrist in vielen Staaten verdoppeln. Das bedeutet für jeden Staatsbürger auch die doppelte Belastung. Der Kampf gegen die aktuelle Bankenkrise kostete die Briten bereits mehr als ihre Verteidigung im Zweiten Weltkrieg. Das ist jetzt der Geldkrieg.

Und damit wird es in der EU zu nie da gewesenen Verteilungskonflikten kommen. Auf der einen Seite findet sich die Masse der Verlierer. Millionen Menschen wurde jahrzehntelang die private Altersvorsorge nahegelegt. Dabei aber überließ man unzählige Kleinanleger zweifelhaften Beratern. Welches Paradoxon: Steckdosengrößen wurden in der EU genormt, bald soll es auch einheitliche Aufladegeräte für Mobiltelefone geben. Doch Beratungssicherheit und Transparenz bei Geldanlagen finden sich nicht im EU-Angebot.

Auf der anderen Seite bietet sich Vermögenden und Großunternehmen die Freizügigkeit. Die neue Rechtsform der europäischen Aktiengesellschaft SE ermöglicht den schnellen Wechsel auch von Konzernzentralen in andere EU-Staaten, falls sich die Rahmenbedingungen am traditionellen Stammsitz verschlechtern sollten, etwa durch eine Regierung, die Steuererhöhungen durchsetzen will. Gerade diese Perspektive machte die große Erweiterung der EU Richtung Osten für viele Kapitaleigner so reizvoll.

Die vorschnelle EU-Erweiterung

Es waren vier englische Worte, die Europas politische Lawine lostraten. »The deal is done«, sagte EU-Kommissar Günter Verheugen knapp und ohne den Schnörkel jeglicher Einleitung. Soeben waren die schweren weißen Flügeltüren des Sit-

zungssaals ins Schloss gefallen, Europas sozialdemokratische
Politelite wähnte sich unbeobachtet. Nur handverlesene Regierungschefs, Parteiführer, ihre Dolmetscher und zwei unauffällige Vertraute waren zugegen, als es am 15. November
2002 zu dem denkwürdigen Treffen in Warschau kam.
Schauplatz war ein fahnengeschmückter, ansonsten karger
Nebenraum im ersten Stock des Sejm, dem geschichtsträchti-
gen, weiß leuchtenden Sitz des polnischen Parlaments an der
Ulica Wiejska, in Sichtweite der Europastraße E 30 Berlin –
Moskau. Wenige Augenblicke zuvor hatten sich noch unzählige TV-Kameras und die Aufmerksamkeit des internationalen Polit-Trosses auf die Eingangstür des Parlaments gerichtet,
als der britische Premierminister Tony Blair vorfuhr. »Warum sind Sie extra hierher gekommen?«, rief ihm ein englischer Journalist zu, als Leibwächter dem Premier Respekt
gebietend den Weg frei machten. Das Treffen war nur als ein
Routinekongress von Europas Parteisozialisten angekündigt,
mit vielen Funktionären und wenig Substanz. Obwohl die
Frage unüberhörbar zu ihm durchdrang, zögerte der globale
Medienprofi Blair keine Sekunde, ignorierte den spontanen
Fragesteller und ging stattdessen mit freundlich nichtssagen-
der Miene zügig auf die ausladende Freitreppe in der Parla-
mentshalle zu. Sein eiliger Schritt signalisierte Dynamik. Die
trainierte Leichtigkeit, mit der er die Stufen nach oben nahm,
transportierten später Fernsehbilder in den TV-Nachrichten
verlässlich als Botschaft der Fitness und Ausdauer.

Kaum war Blair den Kameraaugen entschwunden, verlang-
samte er sein Tempo, ein Berater flüsterte noch etwas in sein
Ohr, dann wies er ihn in der Mitte eines lang gestreckten,
steinbefliesten Ganges nach rechts. Ein kurzer Händedruck
mit Polens Parteiboss, eine flüchtige Begrüßung des Franzosen, des Dänen und einiger Osteuropäer, die Türen fielen zu.

Blair schob sein Sakko lässig hinter sich über die Stuhl-
lehne, blickte, als er sich setzte, noch einmal prüfend in die
Runde, und schon war der vertraute Verheugen am Wort.
Günter Verheugen zählt zu den wenigen Sozialdemokraten,

die erst mitten in ihrer Politkarriere zur Partei stießen. Er war schon Generalsekretär der FDP, der deutschen Liberalen, als er nach dem Sturz des Kanzlers Helmut Schmidt 1982 zur SPD wechselte und damit Weitblick bewies. 1999 sandte ihn Gerhard Schröder als Mitglied der EU-Kommission nach Brüssel, inzwischen ist er ihr Vizepräsident und heimlicher EU-Chef. An diesem nebeltrüben Freitagvormittag sprach er noch als EU-Kommissar, der für die Erweiterung der Union zuständig ist.

»The deal is done«, hob Verheugen an, und alle im Raum wussten, worum es ging. Die größte politische Neuordnung Europas seit der Konferenz von Jalta 1945, als Sowjets und US-Amerikaner ihre Einflusssphären abgrenzten, stand auf der Tagesordnung. Für die Anwesenden klang der Satz wie eine Vollzugsmeldung an den Britenpremier. Während in der Öffentlichkeit noch über den Zeitpunkt der EU-Erweiterung wie auch über die Zahl der neuen EU-Mitglieder spekuliert wurde, hatte Verheugen längst alles festgezurrt: zehn neue Staaten würden ab Mai 2004 beitreten, Rumänien und Bulgarien seien ab 2007 dabei, und die Türkei sei »voll auf Beitrittskurs«, wie sich ein Sitzungsteilnehmer später erinnerte.

Nicht der Rede wert, dass diesem Deal jegliche demokratische Legitimation fehlte. Erst nach den in Warschau besiegelten Absprachen beschäftigten sich die 15 EU-Regierungschefs damit; erst ein halbes Jahr später, im April 2003, gab das Europaparlament sein Votum ab – und das auch nur zum Beitritt der neuen Zehn ab 2004. Offiziell wurde auch die Aufnahme der Beitrittsgespräche mit dem EU-Kandidaten Türkei erst im Oktober 2005 beschlossen – drei Jahre nach Verheugens interner Entscheidungsverkündung. Und das Europaparlament als einzige EU-Institution, die direkt vom Volk gewählt wird, gab erst im April 2006 seinen Segen zu Rumäniens und Bulgariens Beitrittsdatum. Europas Völker, die von all diesen Entwicklungen politisch und ökonomisch nachhaltig betroffen sind, wurden nicht gefragt, ja nicht einmal zeitnah und ausreichend informiert.

Tony Blair und seine Genossen wussten nicht nur vieles früher, sondern waren damit auch hoch zufrieden. Irritiert war man bei den europäischen Weichenstellungen an der Weichsel allenfalls, dass Gerhard Schröder entgegen seinen Ankündigungen nicht selbst gekommen war. Wieder einmal hielt er eine Abstimmung im deutschen Bundestag für wichtiger als zentrale Europafragen. Doch das kannten Europas Politiker von ihm bereits. Auch Blair plagten in diesen Tagen innenpolitische Probleme, ausgerechnet die Feuerwehrleute streikten, der Oppositionsführer hatte ihn noch am Vorabend des Warschaubesuchs via BBC aufgefordert, sich persönlich um den Konflikt zu kümmern und nicht zu verreisen. Blair aber wusste um seine Prioritäten. Er verkürzte zwar den Warschau-Trip, war aber selbstverständlich vor Ort. Nach zwei Stunden interner Absprachen trat er schließlich vor die wartenden Medienvertreter. Der Deal wurde nicht erwähnt. Gelassen nahm der damalige Labour-Premier stattdessen die Kritik in Kauf, er sei nur wegen unbedeutender Parteiangelegenheiten nach Polen gereist, statt zu Hause bei der Feuerwehr Feuerwehr zu spielen. Als er von Journalisten mit diesem Vorwurf konfrontiert wurde, verriet er mit keiner Miene, was er sich dabei dachte.

Europas Rote konnten sich ihrer Sache im Herbst 2002 noch sehr sicher sein. Sie stellten in zehn der 15 EU-Mitgliedsstaaten den Regierungschef oder waren zumindest an der Regierung beteiligt. Und auch in sieben der zwölf neuen EU-Länder saßen sie an den politischen Machthebeln. Unverhohlen euphorisch war denn auch Rumäniens Premierminister Adrian Nastase Stunden nach dem Treffen im Sejm. »Es ist alles gelaufen«, triumphierte er am Warschauer Flughafen, ehe er sich gemeinsam mit Österreichs späterem Staatspräsidenten Heinz Fischer, ebenfalls einem roten Spitzenpolitiker, und dessen Entourage den Boarding Pass für die Maschine nach Wien kontrollieren ließ. Am Deal-Tag ist auch der Autor dieses Buches dabei, als »Präsident des Gemischten Parlamentarischen Ausschusses des Europäischen Parlaments mit der Slowakei«. Dieses Namensmonster bezeichnet die Funktion, die im EU-Parlament damals Österreichs Sozialdemokraten zufiel, als deren unabhängiger, parteifreier Spitzenkandidat er zuvor in die EU-Wahl gegangen war. Die Slowakei zählte in all den Jahren zu den zweifelhaften EU-Beitrittskandidaten, die Verhandlungen liefen zäh. Im regelmäßigen Gesprächskontakt mit Erweiterungskommissar Verheugen war nie von so einem großzügigen Deal die Rede gewesen, offiziell auch nach dem Warschauer Treffen nicht.

Ganz im Gegenteil: Stets hieß es, in der Öffentlichkeit solle alles offen gehalten werden, um den Reformdruck zu steigern. Auch Polen wurde als Wackelkandidat dargestellt, zahlreiche EU-Beitrittskriterien waren ja noch nicht erfüllt – und wurden es auch später nicht. Wer aber hatte schon vorab entschieden, wie viele Kandidaten und ab wann sie der EU beitreten dürfen? Diese Frage habe ich oft gestellt. Exakt ein Jahr nach Warschau, im November 2003, wurde sie am Rande des SPD-Parteitags in Bochum bei einem erhellenden Abendessen beantwortet:»Ich war es«, sagte einer, der damals noch wenig bekannt, aber bereits hoch aktiv war, insbesondere zwischen Berlin und London. Seine Nähe zum damaligen Bundeskanzler Gerhard Schröder und seine hervorragende Vernetzung in der SPD machten ihn zum Player mit Zukunftspotenzial. Und wie war das mit den EU-Verhandlungen mit Polen? Bei den Gesprächen, in denen um die konkreten Bedingungen gefeilscht wurde, etwa um den Zugang zum EU-Arbeitsmarkt, griffen Polens sozialistische Regierungsvertreter gegenüber den Deutschen vor allem zu einem Argument:»Das reduzierte sich bei denen immer schnell auf ein Wort«, so der Gesprächspartner:»Holocaust.«[25]

Die deutsche Politelite ließ sich damit entgegen ihren eigenen Einschätzungen von den Beitrittsfähigkeiten überzeugen, die britische Regierung hingegen war längst überzeugt. Sie wollte – gerade auch auf Drängen der US-Administration – seit Langem eine große, fast grenzenlose Union, und das möglichst schnell. Und sie setzte sich durch. Die Deutschen trifft dabei die größte Zahllast. Im Schlepptau dabei sind die Niederländer mit dem weitaus höchsten Pro-Kopf-Beitrag in der Union, aber auch die Österreicher und einige weitere Staaten, in Brüssels Sprache allesamt »Nettozahler« genannt. Über die Konsequenzen solch neuer Bürden in Zeiten knapper nationaler und regionaler staatlicher Haushaltskassen wurde nie ernsthaft nachgedacht. Blair und seine Anhänger verstanden sich als »Doer«, als Macher eben. Echte Reflexion, Folgenabschätzungen über die eigene Amtszeit hinaus, realistische Visionen waren da nicht gefragt. Verantwortliches Handeln und gerade auch verantwortliches sozial-demokratisches Handeln wäre etwas ganz anderes gewesen.

Doch der Britenpremier erwies sich mit seinen Strategen in der Schaltzentrale der Londoner Downing Street als mit Abstand wichtigster Strippenzieher der real existierenden EU-Erweiterung. Während sich Gerhard Schröder in Berlin die Jahre über an nationalen Haushalts- und Beschäftigungsproblemen abarbeitete, reiste Blair selbst immer wieder nach Brüssel und gen Osten oder schickte zumindest seine besten Verhandlungsführer. Frankreichs Staatspräsident Jacques Chirac wiederum organisierte im Hintergrund jeweils eine angemessene Vertretung durch seine Beamten und Diplomaten. Gleichzeitig verkümmerte aber die Europapolitik aus und in Berlin. Nach Helmut Kohl öffnete sich das schwarze Loch der rot-grünen Koalition mit Joschka Fischer auf Welttournee, aber fernab der Brüsseler Kärrnerarbeit. »Schröder ist ein Europa-Agnostiker«, also »nicht dafür und nicht dagegen«, einer, der die Wirklichkeit und reale Bedeutung der Europäischen Union leugnete, urteilte der ehemalige EU-Kommissionspräsident Jacques Santer in dieser so entscheidenden historischen EU-Phase. So wurden denn auch Deutschlands Bürger nicht entsprechend vertreten.

Das Ergebnis kommt vor allem den europäischen Mittelstand, die durchschnittlichen Einkommensbezieher, teuer zu stehen.

Hinterzimmerpolitik, Milliardentransfers sowie die Abgehobenheit der Parteifunktionäre und Beamten rächen sich bei der unausgegorenen EU-Erweiterung. Der Binnenmarkt reicht nun von Tallinn bis Nikosia, doch die Risiken wurden vielfach ignoriert. Osteuropa wird nun voll vom weltweiten Konjunktureinbruch erfasst, warnte der Internationale Währungsfonds in Washington, und ist noch schlechter darauf vorbereitet als der Westen des Kontinents.[26]

Die Republik Österreich könnte zum ersten großen Opfer werden. Im Drang nach Osten expandierten vor allem die alpenländischen Banken und ließen sich dafür feiern. Kein Staat profitiere mehr von der EU-Osterweiterung, verlauteten Wirtschaftslobbyisten und die ökonomisch-politische Führungselite unablässig. Sie wähnten sich durch die EU-Mitgliedschaft der ehemaligen k. u. k. Kronländer auf der investitionssicheren Seite. Im Frühjahr 2009 zeichnen sich allerdings Milliardenausfälle bei den Ostkrediten ab. 224 Milliarden Euro könnten die anstehenden Zahlungsunfähigkeiten kosten, 78 Prozent der gesamten Wirtschaftsleistung Österreichs in einem Jahr.[27] Wäre die Alpenrepublik kein Euroland, würde ein Absturz wie in Island drohen, das 2008 wegen der ungezügelten Geschäfte seiner drei wichtigsten Banken knapp am Staatsbankrott vorbeischrammte.

Das absehbare Ostdesaster wird nun auch alle mitreißen, die gutgläubig als Kleinanleger auf steigende Aktienkurse setzten oder im Aufschwung als mittelständische Unternehmer zu viel Geld investierten. Erweisen sich die Kredite als uneinbringlich, weil es zu immer weiteren Abwertungen und Unternehmenspleiten kommt, würde der österreichische Staat vor allem für die heimische Raiffeisenbank und die Erste Bank einspringen (müssen). Zur Schuldentilgung müsste dann jeder Österreicher neun Monate lang ausschließlich dafür arbeiten, ohne sozialversichert zu sein oder Altersansprüche zu erwerben. Dies träfe auch Schüler und Rentner. Da dies in der gesellschaftlichen Praxis unmöglich ist, werden alle anfallenden Schulden gestreckt werden. Keineswegs nur in Österreich »ist das eine schwere Hypothek für die nächste Generation«, räumt inzwischen Ex-Erweiterungskommissar Verheugen ein.[28] Doch auch er bleibt zumindest noch bis November 2009 als Vizepräsident der EU-Kommission im Amt.

Schwarze Löcher im Osten

Zu einem EU-Flop der Extraklasse entwickelte sich die überhastete und unverantwortliche Aufnahme Bulgariens und Rumäniens in den Kreis der EU-Mitgliedsstaaten im Januar 2007. Gerade 18 Monate später, im Juli 2008, sah sich die EU-Kommission gezwungen, Subventionszahlungen im Wert von 600 Millionen Euro nach Bulgarien zu stoppen – wegen weitverbreiteter Korruption und der Verflechtung der Regierung mit dem Organisierten Verbrechen.[29] Zuvor hatte der Europäische Rechnungshof in seinem Jahresbericht 2007 eingeräumt, dass mehr als die Hälfte aller Projekte, die von der EU in Rumänien und Bulgarien finanziert wurden, »nicht wie beabsichtigt funktionieren«. So kam es zu massiven Steuer- und Subventionsbetrügereien, etwa wenn EU-Hilfe statt zum Ankauf neuer Maschinen für alte Ware aus der früheren DDR verwendet wurde und der Differenzbetrag in private Kanäle abfloss. Auch beim großflächigen illegalen Handel mit Lebensmitteln aus China nach Deutschland und Frankreich wurde mithilfe gefälschter Qualitätszeugnisse aus Argentinien frech und viel verdient.[30] Zwei Geschäftsleute mit besten Beziehungen zum bulgarischen Präsidenten saugten so allein 9,6 Millionen Euro vom EU-Programm »Sapard« ab, das als landwirtschaftliche Aufbauhilfe vor dem EU-Beitritt gedacht war. Hinzu kommt Geldwäsche in großem Stil.[31]

Zu den Skandalprojekten zählen auch eine drei Millionen teure Brücke, die ohne Straßenanschluss blieb und verrottet; Polizeiboote zur Grenzkontrolle, die bei kaltem Wetter unbrauchbar sind; und ein de facto unbenutztes Heim für Asylsuchende.[32] Der Staatsanwaltschaft in Sofia wurde ein 1,8 Millionen Euro teures Computersystem bezahlt, wobei 37 Arbeitsstationen gar nicht gebraucht wurden. Bulgariens Innenminister Rumen Petkow musste im April 2008 zurücktreten, weil sein Ministerium enge Verbindungen zu einer Drogenbande pflegte. Zuvor hatte der damals für EU-Justiz- und Sicherheitsfragen zuständige italienische EU-Kommissar Franco Frattini noch einen Skiurlaub mit Petkow verbracht und ihn dabei überschwänglich gelobt.[33]

Dies alles ist in keiner Form überraschend. In Brüssel wusste man um die strukturellen Probleme der beiden südosteuropäischen Staaten, ignorierte sie aber. »Die hier begangenen Fehler dürfen sich nicht wiederholen. Fällt der vor dem Beitritt bestehende Druck weg, ist zu wenig Anreiz vorhanden, um die notwendigen Reformen nach einem Beitritt durchzuführen«, erklärt jetzt der sozialdemokratische EU-Spitzenpolitiker Hannes Swoboda aus Österreich.[34] Doch wie die große Mehrheit seiner Parlamentskollegen hatte er zuvor dem unverantwortlichen EU-Beitritt Bulgariens und Rumäniens euphorisch zugestimmt.

Nunmehr versagt auch der Haushaltskontrollausschuss des Parlaments eklatant. Die deutsche Europaabgeordnete Ingeborg Gräßle, welche die Aktivitäten aller konservativen Parlamentarier im zuständigen Ausschuss koordiniert, bekennt im November 2008 freimütig: »Wir tun nichts, wir haben uns damit bisher gar nicht beschäftigt.«[35]

Eine wenig riskante Prognose: Unmittelbar nach den Wahlen zum Europaparlament im Juni 2009 wird der EU-Subventionsstopp nach Bulgarien wieder aufgehoben. Alles andere entspräche nicht der Brüsseler Logik.

Der Fluch der Beamten

Der vernünftige Sinn eines Berufsbeamtentums wird in keiner westlichen Gesellschaft stärker auf den Kopf gestellt als in der EU. Dabei rächt sich, dass die ursprüngliche Konzeption in Brüssel das Ergebnis eines irregeleiteten französisch-deutschen Kompromisses ist.

Viel konsequenter als die anderen fünf Gründungsstaaten schickten die Franzosen schon ab Ende der 50er-Jahre ihr bestes Personal in die Verwaltung der wachsenden europäischen Gemeinschaft. Bis heute prägt deshalb auch ein französischer Stil den Brüsseler Beamtenbetrieb: stolz, offiziell verschwiegen und ergeben, aber stets auch auf das heimliche Geschick der eigenen Machtausübung bedacht. Die deutsche Regierung hingegen unterschätzte lange die Bedeutung von Spitzenbeamten in der Zentrale der Gemeinschaft und tat sich auch schwer, die klügsten Köpfe dorthin zu locken. Erst ein privilegiengespicktes Beamtendienstrecht brachte die Wende. Im Ergebnis verschafft es einem EU-Beamten heutzutage das zweieinhalbfache Nettoeinkommen eines vergleichbaren Berliner Dienstpostens.

Doch daraus entwickelte sich ein konträrer Effekt. Während der Berufsbeamte im Geiste der Französischen Revolution durch eine stattliche Besoldung und rechtliche Absicherung vor allem gegen Korruption immunisiert und zu einer möglichst effizienten Arbeitsleistung angehalten werden sollte, korrumpiert die unbotmäßige Privilegienwirtschaft in Brüssel nun strukturell den Berufsstand. Nirgendwo sonst auf der Erde lässt sich als Beamter so leicht so viel Geld für so wenig nachzuweisende Leistung verdienen wie in der gegenwärtigen EU.

Und jeder, der in Brüssel seinen verbeamteten Job verliert, muss einen erheblichen sozialen Abstieg fürchten, sofern er nicht in ein besonders weich gepolstertes Lobbyisten-Bett fallen kann.

Das Resultat ist fatal. Mit immer neuen Vergünstigungen

sichern sich die Brüsseler Beamtenheere gegen Leistungsanforderungen ab. Mit Ineffizienz und Intrigantentum kann man alle ganz legal quälen, die ernsthaft etwas umsetzen wollen. Oberste Maxime ist es für die große Mehrheit der verbeamtet Beschäftigten, *formal* keine Fehler zu machen. Und es ist leider kein Klischee: Am leichtesten ist dies möglich, wenn insgesamt möglichst wenig getan wird. Kleinigkeiten summieren sich da zu einem Schutzschild, hinter dem die reale Tätigkeit eines entsprechend motivierten Beamten gegen null tendiert. So ist es etwa nicht vorgesehen, dass ein Beschäftigter im Europäischen Parlament über einen Anrufbeantworter verfügt. Auf der Anzeige seines Telefonapparates wiederum kann er sofort erkennen, wer ihn gerade erreichen will. So lässt sich Verfügbarkeit bequem steuern. Wenn man mit jemandem nicht sprechen will, nimmt man einfach nicht ab. Wird man dabei ertappt, hat sich ein klassischer Satz eingebürgert: »Ich sah, dass Sie es waren, und nahm an, es hat sich ja schon gestern erledigt, darum habe ich nicht mehr abgehoben.«[36]

Erreichbarkeit lässt sich auch durch die Teilnahme an Sitzungen steuern. Mal ist es die Einschulung auf einem neuen Computersystem (nicht selten alle sechs Monate), oft eine berufliche Weiterbildung (etwa alle drei Monate), noch öfter ein Sprachkurs (gerne jede Woche) und am häufigsten eine interne Dienstbesprechung (warum nicht täglich), die – leider, leider – ein Gespräch mit einem Auskunft suchenden Abgeordneten derzeit unmöglich macht. Bei mehreren Hundert direkten Kontaktaufnahmen durch einen unangemeldeten Besuch im Büro des benötigten Beamten konnte der Autor, sofern er die gesuchte Person persönlich antraf, vielleicht in einem Dutzend Fälle erkennen, dass der Beamte tatsächlich an einer Sache konzentriert arbeitete. Zumeist verbargen sich die EU-Beschäftigten aber hinter zunächst uneinsehbaren Bildschirmen. Was da gerade im Internet angeklickt war, ließ sich bisweilen noch schnell erhaschen. Nie war es etwas Berufliches.

Gerade die unübersehbare Beamtenflut ist ein Fluch. Denn für jedes Detail ist zumeist eine andere Dienststelle zuständig. Bezeichnend war für den Autor die Suche nach dem Verantwortlichen für das mehr als ein Jahr lang leer stehende benachbarte Bürozimmer, das für zwei parlamentarische Praktikanten genutzt hätte werden können. Eine Dienststelle verwies, wenn sie endlich erreichbar war, auf die nächste. Da sich die zentrale Verwaltung des Europäischen Parlaments in Luxemburg befindet, kam es auch immer wieder zu Kontaktaufnahmen im Großherzogtum auf der Strecke zwischen Brüssel und Straßburg. Gerne würde man, aber da gibt es ja noch dies und jenes zu klären, hieß es stets. Nach dem siebten angeblich Verantwortlichen wurde der Sucher, der nur einen Büroraum einige Wochen lang sinnvoll nutzen wollte, wieder an die erste angegebene Kontaktperson vermittelt – und gab auf.[37]

Allein die Bestätigung des Erhalts eines hausinternen Briefes kann bis zu zwei (!) Monate dauern. Wenn man will, lässt sich dies per E-Mail auch binnen Stunden erledigen. Aber man muss ja nicht wollen. Dies gilt auch für jeden zusätzlich benötigten Drucker oder für ein Möbelstück. Zwei Schreibtische wären nötig gewesen, gerne aus alten Beständen. Ansuchen um Ansuchen blieb unerledigt, die Lagerarbeiter seien leider so ausgelastet. Nach Monaten des Wartens und Bittens folgte ein spontaner Besuch im riesigen Keller des Europäischen Parlaments. Mehr als ein Dutzend Beschäftigte vergnügten sich da beim Kartenspiel, doch selbstverständlich konnte man gerne zwei herumstehende Schreibtische selbst abtransportieren. Ohne Auftrag von oben durfte man leider selbst nicht Hand anlegen. Und dieser Auftrag war leider noch nicht eingetroffen – siehe oben.

Zu den bestgehüteten Brüsseler Geheimnissen zählt folgerichtig die exakte Anzahl der im EU-Apparat beschäftigten Beamten. Offiziell ist zumeist von 26 000 EU-Beamten die Rede, und dies wird gerne mit der Verwaltung einer mittelgroßen deutschen Stadt gleichgesetzt. So effizient und sparsam sind wir, lautet die Botschaft. Dabei werden jedoch nur

		Anzahl Beamte	in Prozent der Beschäftigten	im Vergleich zu Finnland
1.	Japan	2 260 000	3,52	−18,9 %
2.	Finnland	108 000	4,34	100 %
3.	Schweiz	193 900	4,39	+ 1,2 %
4.	Irland	95 400	4,55	+ 4,8 %
5.	Mexico	2 041 200	4,79	+ 10,4 %
6.	Italien	1 166 000	5,07	+ 16,8 %
7.	Kanada	862 000	5,11	+ 17,7 %
8.	Luxemburg	18 000	5,41	+ 24,7 %
9.	Spanien	1 150 500	5,67	+ 30,6 %
10.	Norwegen	138 000	5,68	+ 30,9 %
11.	Portugal	292 400	5,69	+ 30,9 %
12.	Schweden	259 000	5,70	+ 31,3 %
13.	Türkei	1 283 000	6,05	+ 39,4 %
14.	Polen	937 000	6,14	+ 41,5 %
15.	Tschische Republik	312 200	6,36	+ 46,5 %
16.	Ungarn	250 100	6,42	+ 47,9 %
17.	Österreich	264 755	6,59	+ 51,8 %
18.	Vereinigtes Königreich	1 874 000	6,62	+ 52,5 %
19.	Niederlande	571 400	6,75	+ 55,5 %
20.	Slowakei	159 800	6,77	+ 56,0 %
21.	Deutschland	2 641 000	6,98	+ 60,8 %
22.	Griechenland	390 900	8,64	+ 99,1 %
23.	Frankreich	2 148 000	9,54	+ 119,8 %
24.	Belgien	431 700	9,85	+ 127,1 %

Quelle: OECD 2007 (Frankreich 2006). Laut dem Bericht des österreichischen Bundeskanzleramts »Das Personal des Bundes 2008, Daten und Fakten« waren insgesamt sogar 347 019 Mitarbeiter im »Öffentlichen Dienst« beschäftigt. Damit würde Österreich mit einem Prozentsatz von 8,64 auf Platz 22 dieser Tabelle zurückfallen.

die in der EU-Kommission beschäftigten Beamten berücksichtigt. In den anderen EU-Institutionen – vom Parlament
über den Rat bis zum Rechnungshof – finden sich allerdings
noch einmal 14 000 EU-Beamte. Werden auch die von den
nationalen Regierungen mit EU-Agenden betrauten Beamten
und die Mitglieder der Tausende von gesetzesvorbereitenden
Arbeitsgruppen mit eingerechnet, ergibt sich sogar die Zahl
von 170 000 Beschäftigten.[38]

Die Analyse des erfahrenen Organisationssoziologen Thomas Metzen führt zu diesem Urteil: »Vor allem EU-Beamte
verpulvern ihr Vermögen in der Selbstorganisation und in der
Verbesserung ihrer Einkommensmöglichkeiten. Ihre Unabhängigkeit ist nur eine formale, doch es geht um das Oben.
Gerade die politische EU-Spitze braucht wie ein moderner
Staat die Beamtenschaft als Zement, um Organisation und
Reorganisation ihrer Herrschaft zu gewährleisten. Da muss
ein Damm gebaut werden, aus Angst, dass ansonsten die Gesellschaft von unten her reorganisiert werden könnte.«[39] Im
Gegensatz zu den USA begreifen sich jedenfalls diese Beamten in ihrem Selbstverständnis nicht in erster Linie als Diener
des Bürgers, sondern des Staates. Daraus ergibt sich, dass für
Herrschaftsträger die nötigen Arbeiten oft schnell und dienst-
beflissen erledigt werden. In diesen Genuss kommen etwa
führende Mitglieder des Europäischen Parlaments.

Und natürlich zählt zu den Brüsseler Beamten auch eine
erkleckliche Anzahl von weißen Schafen – fleißig, engagiert,
kompetent, wider den Korpsgeist. Doch sie sind wie bei den
Europaparlamentariern in der verschwindenden Minderheit.

Unfassbare EU-Agenturen:
Die zweite heimliche EU-Bürokratie

Am tollsten treiben es die Mitarbeiter der sogenannten
EU-Agenturen. Sie sind in dezentralen Einheiten der Brüsseler Bürokratie in den verschiedensten EU-Staaten beschäf-

tigt. Bestanden 1990 erst drei solcher Agenturen, so existieren inzwischen 29.[40] Damit explodierte auch die Anzahl neuer EU-Beamtenposten. Waren es im Jahr 2000 noch 166 Mitarbeiter[41], so sind es nunmehr 3800 – ein Anstieg von 2289 Prozent innerhalb von acht Jahren. Das Praktische dabei für die EU-Kommission: In den Darstellungen über die Mitarbeiterzahl scheinen die zusätzlichen Beamten nicht auf.

1100 Millionen Euro kostet diese zweite, heimliche EU-Bürokratie bereits im Jahr, mit stark steigender Tendenz. Die Aufgabengebiete der einzelnen Agenturen sind großteils fragwürdig. So werden etwa in Bilbao Daten über die Gesundheit am Arbeitsplatz gesammelt, in Vilnius die Gleichbehandlung von Mann und Frau untersucht. Durch die Auslagerung entstehen immer neue Doppelstrukturen, sei es mit Brüssel, sei es mit den Nationalstaaten.

Das alles hat seinen Preis, etwa bei der Europäischen Behörde für Lebensmittelsicherheit in Parma, die 2002 gegründet wurde. Wundersamerweise erhöhten sich dort die Gehaltszahlungen pro Beamten von 68 952 Euro im Jahr 2006 auf 101 916,4 Euro 2008 – eine Steigerung von 47,81 Prozent innerhalb von zwei Jahren.[42]

In Lissabon sind gleich zwei Agentur-Direktoren beschäftigt. Denn neben der EU-Drogenbeobachtungsstelle ist auch die Agentur für Sicherheit des Seeverkehrs an der Tejo-Mündung angesiedelt. Die Vertreter beider Agenturen nehmen an möglichst vielen diplomatischen Veranstaltungen teil: Vom Empfang beim Präsidenten am portugiesischem Nationalfeiertag bis zu den Kontakten mit allen Botschaften der EU-Mitgliedstaaten. »Das macht die Agentur auch in der Öffentlichkeit sichtbar«, sagt Direktor Wolfgang Götz.[43]

Ein stolzer Aufwand – wofür? »Wenn Sie sehen, dass 60 bis 70 Prozent der Kosten lediglich in die Verwaltung dieser Agenturen gehen, dann werden Sie sich zu Recht die Frage stellen: Wie sinnvoll sind denn diese Agenturen? Noch dazu, wenn Sie wissen, dass die Arbeit teilweise ohnehin entweder in der Kommission, im Europäischen Rat, teilweise auch im Europäischen Parlament erledigt wird und dort auch noch effizienter und besser erledigt werden könnte«, klagt nicht nur der österreichische EU-Abgeordnete Hubert Pirker.[44]

Bei den Recherchen zu den Verwaltungsausgaben zeigte sich, dass einige Agenturen sogar fast 80 Prozent ihrer Ausgaben für die Verwaltung aufwenden. Somit sind viele der Agenturen reine Prestigeobjekte, deren Sinn in ihrer bloßen Existenz besteht.

Ein Beispiel dafür ist die 2006 in Wien gegründete Menschenrechtsagentur, ein wunderbarer Arbeitsplatz für bald 80 Beamte. »Natürlich sind die Menschenrechte ein unglaublich wichtiges Thema. Aber man muss unterscheiden, was wir administrativ, organisatorisch brauchen, und da haben wir nun mal eine Generaldirektion in Brüssel, die sich mit Innenpolitik, Justiz etc. befasst, auch einen zuständigen Kommissar. Da noch eine zusätzliche Agentur zu schaffen, halte ich für das Erstellen einer Parallelstruktur, die zusätzliche Kosten und Bürokratie mit sich bringt. All das bringt dem Thema nichts«[45], beschwerte sich die liberale Europaabgeordnete Silvana Koch-Mehrin. Vergeblich. Ebenso wie Terry Davies, der Generalsekretär des Europarats, der urteilte: »Mit bestem Willen der Welt kann ich nicht verstehen, was diese Agentur tun wird.«[46]

Wien ist kein Einzelfall. Wie die Agentur in Österreichs Hauptstadt über keinerlei Kompetenzen verfügt, um Menschenrechtsverletzungen zu bekämpfen, schaffen auch die meisten anderen dezentralen Behörden keinen ersichtlichen Mehrwert. Oftmals werden nur Daten zusammengetragen, die bereits existieren, neu gebündelt und in Hochglanzbroschüren und als HTML-Newsletter wiederveröffentlicht.

Im krassen Gegensatz zu Sinnhaftigkeit und realer Kompetenz stehen die gewährten Privilegien, insbesondere in den Verwaltungsräten der Agenturen. Sie sind die Leitungsgremien der Agenturen, zuständig für Arbeitsprogramm und Budget. Die Treffpunkte ihrer Sitzungen lesen sich wie Ziele aus einem Reisekatalog mit den attraktivsten Städten Europas. Die 15 Verwaltungsräte der Parma-Agentur etwa wählten schon Lissabon, Dublin, Bukarest, Berlin und Helsinki. In Bilbaos »Agentur für Sicherheit und Gesundheitsschutz am Arbeitsplatz« finden sich neben den 40 Beschäftigten sogar 168 Verwaltungsräte zu ihren Tagungen ein – stets auf Kosten der Steuerzahler.[47]

Der Betriebsunfall

Nie zuvor durchlebten Europas Bürger in ihrer Union politisch so dramatische Tage.

Es schien tatsächlich, als kämen sie zu ihrem Recht, Demokratie wurde bewegend gelebt, öffentlich und unverblümt. Die Volksvertreter im Parlament taten, wozu sie gewählt wurden. Sie untersuchten, prüften und ließen nicht locker. Erfrischend genau befragten sie die Machthaber, immer wieder, immer präziser. Die Luft im klammen Sitzungssaal hatte etwas Klebriges, doch an Klarsicht fehlte es nicht.

Kein Verschleierungsmanöver versprach noch Aufschub, kein verbaler Nebelwerfer versperrte mehr den Weg zur Wahrheit. Wann war was gemacht worden? Wer hatte wo mit wem was verabredet? Wer bekam wann wofür wie viel Geld? Das waren die Fragen.

Die Antworten verloren sich in Einsilbigkeit, am Ende waren sie beschämend armselig. Der intensiv befragten Französin blieb es vorbehalten, das Fass des angestauten Unmuts zum Überlaufen zu bringen. Sie gab zwar zu, dass sie ihrem langjährigen Freund Geld zukommen hatte lassen. Steuergeld. Und dies für Arbeiten, die dieser gar nicht ausführen konnte, da er von der Sache nichts verstand. Doch das, so meinte sie, sei überhaupt nichts Unrechtes.

Es folgte keine Revolution, aber ein gemeinschaftlicher Rücktritt, ein Massenrücktritt. Denn diese Sternstunden wahrgenommener Verantwortung vor dem Souverän ereigneten sich nicht im aufbegehrenden Paris vergangener Jahrhunderte, sondern in Brüssel im Frühjahr 1999. Doch in der EU-Metropole kam dies einem Umsturz gleich.

Die EU-Kommission, mithin die Hüterin aller EU-Verträge mit ihrem alleinigen Recht, die EU-Richtlinien einzubringen, musste erstmals weitreichende Konsequenzen aus ihrem eigenen Fehlverhalten und ihrem Missmanagement ziehen. Alle 15 Kommissare, von der Deutschen Monika Wulf-Mathies über Neil Kinnock aus Großbritannien bis zur explosiv uneinsichtigen Französin Edith Cresson, räumten ihre Schreibtische, mit ihnen verloren viele ihrer engen Mitarbeiter die Jobs. Der kollektive Rücktritt europäischer Spitzenpolitiker und deren Vertrauter schrieb Geschichte.

Die erste Geige im parlamentarischen Orchester, das die EU-Kommission in die Enge trieb, spielte Diemut Theato, eine feinnervige Kämpfernatur aus der Nähe Heidelbergs. Als damalige Vorsitzende des Kontrollausschusses im Europäischen Parlament stellte sie die hartnäckigsten Fragen. »Cresson sagte glatt die Unwahrheit, ich hatte die Beweise vor mir liegen«, empört sie sich auch in der Erinnerung.[48] Theato waren lange Zeit interne Untersuchungsberichte vorenthalten worden, »schließlich bekamen wir sie, man brachte ein Paket verschnürt in mein Büro, es hieß, das sei ein verspätetes Weihnachtsgeschenk. Als ich den ersten Ordner öffnete, konnte ich nur das Wörtchen ›es‹ lesen, dann war vieles schwarz durchgestrichen, dann hieß es ›in‹, dann war wieder schwarz durchgestrichen, dann kamen wieder zwei Füllwörter.«

Viele Missstände »hätten damit vertuscht werden können«, sagt Theato mit ausladender Geste, »es war schlimm«. Schließlich stolperte die EU-Kommission, beim Zahnarzt »ging es offenbar um persönliche Bereicherung«. Cressons Zahnarzt-Freund, der aus der gleichen Gemeinde stammte wie sie selbst und schon pensioniert war, hatte für angebliche Aids-Forschung acht Monate lang umgerechnet 6875 Euro an EU-Geldern kassiert. »Da wollte ich bis zur allerletzten

Lösung gehen«, so die EU-Abgeordnete energisch, »bis zum Misstrauensvotum. Doch das Parlament hat Angst vor der eigenen Courage bekommen.«

Mit ihren schnellen Rücktritten traten die Kommissare die Flucht nach vorn an, bevor sie aus dem Amt verjagt werden konnten. Theato, die unerbittliche Anklägerin unter den Abgeordneten, wurde kurzzeitig berühmt. Nach den Sitzungen »bin ich die Phalanx der Kameras abgegangen, ich war im schwedischen Fernsehen, im französischen Fernsehen, ich war in Italien, in Belgien, ich war überall, in den verschiedensten Sprachen.« Der damalige Präsident der EU-Kommission, Jacques Santer, war für sie »ein Gefangener, da es hieß: Alle für einen, einer für alle«. Während Cresson später vor Gericht landete, fiel Santer weich und wurde ein Parlamentskollege Theatos, noch dazu in derselben Fraktion, in der Europäischen Volkspartei der Christdemokraten.

Santer machte sich aber rar. Dabei verfügte er bis zum Sommer 2004 in Brüssel über ein raffiniert geschnittenes, weitläufiges Parlamentsbüro im 13. Stock, das ihm einen abgelegenen, uneinsehbaren Ruhebereich bot. Dort kam der Luxemburger ins Grübeln.[49] Cresson »hat diesen Zahnarzt als persönliche Vertrauensperson eingestellt, es war an sich kein großes Vergehen und in Frankreich wohl üblich. Auf meine Zurechtweisung hat Frau Cresson auf die in Frankreich übliche Geschäftsführungsmethode hingewiesen. Es war ihr unbegreiflich, dass in Brüssel andere Praktiken anzuwenden seien.«

Der Sturz seiner Kommission war für Santer »sehr taktisch«. Das zuständige finnische Kommissionsmitglied Erkki Liikkanen habe bei den Kommissionstreffen mittwochs immer gesagt, zur parlamentarischen Entlastung fehlten »nur ein paar Kleinigkeiten, nichts Schlimmes, ich bereinige die, ich gehe mit dem Berichterstatter essen. Er war zuversichtlich, dass er die Beanstandungen der Parlamentarier in bilateralen offiziösen Gesprächen lösen könnte. Als die Dinge dann auf meinen Tisch kamen, lag das Kind bereits im Brunnen. Ganz sicher hätte ich mich selbst um diese Angelegenheit kümmern sollen, wenn ich rechtzeitig über die Bedeutung informiert gewesen wäre.«

Seiner Meinung nach wurde ihm nur ein kurzzeitig eingesetzter Weisenrat zum Verhängnis, der die Vorwürfe überprüfte. »Verschiedene Kommissare und auch ich wurden ja weißgewaschen«, so Santer, doch insgesamt wurde die Kommission hereingelegt. Denn »die sogenannten Weisen haben in ihrem Bericht einen Schlussabsatz hinzugefügt, in dem eine kollektive Verantwortung der Kommission betont wurde. Wer ist der Verfasser dieses Absatzes? Das wurde bis jetzt nicht geklärt.« Santer ist verbittert über eine kleine Gruppe aus seiner Fraktion, hauptsächlich »aus dem Lager der CSU. Die haben mir damals den Dolch in den Rücken gestoßen.« Vor allem Ingo Friedrich, der danach Parlaments-Vizepräsident wurde, fiel auf. »Vielleicht wäre die Lage anders gewesen, wenn ein CDU- oder CSU-Mann in meiner Kommission gewesen wäre! Auch war Helmut Kohl nicht mehr Bundeskanzler, der mir Unterstützung hätte geben können.«

Zehn Jahre nach diesen Aufbruch verheißenden Ereignissen ist Brüssel längst wieder Brüssel. Der Rücktritt der EU-Kommission 1999 gilt im Selbstverständnis nur mehr als ein lästiger und vermeidbarer Betriebsunfall.

Der Förderirrsinn

Die Subventionspolitik der EU erscheint nur vordergründig als kafkaesk. So wird etwa jedes Jahr der Anbau von Tabak in Griechenland oder Spanien ebenso mit hohen Millionenbeträgen aus Steuermitteln gefördert wie gleichzeitig die europaweite Aufklärung über die Schäden des Rauchens.

Doch dieses Sowohl-als-Auch folgt der Logik eines jahrzehntelangen Ringens politischer Einflussnehmer im Brüsseler Entscheiderlabyrinth. Wer als noch so kleine Vereinsgruppe oder findiger Geschäftsmann über entsprechende Verbindungen verfügt, wird freigiebig aus einem der EU-Fördertöpfe bedacht. Geben, um seine eigene Position im Brüsseler Ränkespiel abzusichern – darauf konzentrieren sich Heerscharen des politischen Personals in der EU-Hauptstadt.

So gilt es selbst im 55-köpfigen Konstitutionellen Ausschuss des Europäischen Parlaments, der sich eigentlich um den Rechtsrahmen für das große europäische Ganze kümmern sollte, als Ehrensache, dass sich die einzelnen Abgeordneten jeweils für einen Verein oder Förderzweck engagieren, der ihnen nahesteht. Am besten, es handelt sich dabei um ein Vorhaben im eigenen Wahlkreis. So kämpfen gewählte Europaparlamentarier jeweils im Herbst intensiver um einige zigtausend Euro für ihr Lieblingsprojekt als je in ihren fünf Legislaturjahren um politischen Einfluss im Ausschuss.[50] In diesem Sinne fließen dann, für die Außenwelt unbegreiflich, 55 000 Euro für ein »Klassentreffen« des »Instituts für Wissenschaftskommunikation und Hochschulforschung Wien«[51] oder 47 376 Euro für das grüne »Bildungswerk Berlin der Heinrich-Böll-Stiftung« für »das Grundeinkommen auf dem Weg nach Europa« – eine hochwillkommene Wegzehrung auf dem langen Marsch.[52]

Im gesamten EU-Budget finden sich folgerichtig viele Milliarden Euro, die Kalenderjahr für Kalenderjahr in zumindest fragwürdige, oft lächerliche, bisweilen mit krimineller Energie betriebene Projekte fließen.

Diese Praktiken haben sich im Lauf der Jahrzehnte fest etabliert. Sie sind das EU-Tafelsilber praktizierter Klientelbegünstigung. Mediale Aufregungen über die unablässigen, ja himmelschreienden Skandale hinterließen daran bislang allenfalls Kratzer. Wie in altersstarr verengten, geldgespeisten Privilegiensystemen üblich, ändern sich ab und an allenfalls Namen und Orte der aktuell Begünstigten, nicht aber Prinzipien und Abläufe.

Dabei hatte sich der Europäische Rechnungshof unter der

Leitung des deutschen Bernhard Friedmann noch in den
90er-Jahren des vergangenen Jahrhunderts glaubwürdig bemüht, den skandalbedeckten EU-Gabentisch aufzuräumen.
Doch statt die Missstände nachhaltig zu beseitigen, wurde die
vergleichsweise kritische deutsche Kontrollpraxis auf EU-
Ebene entsorgt. Die Jahresberichte des Rechnungshofes lasen
sich in der Folge immer zahnloser, unpräziser, unkritischer.
EU-Mainstream-Politiker wie der Sozialdemokrat Herbert
Bösch, der gegenwärtige Vorsitzende des Haushaltskontroll-
ausschusses des Europaparlaments, zeigen sich zufrieden.
»Jetzt ist man beim Rechnungshof vom Populismus wegge-
kommen«, lobte der Österreicher den jüngsten Jahresbericht
aus Luxemburg im Straßburger Parlamentsplenum im November 2008.[53] So heißt das dann in der EU-Politikersprache.

Dabei wird der Schwarze Peter der Zuständigkeit für die
unhaltbaren Zustände zwischen den Mitgliedsstaaten und
den Organen der EU hin und her geschoben. Das Ergebnis
ist institutionalisierte Verantwortungslosigkeit.

Was fast überall verschwiegen wird: Es sind nur allzu gerne
Politiker und ihre Freunde, die sich auch aus den großen EU-
Töpfen bedienen. Und es gibt klare regionale Schwerpunkte
sowie einen strukturellen EU-Druck zur Maßlosigkeit. Eine
keineswegs erschöpfende Tour d'Horizon, wo und wie EU-
Gelder versickern:

– Bis zu fünf Milliarden Euro an EU-Hilfen, so schätzt der
  Europäische Rechnungshof, wurden allein in den Staaten
  der früheren Sowjetunion missbräuchlich verwendet. Im
  Rahmen der »Technischen Hilfe für die Vereinigung unabhängiger Staaten« (»Tacis«) flossen seit 1991 jährlich
  500 Millionen Euro an zwölf Staaten im Osten und in Zen-
  tralasien »zur Förderung der Demokratie«. In Russland,
  das am meisten von den Zuwendungen profitierte, erreichten nur neun von 29 überprüften Projekten die Ziele, für
  welche die EU bezahlt hatte. Sportgeräte für Kinder lan-
  deten bei russischen Soldaten, andere technische Einrich-

tungen wurden mangels Verwendungszweck einfach gewinnbringend weiterverkauft. Um an Programmgelder zu gelangen, erfanden russische Betrüger sogar schlichtweg eine neue Gebietsregion.[54]

– In der belgischen Stadt Charleroi wurde im Jahr 2007 ein Geheimkonto entdeckt, das mit zwölf Millionen Euro an EU-Steuergeldern ausgestattet war. Damit verwöhnten sich die Stadtpolitiker, vorzugsweise bei feinstem Essen in Edelrestaurants. Eine Delegation der regierenden Sozialisten sponserte sich auch eine Jagdreise nach Weißrussland. »Wenn ich eingeladen bin, frage ich doch nicht, woher das Geld kommt«, rechtfertigte sich der teilnehmende Sekretär der Sozialisten aus Charleroi, José Happart. Der Ausflug, bei dem die Genossen illegalerweise auch noch von der weißrussischen Botschaft mit 3000 Dollar Handgeld versorgt wurden, schadete ihm keineswegs. Happart ist inzwischen zum Präsidenten des wallonischen Parlaments aufgestiegen.[55]

– Italienische Gewerkschaften in den Abruzzen bedienten sich in großem Stil an EU-Geldern für 300 Ausbildungsprogramme, die je Kurs mit 60 000 bis 70 000 Euro budgetiert waren. Statt diese Mittel, wie vorgesehen, für Weiterbildungskurse von Arbeitslosen und Behinderten zu verwenden, finanzierten die Gewerkschafter damit ihre Autos und Ferienreisen. Die italienische Finanzverwaltung nimmt an, dass erhebliche Geldmittel auch für regionale und nationale Wahlkämpfe missbraucht wurden.[56]

– In der Lombardei kassierte Laura Ferrari Giorgetti, die Ehefrau des rechten Lega-Nord-Politikers Giancarlo Giorgetti, 400 000 Euro EU-Subvention für ihre Reitschule, angeblich für Reitstunden für behinderte Kinder. Davon gab es aber nur sehr wenige, so wurden »systematisch Unterschriften von Kindern gefälscht«, wie die italienische Tageszeitung *Corriere della Sera* aufdeckte.[57] Ebenso schamlos verhielt sich Ramón Romera, Ex-Bürgermeister der spanischen Stadt Chirivel. Seine »Reitschule«, für die er 54 000 Euro EU-Zuschuss erhielt, entpuppte sich bei einer Kontrolle als das Straßenbordell »Siebter Himmel«.[58]

– Vor allem deutsche EU-Fördergeldbezieher machten die Erfahrung, dass bei EU-Verantwortlichen vor allem Größe zählt: Im niedersächsischen Betheln versprach der Bürgermeister seinen Wählern einen überdachten Grillplatz und brachte dafür 18 000 Euro auf. Als er sich für zusätzliche EU-Mittel interessierte, wurde ihm klargemacht, dass er in ganz anderen Dimensionen planen müsse. Er reichte ein Ansuchen »zur Förderung des regionalen Tourismus« ein und erhielt stolze 120 000 Euro. Ein gewaltiger Grillpavillon schmückt jetzt die Landschaft, Touristen werden freilich kaum je gesichtet. In Hameln wiederum wurde ein Kleinmuseum zu einer »Renaissance-Erlebniswelt« aufgeblasen, was zum Erhalt von EU-Strukturmitteln führte. Die Kosten explodierten von zwei auf 18 Millionen Euro, doch nur ein Zehntel der erwarteten Besucher lässt sich blicken.[59]

– Mit verlässlicher Regelmäßigkeit regiert die Selbstbedienung in Süditalien. Während der Müllkrise genehmigte sich die regionale Verwaltung von Campagnia 300 000 Euro an EU-Mitteln, um den »Columbus Day« in New York zu erleben, ausgewiesen als »Geschäftsanbahnung im Ausland«. 73 Teilnehmer waren offiziell gemeldet, 160 reisten tatsächlich mit, vorzugsweise Ehefrauen und Kinder.[60] Die Regionalregierung von Kalabrien leitete mehr als sechs EU-Millionen für den Hafenausbau zur italienischen Fußball-Nationalmannschaft um, »zur Verbesserung des Images der Region«. Ein Ausbildungsprogramm für Filmstudenten schlug mit 750 000 Euro an EU-Förderungen zu Buche – je Teilnehmer.[61] 800 Millionen Euro der europäischen Steuerzahler flossen bereits in die Modernisierung des Eisenbahnnetzwerks in Süditalien. Nach Projektabschluss waren mehr als 50 Prozent des Streckennetzes elektrifiziert, vor Beginn war es knapp die Hälfte. Vor Ort gibt es keinen Zweifel: So finanziert die EU auch die Mafia.[62]

– Absurditäten, die europaweit bereits Schlagzeilen auslösten, runden das Bild ab: auf der fast schneefreien Insel Bornholm eine EU-geförderte Skianlage, die nur einen Tag in Betrieb gehen konnte[63]; Agrarsubventionen in Millionenhöhe für Lufthansa-Bordmenüs, sofern sie den EU-Luftraum verlassen[64]; Abermillionen für einen Schiffsaufzug ohne Schiffe in Belgien[65]; ein Zuschuss für eine öffentliche Toilette im britischen Hull, um die »regionale Wettbewerbsfähigkeit« zu unterstützen[66]. Darauf muss man erst einmal kommen.

Die einschleichende Aufrüstung

Der Zerfall Jugoslawiens und der Kosovokrieg 1999 wirkten als Katalysator auf dem Weg zu einer Europäischen Militärpolitik im Rahmen der »Gemeinsamen Außen- und Sicherheitspolitik« der EU, abgekürzt »GASP«.

Der Pferdefuß dabei: Die GASP fällt allein in die Zuständigkeit des Rates, das Europäische Parlament bleibt außen vor. Auch deshalb wäre es so wichtig gewesen, zuerst die existierende Union demokratisch auf die Füße zu stellen, somit ihre Kontrollierbarkeit durch Bürger und direkt gewählte Abgeordnete zu gewährleisten, ehe in Militärfragen neue Schritte gesetzt werden. Nur auf dieser Basis würde sich auch ein vernünftig abgesicherter Rahmen für Staaten schaffen lassen, die sich in militärischen Konflikten mehr oder weniger neutral verhalten wollen – von Irland über Schweden bis Österreich. Spätestens mit dem Verfassungsvertrag, der nach seiner Ablehnung in den EU-Reformvertrag von Lissabon mündete, hätte dieses grundsätzliche Defizit behoben werden müssen. Als das Vertragswerk ausgearbeitet wurde, standen sich auch zwei gegensätzliche Positionen gegenüber: Vertreter Deutschlands und anderer Staaten wollten und wollen eine konsequente GASP, Großbritannien und Gleichgesinnte möglichst wenig davon.

Die getroffene Lösung entspricht der so häufig vermurksten EU-Eigendynamik. Statt sich klar und transparent für eine Option zu entscheiden – und den anderen EU-Staaten Platz für ihre Positionen und für andere Zusammenschlüsse zu lassen –, wurde mit Tricks und durch Hintertüren gearbeitet. Das Ergebnis hat das Zeug zum Monster.

Angepeilt wird nämlich der Aufbau eines sicherheitspolitisch-militärischen EU-Komplexes, fernab demokratischer Verantwortlichkeit. So muss sich keiner der Entscheidungsträger irgendeinem Volk gegenüber rechtfertigen. Vom Souverän abgewählt werden kann er auch nicht – er durchlief ja auch nie eine Volkswahl. »Wir bewegen uns mit Lichtgeschwindigkeit«, frohlockte der Spanier Javier Solana, der Hohe Vertreter der EU für die GASP, der von den Staats- und Regierungschefs bestellt wird, schon weniger als ein Jahr nach der Kosovo-Tragödie.[67]

Bei der EU-Aufrüstungspolitik setzte man zuerst auf institutionelle Veränderungen, »ohne dass diesem Prozess eine abgestimmte und ausformulierte Strategie oder ein gemeinsames außen- oder friedenspolitisches Konzept zugrunde lag«, analysiert Herbert Wulf, ehemaliger Forschungsgruppenleiter beim Stockholm International Peace Research Institute SIPRI und früherer Direktor des Bonn International Center for Conversion. »Die Schaffung der Struktur folgte nicht einer Strategie, sondern geradezu umgekehrt. Zunächst schuf man neue Komitees und Institutionen, formulierte nur globale Ziele für die Streitkräfte.«[68]

Ohne Grundlage in den geltenden EU-Verträgen beschloss der Außenministerrat am 12. Juli 2004 öffentlich unbemerkt, in Brüssel eine eigene EU-Verteidigungsagentur »zur Stärkung der industriellen und technologischen Basis des Verteidigungssektors« einzurichten. »Ich habe den Mut auszusprechen, was das Gebot der Stunde ist: Nämlich, dass sich Europa etablieren muss als eine Weltmacht, die einen Geltungsanspruch erhebt«, erklärte Günter Verheugen kurze Zeit später nach seinem Aufstieg vom EU-Erweiterungs-

kommissar zum Vizepräsidenten der gesamten EU-Kommission, mit Zuständigkeit für die Industrie.[69] Der ehemalige
deutsche Außenminister Joschka Fischer assistierte: »In der
Welt des 21. Jahrhunderts wird niemand mehr nach der österreichischen oder tschechischen Position fragen, sondern nach
der Macht Europas«.[70]

Egal, ob beim ursprünglich so friedvoll angelegten, EU-
Milliarden verzehrenden Satellitenprogramm »Galileo« oder
bei Bemühungen um einheitliche Standards bei industriellen Auftragsvorgaben – überall spielen inzwischen militärische Überlegungen eine Rolle. Auch »die Querfinanzierung
von Militäreinsätzen mithilfe von Entwicklungsgeldern innerhalb der Europäischen Union ist schon länger gängige
Praxis«, erforschte der Sicherheitsexperte Jürgen Wagner.[71]
Sichtbarstes Zeichen des wachsenden militärischen Selbst-
bewusstseins sind viele der so genannten EU-Missionen.
3700 Soldaten befanden sich bis Mitte März 2009 unter
EU-Kommando im östlichen Tschad, in einer von weltweit
24 EU-Missionen, die seit 2003 im Rahmen der Europäischen
Sicherheits- und Verteidigungspolitik beschlossen wurden.
Elf davon sind bereits wieder beendet. Bei der EU-Mission
Althea nach Bosnien und Herzegowina wurden bereits 7000
Soldaten entsendet. Für die 13 laufenden Missionen beträgt
das Budget 534,5 Millionen Euro[72], ihr Einsatzgebiet erstreckt
sich von Guinea-Bissau in Westafrika über Georgien und den
Irak bis nach Indonesien. »Europa muss sich als Akteur ersten Ranges in der Welt« positionieren, verkündete der frisch
gewählte französische Präsident in seiner ersten außenpoli-
tischen Grundsatzrede. »Rambo im Élysée«, kommentierte
das *Handelsblatt*.[73]

In diesem Sinne wurden auch die sogenannten EU-Battle-
groups aufgebaut. Der Einsatz jeder Einheit, einer jeweils
1500 Mann starken Truppe, soll spätestens zehn Tage nach
einem Beschluss des Rates erfolgen, »weltweit«. Die Durch-
haltefähigkeit beträgt 30 Tage, nach Anschlussversorgung bis
zu 120 Tage. Seit Anfang 2007 sind gleichzeitig zwei Grup-

pen voll einsatzbereit.[74] Die Operationen dieser EU-Kampftruppen werden »zu 90 Prozent in Afrika« stattfinden, vermuten Militärexperten.[75]

Auf dem schwarzen Kontinent starb Anfang 2009 bereits der erste EU-Soldat für die Interessen der Europäischen Union. Ein Franzose kam im Rahmen der EU-Mission im Tschad bei einem feindlichen Angriff ums Leben, Tausende Kilometer entfernt von Brüssel oder seiner französischen Heimat.[76]

Die addierten Militärausgaben der 27 EU-Mitgliedsstaaten betragen jährlich inzwischen mehr als 200 Milliarden Euro. Das ist die Hälfte der USA und zweieinhalb Mal mehr, als die Volksrepublik China für ihre riesigen Streitkräfte aufwendet.[77] Alles nur für das gerühmte »Friedensprojekt Europa«?

Geheimdienst außer Kontrolle

Noch weiter von den eigenen Ansprüchen entfernt sich die EU bei der Sammlung und Auswertung geheimer Informationen. Während in jeder entwickelten Demokratie ein zentraler Parlamentsausschuss Einblick in die Tätigkeit der Nachrichtendienste nehmen kann und einen Anspruch auf Überwachung hat, bleibt auf EU-Ebene alles im Dunkeln.

Ausgerechnet Javier Solana, der »Mister Außenminister«, wie er oftmals genannt wird, findet es allerdings »absurd«, sich »über mangelnde Transparenz zu beklagen«.[78] Dabei etablierten sich unter seiner Leitung rund um die »Intelligence Division« (INT) in Brüssel gefährlich unkontrollierbare Abläufe. 33 INT-Mitarbeiter organisieren jetzt unter anderem die geheimdienstliche Kommunikationsinfrastruktur bei EU-Operationen für die Informationsweitergabe. Gemeinsam mit dem Joint Situation Center und dem Europäischen Satellitenzentrum EUSC bildet die INT so im Bereich der Europäischen Sicherheits- und Verteidigungspolitik den neuen EU-Geheimdienst, der sich seit 2001 aus einem

losen Kooperationsnetzwerk einiger europäischer Mitgliedsstaaten heraus entwickelte.

Zwei Jahre nach seiner Bestellung hatte Javier Solana, Generalsekretär des Rates und GASP-Beauftragter, die Eigen-
initiative ergriffen und zunächst das Situation Center geschaf-
fen, ohne Beschluss im Ministerrat[79], obwohl der EG-Vertrag
regelt, dass nur »der Rat über die Organisation des General-
sekretariats entscheidet«[80] Seither analysieren unter der Ob-
hut des Spaniers EU-Beamte und nationale Geheimdienst-
experten 24 Stunden täglich die sicherheitspolitische Lage
und liefern wesentliche Entscheidungsgrundlagen.

Im Rat selbst will man von Problemen nichts wissen. Auf
die parlamentarische Anfrage des Autors, inwieweit »die
derzeitige Rechtsgrundlage einer demokratischen Legitimität
gerecht« wird, entgegnete der Rat: »Es gibt keine Stellen, die
für das Sammeln nachrichtendienstlicher Erkenntnisse auf
EU-Ebene zuständig wären«, da die »EU-Gremien, -Agen-
turen und -Dienststellen nur Empfänger geprüfter nachrichtendienstlicher Erkenntnisse und Informationen der Mitgliedsstaaten sind«. Dementsprechend »maßgeblich für deren
demokratische Kontrolle« seien die »einzelstaatlichen Bestimmungen«, so die Antwort des Rates im Januar 2009.[81]

Das ist zumindest intensiv irreführend. Denn Daten werden sehr wohl auf europäischer Ebene gesammelt. Das bestä-
tigen zwei führende Mitarbeiter. Frank Asbeck, der Chef des
Satellitenzentrums EUSC im spanischen Torrejón, erklärt:
»Das EUSC ist eine der wenigen operativen Agenturen der
Europäischen Union.«[82] Und unmissverständlich: »Wir sehen
uns als sinnfällige Ergänzung zu den nationalen Instanzen
wie Geheimdienste oder militärische Aufklärung.« Seit Kurzem ist das Satellitenzentrum auch direkt am operativen Einsatz der EU-Soldaten in Darfur beteiligt, dem sudanesischen
Grenzland zum Tschad. Aufklärer beliefern den Generalstab
dieser EU-Mission und die Kommandeure vor Ort mit zeit-
nahen Informationen.

Der britische Geheimdienstler William Shapcott, Leiter des

Brüsseler Situation Center im Solana-Reich, erklärte bereits 2002 vor dem britischen »House of Lords«: »Im vergangenen Jahr haben wir begonnen, einiges selbst zu entwickeln, statt uns nur auf Material aus den Mitgliedsstaaten zu verlassen.«[83]

Solanas Späher können eigenständig die Beziehungen zu rund 600 EU-Mitarbeitern in 120 Delegationen der Europäischen Kommission weltweit pflegen, die über die EU-Generaldirektion für Außenbeziehungen ihre diplomatischen Berichte an das Lagezentrum in Brüssel liefern. Aufschlussreicher sind noch die sogenannten EU-Monitoring-Missionen im ehemaligen Jugoslawien und neuerdings in Georgien. Deren trainierte Offiziere bemühen sich, Vertrauen zu den Bürgern aufzubauen, um an sicherheitsrelevante Informationen zu gelangen. Ein »Monitor«, wie ein so spezialisierter EU-Beobachter genannt wird, ist der Spürhund der europäischen Sicherheits- und Verteidigungspolitik. Täglich sendet er seine gesammelten Mosaiksteine an die nationalen Hauptquartiere, wenige Minuten zuvor aber bereits an Javier Solanas Abteilung in Brüssel.[84] »Was von dort kommt, ist oft besser und detaillierter als das Material der nationalen Dienste«, lobt einer der Solana-Mitarbeiter die eigenen EU-Quellen. Ein führender EU-Kommissionsbeamter brüstet sich gar: »Wir haben weltweit unsere eigenen Augen und Ohren«.[85]

Da verhallt ungehört, was Björn Müller-Wille alarmiert. Der ehemalige Mitarbeiter des schwedischen Geheimdienstes ist ein renommierter EU-Experte und lehrt nun an der Royal Military Academy Sandhurst, die auch die Prinzen Harry und William für ihre militärische Grundausbildung durchliefen. Müller-Wille kann es nicht fassen: »Für die EU-Intelligence-Abteilungen sind weder die nationalen Parlamente noch das Europäische Parlament verantwortlich.«[86] Solanas Mannen sind somit ganz auf sich gestellt. Das ist ein europäischer Geheimdienst-GAU. Vorstöße der Politik zur Kontrolle sind nicht in Sicht. Auch der Vertrag von Lissabon bringt da keinerlei Fortschritte.

Der Spaltpilz Türkei

Welcher Vermessenheit, welcher Abgehobenheit in historischen Dimensionen bedarf es angesichts eines so weitreichenden Versagens der gegenwärtigen Europäischen Union in fast allen wichtigen Politikfeldern, dass dennoch an den Beitrittsverhandlungen mit der Türkei festgehalten wird?

Kaum je sonst ist in Brüsseler Politzirkeln eine derartige Unbeirrbarkeit erlebbar. Während ansonsten verlässlich Konrad Adenauers Diktum gilt – »was interessiert mich mein Geschwätz von gestern« –, wird in der Türkeifrage immer auf die Bindungswirkung der Beitrittsperspektive verwiesen, die Ankara schon im vergangenen Jahrhundert eröffnet worden sei. 2002 beriefen sich Europas Spitzensozialdemokraten in Warschau darauf, 2003 sagte der konservative Österreicher Othmar Karas, nunmehriger Vizepräsident der größten Fraktion im Europaparlament, sogar: »Der Beitritt der Türkei zur Europäischen Union ist schon entschieden«.[87] Offiziell beschlossen die EU-Staats- und Regierungschefs die Aufnahme der Beitrittsgespräche zwar erst im Oktober 2005, doch die EU-Mühlen mahlen schon viel länger. Und immer wieder erhalten sie neue Nahrungszufuhr.

Jüngstes Argument sind die Schwierigkeiten mit der Erdgasversorgung von Russland über die Ukraine in die EU-Staaten. Die geplante Nabucco-Pipeline durch die Türkei könnte einen Ausweg bieten. »Wir brauchen die türkische Mitgliedschaft für die Energiesicherheit in der EU«, erklärte Mitte Februar 2009 der Wiener Hannes Swoboda, unter allen Sozialdemokraten im Europaparlament die Nummer zwei.[88] Die EU-Kommission solle in den Beitrittsverhandlungen mit der Türkei dringend beginnen, über das Kapitel Energie zu verhandeln, forderte er gemeinsam mit Fraktionskollegen. »Die Verhandlungen sollten beschleunigt werden«, so die Sozialdemokraten.[89]

Der Autor dieses Buches ist stets gegen eine EU-Mitgliedschaft der Türkei eingetreten: Ohne umfassende Reformen hin zu Demokratie und Effizienz ist die EU gar nicht mehr aufnahmefähig, und die Türkei gehört nur mit einem geografischen Bruchteil zum europäischen Kontinent.»Nein, sie passen nicht dazu«, will man gemeinsam mit so vielen anderen Europafreunden rufen, den unverzüglichen Abbruch der Europa spaltenden Beitrittsgespräche erreichen und eine seriöse Partnerschaft mit Ankara anstreben.

»Es ist an der Zeit, den Ausbau der wirtschaftlichen Beziehungen ernsthaft zu betreiben. Zum anderen gibt es zwingende Gründe, eine Vollmitgliedschaft der Türkei in der EU zu vermeiden. Sie würde die Freizügigkeit für alle türkischen Staatsbürger bedeuten und damit die dringend gebotene Integration der bei uns lebenden Türken und Kurden aussichtslos werden lassen. Sie würde eine außenpolitische Handlungsfähigkeit der EU unmöglich machen. Im wahrscheinlichen Ergebnis würde die politische Union zu einer Freihandelszone verkümmern. Zwar hätten viele Engländer und Amerikaner gegen ein solches Ergebnis nichts einzuwenden … Die Regierungschefs, die sich unter abermals massivem amerikanischem Druck äußern werden, müssen daran erinnert werden, dass es seit 1963 eine einzige rechtliche Verpflichtung für sie gibt, nämlich unter bestimmten Voraussetzungen die Möglichkeit eines Beitritts der Türkei zur Europäischen Wirtschaftsgemeinschaft zu prüfen. Leider ist zu erwarten, dass der Europäische Rat sich gegenüber der Türkei abermals zweideutig verhalten wird.«

Der dies vor dem EU-Gipfel 2002 so niederschrieb, ist auch ein Sozialdemokrat: Helmut Schmidt.[90] Seine Genossen von heute feiern ihn zwar, doch Gehör findet er kaum noch.

Der Verrat der Sozialdemokratie

Der folgende Text wurde vom Autor dieses Buches bis zum 10. Januar 2004 Wort für Wort so verfasst – einen Monat vor seinem Ausschluss aus der Sozialdemokratischen Fraktion im Europaparlament, fünf Jahre vor den Neuwahlen im Bundesland Hessen, denen die massive Anprangerung von vier SPD-Genossen vorausging, die sich auf das zuvor abgegebene Wahlversprechen berufen hatten, mit der Linkspartei keine Koalition eingehen zu wollen. Als diese Zeilen geschrieben wurden, lag die SPD in Wählerumfragen noch bei 34,2 Prozent, im Januar 2009 waren es 22 Prozent.[91] (In Österreich 2004 noch 37 Prozent, bei den jüngsten nationalen Parlamentswahlen im September 2008 nur 29,3 Prozent.):

Am 6. Mai 2004 jährt sich der Rücktritt von Willy Brandt als Regierungschef zum 30. Mal, zwei Tage zuvor zelebriert das rote Wien seinen 85. Geburtstag. In Österreichs Hauptstadt ist, seit es freie, allgemeine Wahlen gibt, der Bürgermeister ein Sozialist oder Sozialdemokrat, fast immer konnte er sich auf eine absolute Mehrheit stützen, auch heute. In Schweden stellten die Sozialdemokraten seit 1932 in 63 von 72 Jahren den Premierminister.

Doch die Bilanz in den Anfangsjahren des 21. Jahrhunderts, in dem eine echte soziale Demokratie dringender denn je gebraucht würde, in Europa wie auch global, muss für Europas Sozialisten und Sozialdemokraten verheerend ausfallen. Die Enkel von Willy Brandt, Bruno Kreisky und Olof Palme sind Versager.

1970 zog Brandt mit seinem historischen Kniefall in Warschau Millionen junger Europäer in seinen Bann, so auch den Autor. Zwischen 1963 und 1975 steigerte sich der Mitgliederstand der SPD von 650 000 auf mehr als eine Million. Bruno Kreisky wiederum durchlüftete Österreich, Olof Palme verbreitete den Nimbus, eine global faire Welt anzupeilen. Es hätte losgehen können. Doch in ihrem Windschatten richteten sich die Funktionärseliten von heute ein. Der nächste Wahltermin trat an die Stelle der Vision, die Präferenzen der Wahlsieger ersetzten bald perspektivenorientierte Programmatik. Und überall boten sich Möglichkeiten zur Selbstbedienung, Staatsknete gab es im Wirtschaftsboom ja en masse.

Die SPD-Europaabgeordnete Erika Mann analysiert: »Die Sozialdemokratie hat kein Profil. Und es gibt auch niemanden, der ihr das gibt. In den Einzelstaaten sieht es katastrophal aus. In Frankreich ist die Sozialdemokratie mausetot.«[92]

Der Befund eines alten SPD-Recken, Willi Görlach[93], eines früheren Delegationsleiters der deutschen Sozialdemokraten im Europaparlament: »Die Partei hat ihre Arbeitsstruktur aufgegeben. Es wird nicht mehr in den Unterorganisationen gestritten, ruhig auch mal aufgrund der spinnerten Vorlage von oben, es wird nicht mehr projektgezielt gearbeitet. Regierungsspitze macht, macht nicht, macht schlecht, wird schlecht gemeckert, aber es kommt nichts Produktives, selbst die Linke versagt zurzeit in der SPD.«

Fragesteller: »Denken nicht zu viele Mandatare primär an sich selber?«

Görlach: »Das kommt auch dazu, das ist vielleicht stärker geworden. Das ist alles geschäftsmäßiger geworden, die denken immer, als ob sie der Versicherungsvertreter von der Hamburg Mannheimer seien.«

Es bleiben nur die nichtgläubigen Karrieristen und die Gebrochenen – wer an etwas glaubt, fliegt raus. Je mehr sich Parteiaustritte häufen und die Zivilgesellschaft zu den Sozialdemokraten auf Distanz geht, desto enger rücken die Verbliebenen zusammen.

Selbst in der Wolle gefärbte Sozialdemokraten, deren Eltern nicht selten im Widerstand gegen das Naziregime ihr Leben aufs Spiel setzten, nennen ihre Partei heute nur noch abschätzig »die rote Saubagage«, wie etwa Hannes Drössler, lange Jahre Doyen der sozialdemokratischen Ministersekretäre Österreichs, mithin der engsten Mitarbeiter der politischen Führungselite.[94]

Die(se) Sozialdemokratie ist nicht mehr zukunftsfähig.

Vor allem ist sie strukturell überholt. Ihre obsoleten, strengen Hierarchien lassen keinen Platz zum Atmen. Blinde Unterordnung zeitigt Folgen. Auch personell ist die Sozialdemokratie damit nicht zukunftsfähig. Helle, klar denkende Köpfe mit ernsthaften politischen Vorstellungen tun sich das nicht an, sie wissen auch, dass sie nur in parteiunabhängigen Netzwerken kreativ sein können, und wollen für Ideen auch Anerkennung und diese nicht unablässig im Papierkorb landen sehen. Wo sich ein kleinbürgerlicher Beamtentypus durchgesetzt hat, lassen sich aufgeschlossene, interessierte junge Menschen nicht nieder, sondern ergreifen umgehend die Flucht.

Daraus ergibt sich geradezu zwangsläufig eine inhaltliche Perspektivlosigkeit. Die Sozialdemokraten werden zum Selbstbetätigungsverein, zum Selbstzweck.

Die wachsende Abstiegsangst in der Gesellschaft hat die Funktionäre selbst intensiv erfasst. Doch beim Gegensteuern sind sie gelähmt.

Heuchelei regiert. Sie misstrauen einander, sie bespitzeln sich. Freundlich ist man verlässlich nur zu Außenstehenden, die man braucht. Schlimmer noch: Wer die Intrige, die Doppelbödigkeit nicht lernt, der fliegt raus. Wer nicht lügt, hat keine Chance. Sie demütigen jeden. Wer ernsthaft an Soziales und Demokratisches glaubt, ist verloren. Solche Menschen werden gebrochen. Während die europäische Sozialdemokratie verelendet, füllen andere das Vakuum der Gestaltungsmacht. Den neuen Herren der Welt stehen die Türen sperrangelweit offen.

Seit dem Fall des Eisernen Vorhangs und in der Machtblüte der europäischen Sozialdemokratie vollzog sich eine historisch beispiellose Vermögensumverteilung in Friedenszeiten. Natürlich haben dies vor allem die Regierenden in den Vereinigten Staaten zu verantworten, doch auch da herrschten die Freunde der Demokraten, dem finanzindustriellen Komplex ebenso eng verbunden wie Blairs Labourpartei. Ungestört von sozialdemokratischen Regierenden tritt Chinas politische Elite bewährte sozialdemokratische Werte mit Füßen und etabliert sich unter demokratiefeindlicher Missachtung von Menschenrechten und sozialen Standards als Weltfabrik.

»Elite«, »Europa« und die »EU« sind da zu den E-Wörtern der Sozialdemokraten geworden, Ausweis ihres Versagens und Scheiterns in den Boomjahren der Neunziger.

In ihrer Orientierungslosigkeit machen sich neoliberal ausgerichtete Sozialdemokraten von London über Stockholm bis Berlin vor allem daran, es ihrer jeweiligen Managerelite in ihrem Land zu richten, statt gemeinsame europäische Konzepte zu entwickeln. Unzählige Führungspersönlichkeiten großer Unternehmen bewerten die Anbiederei als Schwäche und nutzen sie: Genüsslich werden die in ihren vergleichsweise kleinen Nationalstaaten verfangenen Genossen international gegeneinander ausgespielt – bei der Frage neuer Produktionsstandorte ebenso wie bei Steuergeschenken.

Doch gerade gegenwärtige Führungszirkel europäischer Sozialdemokratien sind auf Konzernlenker fixiert wie Kinder, die vergeblich um die Anerkennung ihrer Eltern buhlen. »Warum hasst uns die Wirtschaft so?«, fragt etwa der Berliner Kanzleramtschef Frank-Walter Steinmeier an einem Abend gleich mehrfach.[95]

Soziales Europa? Eine Worthülse für Wahlkämpfe.

Solche Politik ist die Einladung an radikale Populisten in die VIP-Lounge der Macht. Die Enkel von Willy Brandt, Bruno Kreisky und Olof Palme haben ihr stolzes Erbe kläglich verspielt. »Konzeptionslos, orientierungslos, instinktlos«, nennt das Präsidiumsmitglied Andrea Nahles inzwischen auch öffentlich ihre SPD.[96] Die Substanzlosigkeit erfasst fast alle Bereiche.

Auch dies ist das Ergebnis einer selbstverschuldeten Abschottung. Die Genossen Funktionäre bemerken ja gar nicht mehr, was sie tun. Oft bewegen sie sich wie in Trance, nach ihren eigenen selbstverliebten Regeln und Aufstiegskriterien, eben sektengleich. Sie erleben die Außenwelt, mithin den Großteil der Gesellschaft, bestenfalls gar nicht, üblicherweise als störend und nicht selten als Feind, der in ihre Kreise eindringen und sie gar in ihrer bizarr menschenfremden Parteiwelt enttarnen könnte. Da sie fast nur über Intrigen in ihrem System nach oben kommen können und Hierarchien sie weiterhin streng prägen, verlieren sie weitgehend die Fähigkeit zur jeglicher Innovation.

Gerade führende Sozialdemokraten selbst sind es, welche nunmehr sozialstaatliche Errungenschaften, auf deren Grundlage sie und ihre Familien in gesellschaftliche Führungspositionen gelangten, einreißen. Doch dabei folgt die Masse der sozialdemokratischen Amtsträger nicht einer neuen ökonomischen Überzeugung, sondern verbindet den sozialen Abbau bei den meisten ihrer Stammwähler mit unzähligen versteckten persönlichen Bemühungen, jedenfalls die eigenen Schäfchen im Trockenen zu halten – bei der Rente, bei der Krankenkasse, bei noch so kleinen Vergünstigungen wie Taxifreifahrten. Hinzu kommt eine weitverbreitete Funktionärsspießigkeit, die unwillkürlich Erinnerungen an die SED-Enklave von Wandlitz weckt, wo sich Erich Honecker und Co zu DDR-Zeiten im Karstadt-Look verschanzten.

In Brüssel und Straßburg, aber auch in den nationalen Metropolen, sind überdies unzählige Kuscher und Vertuscher am Werk. Und so gilt für viel zu viele Sozialdemokraten und Sozialisten in Europa, in allen Ländern des Kontinents:

– Sie streiten sich lieber, als dass sie sich mit ihrer Weiterbildung und ihrem eigenen Verständniszuwachs in so umbruchwichtigen Zeiten beschäftigen.
– Sie lassen sich von Lobbyisten nachhaltig beeinflussen, statt sich ökologisch und sozial nachhaltiger Entwicklung zu verschreiben und selbst Lösungen zu suchen.
– Sie schieben die Verantwortung auf Kommissionen und

Gremien ab, statt sie als gewählte Volksvertreter zu übernehmen – auch auf die Gefahr hin, sich zu irren.

– Sie starren auf und kämpfen um die immer weniger werdenden Posten, die sie noch unter sich verteilen können, wobei konkrete Leistung kaum je zählt.

– Sie sind sich selbst viel wichtiger als die Anliegen und Aufgaben, die sie auf Kosten der Steuerzahler und im Auftrag ihrer Wähler erfüllen sollten.

Mit ihrer oft zynischen Art des Machterhalts nehmen sie sich Europa als Geisel. Einst kämpften die Sozialdemokraten für den Aufstieg der Arbeiterheere. Die gibt es in Europa nicht mehr. Doch die sozialdemokratischen Mandatsträger bleiben weiter den Heeren verbunden, als Parteisoldaten. Und sie kämpfen weiter – als Parteisoldaten für sich selbst. Vor allem eines eint fast alle: ihre überdimensionale Gier. Die bisherige Sozialdemokratie, mit ihrer bald 150-jährigen Geschichte, sie hat sich »zerstört«, wie es Ferdinand Lacina formulierte, Österreichs langjähriger Finanzminister und wohl der letzte rechtschaffene Sozialdemokrat in einer politischen Spitzenposition in der Alpenrepublik.[97]

Die deutschen Sozialdemokraten stimmten am 4. August 1914 in Berlin den unheilvollen wilhelminischen Kriegskrediten zu. »Wer hat uns verraten – Sozialdemokraten« wurde danach zum geflügelten Wort. Nunmehr gilt dies wieder, nur etwas präziser: Wer hat uns verraten – diese Sozialdemokraten.

Allerdings trifft dies jetzt für ganz Europa zu.

Der Schicksalsvertrag

Warum der EU-Reformvertrag
Europa schadet

» Kein geistig normaler und vernünftiger Mensch
würde diesen Vertrag je von vorne bis hinten lesen.
Ich auch nicht.«

Irlands EU-Kommissar Charlie McCreevy
kurz vor der Abstimmung über den Vertrag
von Lissabon in seiner Heimat[1]

Es ist 9 Uhr 42 und Freitag, der 13. Declan Ganley sitzt, seine Unterarme instinktiv auf die Knie gestützt, auf einem weichen Sofa in der ausladend schmucklosen Lobby des Hotel Burlington in Dublin. In den vergangenen Tagen trafen sich in dieser Halle die Aktivisten einer Bürgergruppe, die soeben EU-Geschichte schreibt. »Libertas« nennt sie sich, finanziert und gemanagt von Ganley, den *Der Spiegel* schon bewährt vorab zum »charismatischen Multimillionär« charakterisiert.[2]

In den kraftvollen Händen, die im Kindesalter in Westirland noch Torf stachen, hält der irische Selfmade-Unternehmer hoch konzentriert seinen Blackberry, die Nachrichtenzentrale seiner »Nein«-Kampagne zum EU-Reformvertrag von Lissabon. Er scrollt mit sich aufhellendem Blick durch die neueste Meldung auf dem faustgroßen Sichtschirm, lehnt sich zurück und sagt spitzbübisch: »Es sieht so aus, als ob wir gewinnen würden.«

Das irische »Nein«
als unverhoffte Chance

In ländlichen Regionen, das ergeben die ersten Auszählungen der Volksabstimmung, die am Vortag um 22 Uhr beendet worden war, sprechen sich 70 Prozent der Urnengänger gegen das Vertragswerk aus, in bürgerlichen Wohngegenden der Hauptstadt steht es halbe-halbe. Für Ganley wird es der Tag seines Lebens. In der Nacht zuvor hatte er noch im Billardzimmer seines Landsitzes Moyne Park nahe Galway seine Vergangenheit und Weltsicht geschildert. Der 39 Jahre alte Geschäftsmann zog schon als Teenager in den Osten und nach Sibirien, durch Aluminium- und Holzhandel wurde er vermögend. 1996 kehrte er in seine Heimat zurück und kaufte von dem Sänger Donovan das quadratkilometergroße Anwesen aus dem frühen 19. Jahrhundert, das einst eine Londoner Reederfamilie als Rückzugsort erworben hatte. Kaum zurück in Irland, listeten internationale Zeitschriften Ganley unter den tausend reichsten Bürgern auf den Britischen Inseln. Energisch bestreitet er deshalb, US-Militärfirmen würden »Libertas« finanzieren: »Das ist doch völlig absurd. Mein Geld habe ich schon viel früher verdient. Und ich habe einen Eid auf die irische Verfassung geschworen und ich bin durch und durch Europäer.«[3]

Und seine Verbindungen in die USA? »Seit einigen Jahren bin ich auch im Telekommunikationsgeschäft. Rund um den Hurrikan Katrina im Jahr 2005 belieferte ich Feuerwehr, Polizei und Nationalgarde mit Breitbandtelefonen«, so Ganley. »Mit dem Pentagon habe ich so viel zu tun wie jeder Lieferant, der die Nationalgarde mit Hemden oder Brötchen versorgt.« Mit tief verankertem Stolz zeigt Ganley aus seinem Ledersessel quer über den Billardtisch auf das gerahmte Dokument über der Kommode. Es bestätigt die Ordensverleihung des Staates Louisiana an den geschäftstüchtigen Iren »für die Rettung von Leben«.

Ganley lebt wie ein erfolgsorientierter Hollywoodstar, asketisch, aber im Überfluss. In seiner professionell bestückten Hausbar finden sich jahrzehntelang gereifte Whiskys aus verschiedenen Ländern, doch er selbst trinkt nicht. Nur in der Hauskapelle nippt er sonntags bei der eigens für seine Familie gelesenen Messe am Kelch, gefüllt mit einem bemerkenswerten Bordeaux.

Was zieht so jemanden in die Schlammschlachten der Politik? Er sagt: »Ich habe den Lissabon-Vertrag zu lesen begonnen, um darin nach neuen Geschäftschancen zu suchen. Bei der Lektüre wurde ich aber immer besorgter um die Zukunft meiner vier Kinder.« Freunde sagen, Ganley sei vor allem ein strenggläubiger Katholik, mit geradezu missionarischem Eifer. Gegner sagen, er wolle im Interesse neokonservativer US-Kreise Europa schwächen. EU-Fanatiker behaupten, der Ire werde von der CIA gesponsert.

Ganley selbst sieht im sich radikalisierenden Islam die größte Gefahr. Für ihn ist Russland eher Partner als Feind, mit den Chinesen »kann man reden«. Und der irische Unternehmer will vor allem »ein starkes Europa, demokratisch, transparent, den Bürgern verantwortlich und mit vielen Rechten für die Regionen«. Wenn »wir Europa nicht aus den Händen der EU-Bürokratie befreien, wird es undemokratisch bleiben und bald nur noch fünftgrößte Wirtschaftskraft sein«.

Mit solcher Rhetorik wurde Ganley in Brüssel und Berlin zum bekämpften Elitenschreck, in Limerick und Dublin hingegen zum bestaunten Volkshelden. Er ist »Mister No«.

Denn kurz vor elf Uhr am 13. Juni 2008 nehmen im spielverliebten Irland die Wettbüros keine neuen Wetten mehr auf den Ausgang des Referendums an. Während die Medienvertreter noch öffentlich über die Resultate spekulieren, sind bei den Stimmenauszählern die Würfel gefallen, das »Nein« wird uneinholbar. Am Ende sprechen sich 53,4 Prozent der Iren, die gültig abstimmten, gegen den Lissabonner Vertrag aus. Und dies bei strahlendem Sonnenschein und einer für ein irisches Referendum erstaunlich hohen Wahlbeteiligung von

53,1 Prozent.[4] Dabei hatten Experten prophezeit, nur bei schlechtem Wetter und dem daraus folgenden geringen Bürgerinteresse könnte es zu einer Ablehnung kommen.

Ungleich härter als die blamierten Meinungsforscher trifft das Ergebnis das europäische Politikestablishment. »Ich glaube, das erste Opfer eines eventuellen ›Neins‹ wären die Iren selbst. Sie haben doch von der EU mehr profitiert als andere«, hatte Frankreichs Außenminister Bernard Kouchner noch zwei Tage vor dem Referendum siegessicher gedroht.[5] »Es wäre sehr, sehr, sehr besorgniserregend, wenn wir uns nicht auf die Iren verlassen könnten, die sich selbst ja sehr auf Europas Geld verlassen haben.« Damit hatte Kouchner zum Ausdruck gebracht, was die meisten EU-Politiker und weniger informierte Bürger denken: Die Iren erhielten doch EU-Milliardensubventionen, warum nur können sie mehrheitlich gegen den Lissabon-Vertrag stimmen?

Waren es die persönliche Strahlkraft und die Finanzmittel von Declan Ganley oder die grundsoliden Argumente anderer Kritiker wie etwa von Mary Lou McDonald, deren linke Sinn Féin als einzige und älteste Parlamentspartei in Irland ebenfalls gegen den EU-Reformvertrag mobil machte? Waren es die Sorgen so vieler Gewerkschafter um die Aushöhlung sozialer Rechte durch den Europäischen Gerichtshof, dessen Urteile in Irland viel eher diskutiert werden als in Kontinentaleuropa? Oder griff die Angstmache fundamentalistischer Gruppen, die im katholischen und neutralen Irland zu Unrecht vor dem Ende des Abtreibungsverbots und angeblichen Zwangsrekrutierungen für eine EU-Armee warnten? War es der sich bereits abzeichnende Niedergang des »irischen Tigers«, wie der keltische Boom gerne bezeichnet worden war – und die damit verbundene Wahrnehmung, dass Steuerdumping bei gleichzeitig um 48 Prozent erhöhten Staatsausgaben sowie ungezielt verteilte EU-Förderungen in Wirklichkeit eine historisch einmalige Spekulationsblase produziert hatten? Oder war es gar eine nationalistische Enttäuschung, die vorhandenen EU-Mittel seit 2004 immer mehr mit den neuen Mitgliedsstaaten im Osten teilen zu müssen? Oder eben doch die bürokratiekritische und demokratiepolitische Ablehnung eines unzulänglichen EU-Reformvertrags, bei einer gleichzeitig positiven Grundeinstellung gegenüber der EU, die ja von 70 Prozent aller Iren geteilt wird?

In den Analysen spielen all diese Faktoren eine Rolle, in ihrer Gewichtung sind sich die Experten jedoch sehr uneinig. Auf eines ist allerdings stets hinzuweisen: Auch Franzosen und Niederländer hatten bereits entgegen den Erwartungen des etablierten Politikbetriebs und ohne Unterstützung durch nennenswerte Massenmedien im Jahr 2005 den Lissabonner Vertrag, der damals mit fast deckungsgleichem Inhalt noch »Verfassungsvertrag« genannt worden war, in Volksabstimmungen klar abgelehnt – mit guten Gründen.

EU-Reformvertrag verfassungswidrig?

Als überzeugter Europäer kann man sich über das »Nein« der Iren hoffnungsvoll freuen. Denn ein »Ja« hätte diesen völlig unverständlichen Paragraphen-Wirrwarr auf 388 Seiten in Stein gemeißelt. 18 der 27 EU-Mitgliedsstaaten hatten zuvor schon den Lissabonner Vertrag durch ihre nationalen Parlamente gewinkt, der Rest schien Formsache, selbst die Briten zogen wenige Tage nach der irischen Volksabstimmung nach. Mit dem Inkrafttreten des Vertrags wäre aber das einstmals so ehrgeizige »Projekt Europa« wie von einer granitschweren Grabplatte unter die Erde gedrückt worden, für Jahrzehnte ohne Möglichkeit auf Wiederbelebung.[6]

Die Befürworter führen stets ins Treffen, der Reformvertrag mache die Union transparenter, demokratischer und handlungsfähiger. Doch dies wäre nur in Randbereichen der Fall oder um einen viel zu hohen Preis. Zwar wären die Ministerräte statt in 33 in weiteren 43 von insgesamt mehr als 150 Politikbereichen zu mehr Offenheit angehalten und das Parlament mitentscheidend. Wie der Rat trotz aller Beteuerungen aber in Sachen Transparenz agiert, wurde im Kapitel »Die Hintermänner der Macht« ausführlich dargestellt. Und die erweiterten Kompetenzen des Parlaments wären zumeist nur ein Pyrrhussieg, da die grundsätzlichen Defizite der europäischen Volksvertretung nicht behoben werden – es bleibt ein kastriertes Parlament ohne Budgethoheit und Gesetzesinitiativrecht (siehe dazu die Kapitel »Die Revolte der Eliten« sowie »Die Skandalmaschine«).

Zutreffend ist, dass durch den Lissabontext wie auch schon durch den endgültig gescheiterten Verfassungsvertrag die Handlungsfähigkeit in der Europäischen Union gesteigert werden sollte. Doch dies geschähe durch die Verkleinerung der Kommission und eine andere Stimmverteilung zulasten der kleineren Mitgliedsstaaten. Und vor allem Artikel 48 in der »konsolidierten Fassung des Vertrags über die Europäische Union« birgt demokratiepolitischen Sprengstoff. Denn demnach kann in einem »vereinfachten Änderungsverfahren der Europäische Rat einen Beschluss zur Änderung aller oder eines Teils der Bestimmungen des Dritten Teils des Vertrags über die Arbeitsweise der Europäischen Union erlassen... Dieser Beschluss tritt erst nach Zustimmung der Mitgliedsstaaten im Einklang mit ihren jeweiligen verfassungsrechtlichen Vorschriften in Kraft.«[7] Konkret bedeutet dies, dass die Staats- und Regierungschefs in Zukunft im Bereich von 172 Artikeln, mithin im Großteil der EU-Politik, ihre Politikgestaltung verändern können, ohne dass dies von den nationalen Parlamenten oder gar durch Volksabstimmungen abgesegnet werden müsste. Eine sogenannte Ratifizierung ist ausdrücklich nicht mehr vorgesehen. Dieser Passus ähnelt damit einem höchst fragwürdigen Ermächtigungsgesetz. Er stärkt zwar die Handlungsfähigkeit, wie es Machthaber in Nichtdemokratien zu schätzen wissen, untergräbt aber demokratische Kernprinzipien. Damit wird auch das Versprechen etwa der österreichischen Sozialdemokraten, bei künftigen EU-Veränderungen für eine nationale Volksabstimmung einzutreten, Makulatur. Denn dazu wird es mit dem Lissa-

bonner Vertrag kaum noch kommen, die EU-Gipfelteilnehmer richten es sich selbst.

Noch ist aber eine europäisch-demokratische Fanfare möglich – falls sich das deutsche Bundesverfassungsgericht in
Karlsruhe demnächst durchringt, den Reformvertrag als ver-
fassungswidrig zu verwerfen oder gemäß dem Schlussartikel
des Grundgesetzes eine Volksabstimmung in der Bundesrepublik Deutschland anzuordnen.[8] Argumente dafür liefern
Kläger von der Linkspartei bis zum CSU-Politiker Peter
Gauweiler in großer Zahl – vom anhaltenden Kompetenzver-
lust Richtung EU über den finalen Grundrechtsschutz bis
zur einseitigen EU-Ausrichtung auf eine »offene Marktwirtschaft«, die im Gegensatz zur wirtschaftspolitischen Neu-
tralität des deutschen Grundgesetzes interpretiert werden
kann.

»Karlsruhe hat den Showdown zwischen Grundgesetz und
EU-Verträgen bislang immer hinausgeschoben, mit lautstar-
ken Worten und kleinlauten Schlussfolgerungen: ›Solange‹
das Grundgesetz Gültigkeit behalte und ›solange‹ die Grundrechte von der EU beachtet würden – ›solange‹ werde sich
das höchste deutsche Gericht als Wächter der Verfassung in
die europäischen Dinge nicht einmischen. Doch wie lange
dauert ›solange‹?«, kommentiert Heribert Prantl, Leitartikler
in der *Süddeutschen Zeitung* und früher Anwalt, Richter und
Staatsanwalt.[9] »Das Karlsruher Gericht urteilt auch über
seine eigene Zukunft. Es steht vor dem Lissabon-Vertrag wie
vor einem deutsch-europäischen Aufgebot. Die große Frage
an das Gericht ist die des Pfarrers in einem Hollywood-
Hochzeits-Film: Wer etwas gegen diese Verbindung einzuwenden hat, der spreche jetzt – oder der schweige für immer«, so Prantl zum Auftakt der öffentlichen Anhörung in
Karlsruhe im Februar 2009.[10] Dabei äußerten die Richter bereits Misstrauen gegen eine »freiheitsgefährdende« Übertra-
gung von Hoheitsrechten auf Brüssel. Verfassungsrichter
Udo Di Fabio, als Berichterstatter des Gerichts von heraus-
ragender Bedeutung im Verfahren, fragte: »Ist die Kompe-

tenz, die jemand gewinnt, ein Gewinn für die Freiheit? Ist der Gedanke des Immer-Mehr in der Tendenz nicht freiheitsgefährdend?«[11] Hat Di Fabio damit schon die Trompete für eine geschichtsträchtige Fanfare in die Hand genommen?

Österreichs Verfassungsrichter jedenfalls haben sich nach einer Klage des Buchautors zum Schweigen entschieden.[12] Das Klagerecht eines einzelnen Betroffenen wurde nicht anerkannt, auch dies ein Demokratiedefizit der Alpenrepublik im Vergleich zu vielen anderen europäischen Nationalstaaten.

Spiel über Bande

Die deutschen Richter könnten hingegen inhaltliche Anleihen bei einem ihrer früheren Vorsitzenden nehmen, beim ehemaligen Bundespräsidenten Roman Herzog. In seiner Denkschrift »Europa entmachtet uns und unsere Vertreter« stellte er 2007 mit seinem Mitautor Lüder Gerken, dem Direktor des Freiburger Centrums für Europäische Politik, nicht nur die Frage, ob man nach all den EU-Entwicklungen die Bundesrepublik Deutschland noch »als eine parlamentarische Demokratie bezeichnen kann«.[13] Er geißelte auch einprägsam das gegenwärtige »Spiel über Bande«. Denn es ist inzwischen gefährliche Praxis geworden, Gesetzesvorhaben, die in Berlin oder Wien an einem rivalisierenden Ministerium oder am eigenen Parlament scheitern würden, diskret vorab über wohlgesinnte Arbeitsgruppen und EU-Beamte in Brüssel einzuspeisen und dann von einem Ministerrat beschließen zu lassen. So werden die nationalstaatlich Zuständigen ausgehebelt, die in der EU-Hauptstadt verabschiedeten EU-Richtlinien und -Verordnungen müssen im Heimatstaat ohne Widerrede umgesetzt werden.

»Ein nationales Ministerium, etwa das deutsche Bundesumweltministerium, das ein Regulierungsvorhaben auf nationaler Ebene nicht durchsetzen kann – weil zum Beispiel der deutsche Arbeitsminister Widerstand leistet oder es im Bun-

destag nicht mehrheitsfähig wäre –, ›ermutigt‹ die zuständige
Generaldirektion in der Europäischen Kommission diskret,
dieses Vorhaben EU-weit zu verwirklichen«, schrieben Herzog und Gerken. »Das EU-Vorhaben durchläuft dann den
üblichen Gesetzgebungsprozess. Am Ende entscheidet der
Ministerrat darüber. In dem sitzen aber im Regelfall genau
dasjenige Ministerium, das den Vorschlag überhaupt erst angestoßen hat, und die entsprechenden Fachministerien der
anderen Mitgliedsstaaten, im Beispiel also 27 Umweltminis-
terien. Die erforderliche Abwägung auf nationaler Ebene, oft
genug auch auf EU-Ebene, etwa mit arbeitsmarktpolitischen
Belangen, kommt als Folge dieses Spiels über Bande regelmäßig zu kurz, denn andere Ministerien und vor allem die Parlamente in den Mitgliedsstaaten werden nicht einmal nähe-
rungsweise in den Entscheidungsprozess eingebunden, wie
es für Rechtsakte auf nationaler Ebene selbstverständlich ist
und wie es die Verfassungen der Mitgliedsstaaten eigentlich
vorschreiben. Vieles, was auf nationaler Ebene nicht durch-
setzbar ist, wird so über den Umweg nach Brüssel umgesetzt – jetzt sogar europaweit. Folge ist eine fortschreitende
Zentralisierung, angestoßen durch nationale Partikularinteressen.«[14]

Diese ursprünglich in der konservativen Tageszeitung *Die
Welt* veröffentlichte Passage aus dem Herzog-Gerken-Mani-
fest findet sich nun auch wörtlich und mit Nachdruck zitiert
in der »Verfassungsbeschwerde gegen das Zustimmungsge-
setz zum Lissabonner Vertrag« der deutschen Bundestags-
fraktion der Linken vor den Karlsruher Höchstrichtern.[15] So
erweist sich, dass in EU-Fragen ganz neue inhaltliche Über-
einstimmungen entstehen, die quer zu den bisherigen Parteilinien verlaufen. Nur die politischen Spitzenvertreter dessen,
was von den beiden einst großen Volksparteien CDU und
SPD noch übrig geblieben ist, sowie die Liberalen verschlie-
ßen sich wie die drei Affen der demokratieverzehrenden
Kraft der gegenwärtigen EU-Dynamik.

Dabei ist sogar bestreitbar, dass der neue EU-Reformvertrag Fortschritte bei der EU-Außen- und Sicherheitspolitik bringen würde – ein Argument, das fast alle Vertragsverfechter beständig ins Treffen führen. Das Duo Herzog/Gerken kontert: »Dieser Vertrag würde insbesondere in der Außen- und Sicherheitspolitik eine verstärkte Zusammenarbeit zwischen denjenigen Mitgliedsstaaten, die dies wollen, praktisch unmöglich machen, da hierfür die Zustimmung sämtlicher EU-Mitgliedsstaaten erforderlich ist. Er schadet daher den globalpolitischen Interessen Europas und ist auch deshalb abzulehnen.«[16]

Doch »die europäische und Teile der deutschen Politik ... lehnen eine konstruktive Diskussion der Frage ab, ob dieser Vertrag Europa wirklich zum Besten gereichen würde, denn sie befürchten, dass sie nicht noch einmal die Kraft zu einem großen Wurf finden«, schlussfolgern Herzog/Gerken.[17]

Doch genau diese Debatte muss geführt und der große Wurf gewagt werden.

Sündenfall Nizza – Böses Volk

Der Großteil der politischen Klasse Europas ist dafür aber unempfänglich. Sie hat sich für die gegenteilige Strategie entschieden: Augen zu und durch.

Schon der EU-Vertrag von Nizza im Dezember 2000 erwies sich als nachhaltiger Sündenfall. Damals schon stand in den 15 EU-Mitgliedsstaaten die große EU-Reform dringlich auf der Tagesordnung, Vertiefung genannt. »Vertiefung vor der Erweiterung« hieß der Leitsatz. Bereits anlässlich des Vertrags von Amsterdam 1997 hatten sich die Staats- und Regierungschefs nicht auf institutionelle Reformen einigen können, unter Frankreichs EU-Vorsitz erwartete man aber den Durchbruch. Der EU-Gipfel an der Côte d'Azur geriet jedoch zum peinlichen Flop. Wie auf einem Basar wurde um Stimmgewichtungen und Posten gerungen, ohne befriedigendes Ergebnis. »Zerstritten und abgehoben wie Reichskurfürsten« nannte nicht nur der grüne Europaabgeordnete Johannes Voggenhuber das unwürdige Schauspiel, an dessen Ende sich vor allem die spanischen Vertreter als Sieger sahen. Und auch die Polen, die schon mitmischten, ohne Mitglied zu sein.

Eben weil Nizza so gründlich misslang, sollte in späteren Jahren ein Grundrechte- plus Verfassungskonvent Abhilfe schaffen – mit den bekannten Folgen des Verfassungs- und des Lissabon-Vertrags.

Nach deren Scheitern beziehungsweise bisherigem Nichtinkrafttreten ist der völlig unzulängliche Nizza-Vertrag bis heute die Geschäftsgrundlage für die EU. Und die Erweiterung um ein Dutzend weitere Staaten wurde entgegen jeder institutionellen Vernunft trotzdem durchgezogen – ebenfalls mit den bekannten Folgen der Lähmung.

Darum drängen die Brüsseler Machthaber mit solch verbissener Konsequenz auf den Lissabon-Vertrag. Sie wollen leichter Beschlüsse fassen können, die Vetodrohungen vor allem Polens (und später wohl auch der Türkei) in vielen Bereichen durch komfortable Mehrheitsentscheidungen unterlaufen. Das wäre ja auch sinnvoll, wenn damit endlich eine ernsthafte europäische Demokratie und entsprechende individuelle Verantwortlichkeiten einhergingen. Doch nur ein gewisser Effizienzgewinn bei gleichzeitiger Preisgabe von Volksherrschaft und weiterem Verlust nationaler Zuständigkeiten – das kann es doch nicht sein.

Muss es aber, lautet das Brüsseler EU-Mantra am Ende des Nuller-Jahrzehnts. Unter deutscher EU-Präsidentschaft im Frühjahr 2007 und beim Lissabonner EU-Gipfel im Oktober desselben Jahres wurden alle Staats- und Regierungschefs darauf eingeschworen, *keine* Volksabstimmungen in ihren Ländern abzuhalten, um eine Blamage wie mit dem Verfassungsvertrag in Frankreich und in den Niederlanden zu verhindern. Ein Gipfelteilnehmer berichtete, dass dem auch alle 27 Teilnehmer zustimmten[18] – mit Ausnahme des Iren, der durch seine nationale Verfassung bei einer EU-Vertragsänderung zwingend ein nationales Referendum durchführen muss.

Als sich das irische Volk im Juni 2008 zur völligen Überraschung der EU-Spitzenpolitiker querlegte, wurde denn auch nach einer kurzen Schockstarre in Brüssel und Dublin ein Masterplan entwickelt. Er mündete für das kleine Land, das erst 1921 die Unabhängigkeit von Großbritannien erkämpfen konnte, in einem zweiten Referendum spätestens im Oktober 2009. Was Franzosen und Niederländern nach ihrem »Nein« nie zugemutet worden wäre – bei den Iren ist es anders: Sie bekommen noch eine zweite Chance, wie von der EU-Obrigkeit gewünscht »Ja« zu sagen.

Die Drohkulisse ist dabei erschütternd. Denn statt lediglich erneut den Lissabon-Vertrag zur Abstimmung zu stellen – und damit einen neuen EU-Reformvorschlag –, heißt es für Irland: Stimmt ihr mit »Nein«, müsst ihr die EU verlassen. Das freilich will die überwältigende Mehrheit der Iren nicht. »Wir werden massiv eingeschüchtert«, berichtete die irische Europaabgeordnete Mary Lou McDonald beim Treffen der überparteilichen Parlamentariergruppe »SOS Demokratie« im Januar 2009.[19] »Die öffentliche Meinung wird qualvoll zurückgewiesen«, so die Irin. Wut kommt in ihr hoch, wenn sie auf die Umfrageergebnisse in vielen anderen Ländern verweist, in denen der Lissabon-Vertrag bei einer Volksabstimmung ebenso durchgefallen wäre. Doch das Recht, sich plebiszitär zu äußern, war ja den Bürgern in allen anderen Staaten verwehrt worden – und nun werden die Iren an den Pranger gestellt, weil sie mit 0,175 Prozent aller Unionsbürger angeblich den Fortschritt der EU blockieren. Welche Chuzpe.

Um den Boden für ein »Ja« auch auf der grünen Insel zu bereiten, soll nicht nur der bislang garantierte gleichberechtigte Zugang der »Nein«-Bewegung zu öffentlich-rechtlichen Fernsehzeiten drastisch beschnitten, sondern auch die private Finanzierung von Kampagnen erheblich eingeschränkt werden. Das wird für den strahlenden Unternehmer Ganley bedeuten: Keine Show mehr für Mister No. Im gleichen Atemzug werden die EU-Vertragsgegner zu EU-Gegnern umgedeutet, konstruktive EU-Kritiker als EU-Feinde diffamiert. Irische Regierungsgelder werden hingegen reichlich fließen, Brüssels EU-Kommunikationskommissarin Margot Wallström stellt auch gerne ihr propagandistisches PR-Know-how zur Verfügung. Derart eingeschüchtert und einseitig informiert, werden auch die Iren ihren Widerstand aufgeben, so das Kalkül. Es dürfte schon deshalb aufgehen, weil die globale Wirtschaftskrise inzwischen die kleine Insel in Europas Nordwesten überdurchschnittlich heftig trifft. Dass dabei eine überzogene EU-Deregulierung viele Spekulationsblasen zwischen Dublin und Galway erst möglich machte, wird wohl kaum zum Referendumsthema werden. Wohl aber die immer wieder aufkeimende Hoffnung auf eine soziale Europäische Union.

Soziale Union?

Immer, wenn es hakt und eine Bürgermehrheit sich störrisch gegenüber den Verheißungen des EU-Binnenmarktes mit seiner uneingeschränkten Freizügigkeit von Waren und Dienstleistungen zeigt, taucht phönixhaft die Vision einer sozialen EU auf. Alle bisherigen EU-Verträge bieten aber keinen Platz für diese mythologische Vorstellung. Die Sozialgesetzgebung ist Angelegenheit der Nationalstaaten. Gleichzeitig sind die Sozialsysteme und Errungenschaften in den verschiedenen Ländern so unterschiedlich gestaltet, dass eine Zusammenführung nur zu massiven Verlusten und weiteren Nettozahlungen in den bisherigen Wohlstandsstaaten führen würde. Außerdem begünstigt die Rechtsprechung des Europäischen Gerichtshofs bislang Sozialabbau und Lohndumping.[20]

Vor allem aber würde in der gegenwärtigen EU-Wirklichkeit eine Sozialunion eines entstehen lassen – den größten Bürokratieapparat in der Menschheitsgeschichte, mit einer nie da gewesenen Funktionärsprivilegienwirtschaft. So wird vieles zum Danaergeschenk wie das Trojanische Pferd, wenn Brüssel wie seit Herbst 2008 eine neue »Sozialagenda« vom Stapel laufen lässt – »20 Initiativen aus den Bereichen Beschäftigung und soziale Angelegenheiten, Jugend und Erziehung, Gesundheit, Informationsgesellschaft und Wirtschaft«. Schon füllen die ersten Pläne 900 EU-Dokumentseiten. »Ein Monster«, urteilt bereits der deutsche Publizist und Wirtschaftswissenschaftler Thomas Löffelholz.[21]

Natürlich bedarf es eines neuen sozialen Ausgleichs in Europa wie auch global. Bandbreiten für Sozialausgaben im Rahmen des jeweiligen Bruttosozialprodukts könnten vereinbart werden, um im Wettstreit der Nationen eine Abwärtsspirale hin zu Massenarmut zu stoppen. Mindestabsicherungen dürfen nicht zur Demütigung verkommen, echte Steuerschlupflöcher müssen auch innerhalb der Europäischen Union geschlossen werden – aber bei gleichzeitig überzeugendem Bürokratieabbau.

Deshalb muss einem erneuerten gesellschaftlichen Sozialkontrakt eine radikal andere Entscheidungs- sowie Verwaltungsstruktur und damit ein politischer Elitenwechsel vorangehen. Zwangsbeglückung durch parteigesteuerten Staatssozialismus ist im vergangenen Jahrhundert bereits unwiderruflich gescheitert.

Die Revolution der Demokratie

Der Bürgerwille an die Macht

> »Wenn man die Wahrheit unter der Erde vergräbt,
> dann sammelt sie dort ihre Kräfte,
> sie nimmt Explosionsgewalt an,
> um am Tag, an dem sie ausbricht,
> alles mit sich fortzureißen.
> … Ich habe deshalb nur eine Leidenschaft,
> jene der Aufklärung.
> Man möge mich vor ein Schwurgericht stellen,
> und die Untersuchung möge
> in aller Öffentlichkeit stattfinden!
>
> Ich warte!«
>
> *Émile Zola in seinem Brief »J'accuse«*

Die politischen wie auch die ökonomischen Systeme in Europa stecken in ihrer schwersten Krise seit 1945. Mit allgemeinen Reformen ist es nicht getan. Es gibt keinen nennenswerten politischen und sozialen Bereich, der sich nicht weitgehend verändern muss, um zukunftsfähig zu werden. Wer dies auf demokratischer Basis EU-weit fordert, ist doch ein echter Pro-Europäer, wer am Status quo mit nur geringen Anpassungen festhalten will, wird sich als Totengräber erweisen.

Dabei muss das Spannungsfeld zwischen der Notwendigkeit überzeugender politischer Leadership und möglichst viel direkter Bürgerbeteiligung überbrückt werden. Dies ist das große Kunststück der politischen Gesellschaftsgestaltung im sich entfaltenden 21. Jahrhundert.

Unprovinzieller Dezentralismus

Gleichzeitig geht überall die Angst um. Doch es ist im Herzen Europas nicht mehr wie in früheren Zeiten die große Furcht vor einem ausländischen Militärangriff, sondern vor negativen ökonomischen Auswirkungen der Globalisierung, der Überalterung im Westen und der neuen Weltwirtschaftskrise. Und wer Angst hat, sucht Sicherheit. Ein Rückfall in chauvinistischen Nationalismus wäre allerdings verheerend, ein bloßer Kantönligeist zumindest chancenverengend. Doch die Sehnsucht nach überschaubaren Einheiten, nach regionaler und kultureller Identität nimmt zu, selbst bei Bürgern, die den Erdball schon als Touristen umrundet haben. Parallel dazu wächst das Misstrauen großen Einheiten gegenüber, auch wenn man als Kunde durch niedrigere Stückpreise bei vielen Konsumgütern davon profitiert. Und dieser Argwohn gegenüber intransparenter Größe ist erst recht bei den EU-Institutionen berechtigt – weite Teile dieses Buches handeln davon.

Als gesellschaftspolitische Lösung wäre ein »unprovinzieller Dezentralismus« anzustreben, wie dies Gerd Leipold nennt, der Exekutivdirektor von Greenpeace International.[1] Vielleicht ist er selbst ein gelebtes Beispiel dafür: Sein Büro befindet sich in Amsterdam, seine Kinder wuchsen in Kenia auf und besuchen Universitäten in England. Doch in der Familie wird geschwäbelt, mehrfach im Jahr trifft man sich bisweilen wochenlang bei Memmingen im Allgäu, im Herkunftsort Leipolds. Trotz oder immer wieder auch gerade wegen seiner weltumspannenden Tätigkeit schätzt er »die tausend Jahre alte Kulturlandschaft im Alpenvorland«.

Weltoffen regional verwurzelt, das wäre schon ein erstrebenswertes Ziel für viele. Doch die Politik hat da kaum etwas anzubieten. Entweder man ist konservativ und bieder örtlich organisiert, was auch für ehemalige sozialdemokratische Arbeiterhochburgen im Ruhrgebiet oder in der Obersteiermark gilt, oder eben Teil des nationalen Politikbetriebs, immer mehr verflochten mit dem entrückten Brüsseler Zentralismus.

Auch so wächst die Distanz zwischen Regierenden und Regierten. Dabei ist unbestritten, dass bestimmte grundsätzliche Probleme nur noch global oder jedenfalls nur in großen Verbünden gelöst werden können: eine neue Weltfinanzarchitektur ebenso wie ein schlüssiges Klimaschutzkonzept. Doch so eine »eine Welt« kann nur funktionieren, sofern sie sich lokal rückkoppelt. Wenn dies nicht geschieht und die Weltgesellschaft nicht glokal verankert ist, dann droht eher ein neuer Weltkrieg.

Bislang konnten sich solche Überlegungen politisch nicht ernsthaft materialisieren. Die nunmehrige große Krise der Demokratie und der Ökonomie bietet in Verbindung mit den technologischen Fortschritten jedoch die Möglichkeit, dass neue, unkonventionelle Bündnisse entstehen.

Ja, es gibt die Chance auf ein neues Bewusstsein, quer über die Kontinente hinweg und insbesondere in Europa. Wenn Parteien obsolet werden und Firmenzusammenbrüche auf der Tagesordnung stehen, gleichzeitig aber der politische Rahmengestaltungsbedarf dramatisch ansteigt, öffnet dies Perspektiven für neue Kooperationen und Entscheidungsformen. Gewerkschaftlich orientierte Arbeitnehmer, die vom kleinkarierten Alltag in so vielen Betriebsräten abgestoßen werden, haben gegenwärtig kaum andere Interessen als Kleinunternehmer, denen in der Krise Aufträge und Kunden wegbrechen. Selbst in den Zentralen großer Unternehmen des produzierenden Gewerbes, mithin der Realwirtschaft, entwickelte sich in den vergangenen Monaten eine oft stark veränderte Wahrnehmung der Finanzwirtschaft.

In Bezug auf die politischen und bürokratischen Entscheidungsträger der Europäischen Union bilden sich ohnehin schon seit Längerem neue Allianzen. So hat die bundesdeutsche Linke ja nicht durch Zufall wesentliche Argumente des als konservativ angesehenen Ex-Bundespräsidenten Roman Herzog in ihre Klage gegen den Lissabon-Vertrag eingebaut, sondern dies ist Ergebnis eines politischen Prozesses.[2] Und der ehemalige CDU-Generalsekretär Heiner Geißler und Kontrahent Helmut Kohls um den Parteivorsitz wurde nicht ohne grundsätzliche Überlegungen Mitglied beim globalisierungskritischen Netzwerk Attac, das wiederum mit Sven Giegold bei den bevorstehenden Europawahlen im Juni 2009 über die Liste der deutschen Grünen einen Vertreter im Europaparlament stellen wird. Geißler, auch in der Rente ein Aktiver, graut davor, dass man das Finanzmarktdesaster als »bloßen Betriebsunfall« abtun und wieder auf die alte Tagesordnung der unkontrollierten Spekulationsgeschäfte setzen könnte, insbesondere in der EU.[3]

Entscheidend wird sein, dass sich der aufgeklärte Bürgerwille durchsetzt – mit einer Revolution der Demokratie.

Die Populismuskeule

Leider wird freies, unideologisches Denken in diesen Themenfeldern oft noch stigmatisiert. Gerne wird dabei die Populismuskeule hervorgeholt, am besten in Verbindung mit dem Etikett »Protest«. Das bleibt nicht ohne Folgen, denn »natürlich begreift alle Welt den attestierten populistischen Charakter negativ. Populisten sind schließlich Demagogen, Schwarz-Weiß-Maler, Simplifizierer; sie operieren mit undifferenzierten Feindbildern, politisch: ohne realistisches Programm«, schreibt der Göttinger Parteienforscher Franz Walter, ein bekannter Kolumnist auf Spiegel Online.[4]

Doch dann mahnt Walter: »Populisten reüssieren allein dann, wenn in einer Gesellschaft etwas nicht stimmt, präziser: wenn die öffentlichen Einrichtungen an Legitimation verloren haben, wenn die Führungsschichten nicht mehr überzeugen, wenn ganze Gruppen von den entscheidenden politischen Vereinbarungen ausgenommen sind, wenn sie sich also sozial verloren, kulturell entfremdet, ökonomisch betrogen fühlen.«

Ist das die gesellschaftswissenschaftliche Hinrichtung für Oskar Lafontaine und die Klone des verunfallten Jörg Haider in Österreich? Mitnichten. Denn Walter erinnert alle Parteien an ihre Anfänge: »Gerade die etablierten Parteien sollten eigentlich über den engen Zusammenhang von gesellschaftlichen Fehlentwicklungen und populistischem Protest intim Bescheid wissen. Denn dieser Affinität haben sie *ausnahmslos* ihre Entstehung zu verdanken. Zu Beginn ihrer in der Regel höchst wechselvollen Geschichte waren sämtliche Parteien hemmungslos populistisch« – egal, ob es um die Liberalen, die Konservativen und die Sozialdemokraten im 19. Jahrhundert oder um die »zunächst antiparlamentarische Erweckungsagitation der Grünen« vor 30 Jahren ging.[5]

Nach dieser Analyse ist jetzt die Zeit wieder reif für etwas Neues.

Revolutionswerkzeug Internet

Anders als alle vorangegangenen Generationen verfügen wir durch das World Wide Web über beispiellose, kostengünstige und weitreichende Kommunikationsmöglichkeiten. Wer das Internet zu nutzen versteht, wird schnell zum Player. Und auch dies beschleunigt den Abstieg von herkömmlichen Parteien und ihren einst so großen Apparaten. Während früher nur mit aufwändigen Personalressourcen politische Fraktionen Hintergrundwissen erarbeiten konnten, kann inzwischen fast jeder politisch interessierte Bürger beinahe gleich schnell so gut informiert sein wie fast alle hauptberuflichen Politik-Insider. Per Internet lässt sich nicht nur Protest organisieren und koordinieren, sondern auch kostengünstig und spendenergiebig Wahlkampf machen – siehe Barack Obama. Die Möglichkeiten, die effiziente Druckmaschinen den Sozialdemokraten vor mehr als einem Jahrhundert boten, um rasch massenhaft Öffentlichkeit durch Flugzettel und Zeitschriften herzustellen, eröffnen sich heute den neuen Rebellen und Gesellschaftsveränderern durch das Internet. Nur: Wer wird es am besten nützen?

Statt politischem Extremismus eine neue, kämpferische Mitte

Die Antwort auf diese Frage wird in den modernen Staaten politisch zukunftsentscheidend sein. Noch ist das Rennen offen. Zum Glück oder leider. Es ist zu fürchten, dass eine straff organisierte neue Rechte schneller die Köpfe der Jugend erreicht als menschenachtende, differenzierende Demokraten. Gerade in Österreich, wo bereits 16-Jährige an allgemeinen Wahlen teilnehmen dürfen, löste der jüngste Urnengang zum nationalen Parlament im September 2008 unter besorgten Demokraten einen Schock aus. 44 Prozent aller Wähler unter 30 stimmten für die Freiheitliche Partei FPÖ, die Jörg Haider lange angeführt hatte, oder für das BZÖ, dem Jörg Haider bis zu seinem Tod im Oktober 2008 vorstand.[6] Noch alarmierender endeten die Wahlen im Bundesland Salzburg im März 2009. Unter den Erstwählern schafften FPÖ und BZÖ gemeinsam 66 Prozent der Stimmen, somit eine Zweidrittelmehrheit.[7] Auch Deutschland zeigt sich weniger resistent gegenüber Rechtsaußen, als so oft angenommen. Mitte März 2009 wurde in der Berliner Bundespressekonferenz eine Studie »mit erschreckenden Erkenntnissen« präsentiert, so Christian Pfeiffer, Chef des Kriminologischen Instituts Niedersachsen.[8] »Das muss aufrütteln«, warnte Pfeiffer, »dass so viele Jugendliche in das Fahrwasser der Rechten geraten sind.« 14,4 Prozent der Jugendlichen sind demnach »sehr ausländerfeindlich«. Als »eindeutig rechtsextrem« gelten bereits 5,2 Prozent aller Teenager, fast ebenso viele gehören laut eigenen Angaben zu einer rechtsextremen Gruppe oder Kameradschaft. Damit sind diese Gruppierungen wesentlich erfolgreicher bei der Anwerbung von Jugendlichen als alle herkömmlichen politischen Nachwuchsorganisationen – insgesamt.

Mit dem gezielt aktivierten Turbo Internet können diese Zahlen in himmelschreiende Höhen schießen, nicht nur bei jüngeren Bürgern.

Nur eine neue, kämpferische politische Mitte kann da einen Ausweg bieten.

Die Auswege

Zehn Eckpfeiler zur Rettung der Demokratie – und des Wohlstands

> »Es ist einfach wahr: Auch ein paar wenige, aber engagierte und überzeugte Bürger können die Welt verändern.«
>
> *Margaret Mead, legendäre Anthropologin und Professorin der Völkerkunde*

Noch ist Europa nicht verloren. Die Hoffnung gründet sich auf ein imposantes historisches Fundament. Um die Demokratie zu retten und in Folge auch den Wohlstand für möglichst viele wiederzuerlangen, brauchen wir eine andere Elite. Und das schnell.

Zunächst steht die Glaubwürdigkeit der politischen Entscheidungsträger im Mittelpunkt. Sie stützt sich auf ihre persönliche Integrität, Sachkompetenz und lösungsorientierte Leidenschaft. All diese Qualifikationen sind für eine professionelle, sachbezogene, seriöse Politik unerlässlich. Junge und ältere Menschen, unabhängig von ihrem gesellschaftlichen Status, sollten wieder Lust und verlockende Möglichkeiten bekommen, sich auch in Volksvertretungen zu engagieren, nicht nur ab und zu in Bürgerinitiativen. Sie müssen darin einen Sinn sehen (können).

Die herkömmlichen etablierten Parteien stehen in der öffentlichen Wahrnehmung für das Gegenteil. Drei Prozent der Wähler vertrauen ihnen noch uneingeschränkt in Deutschland. Drei Prozent.[1]

Doch Politiker dürfen auch wieder Vorbilder werden. Jawohl, Vorbilder.

1. Eine andere politische Elite: Politiker als Vorbild

Um dies zu erreichen, sind die politische Rekrutierung und die Leistungsanreize radikal neu auszurichten. Die Demokratie bedarf ihrer grundlegendsten Reform, seit sie sich in größerem Umfang in der modernen Welt durchgesetzt hat.

Ein Volksvertreter, egal auf welcher Ebene, ob im Gemeinderat oder im Europaparlament, muss selbst daran interessiert sein, für das Gemeinwohl einzutreten. Dies gilt auch für Mitglieder der Exekutive, also Minister oder EU-Kommissare.

Das Engagement für ein Gesamtinteresse, in dem spezifische Sachfragen zu lösen sind, darf nicht vom Idealismus des Einzelnen abhängen. Es ist strukturell zu fördern, in bestimmter Form sogar vorzuschreiben. Man könnte von einem »Zwang zum Gemeinsinn für Politiker« sprechen.

Das Parteienoligopol ist zu brechen. Als unabhängige Person mit realen Erfolgsaussichten für ein politisches Amt zu kandidieren muss möglich werden. Das vorrangige Dienen einer Partei und die Abhängigkeit von Funktionärsgremien, die allein über Karriere und Ansehen entscheiden, muss beendet werden.

Es ist eine verheerende Fehlallokation von Talenten in unseren Gesellschaften, dass fähige Frauen und Männer überall erklären: »In die Politik gehen? Das tue ich mir nicht an.« Unter akzeptablen Rahmenbedingungen wären sie hingegen bereit und interessiert, sich politisch zu engagieren und für das Gemeinwohl zu arbeiten.

Zu beseitigen ist das Stigma, das wie ein Brandmal auf der Stirn von fast allen haftet, die den Sprung in die Politik wagen. Wer in die Politik geht, wird zumindest im deutschsprachigen Teil Europas diesen »Makel« kaum je los. Einmal Politiker, immer Politiker, das darf aber nicht sein. Und dass fast alle Seiteneinsteiger scheitern, dass sie in so vielen Medien bald als unfähig porträtiert werden, stellt die tatsächlichen Verhältnisse auf den Kopf: Es sind die verknöcherten Parteiapparate, die frischen Wind als Gefahr erscheinen lassen, es wird gemobbt, statt einen Neuzugang als Bereicherung zu empfinden. Ohne Ochsentour durch die Funktionärsetagen gibt es in den herkömmlichen Organisationen und Gremien kaum einen Aufstieg. So siegt am Ende fast immer der gleiche Typus Mensch, bestenfalls dröges Mittelmaß, zumeist mit beruflichem Hintergrund im öffentlichen Dienst, in einer Partei oder einer Interessensvertretung.

Schluss damit. Ein- und Ausstieg in die Politik sollten zur Selbstverständlichkeit werden, dazu sind entsprechende Strukturen zu schaffen.

Wir brauchen ein klares Persönlichkeitswahlrecht. Der Einzelne muss sich vor den Wählern bewähren können dürfen. Urwahlen, Direktwahlen, ja bitte. Die fast ausschließliche Orientierung auf Parteigremien wird durch die Rückkoppelung mit den Wählern ersetzt. In Irland und Australien wurde bereits ein Verfahren eingeführt, bei dem auch bei Persönlichkeitswahlen keine Stimmen »verloren« gehen, wenn ein Kandidat mehr als die erforderliche Anzahl für seinen Abgeordnetensitz erhält. Im Zuge einer sogenannten übertragbaren Einzelstimmgebung kann jeder Wähler noch weitere Präferenzen angeben. Parteien und Interessengruppen können ebenfalls bestimmte Personen empfehlen.[2] In Parlamenten kann es weiterhin fraktionelle Zusammenschlüsse geben, aber als Orientierung, als Gesinnungsgemeinschaft in bestimmten Sachfragen, jedoch ohne bindende Vorgabe des Stimmverhaltens und fraktionelle Finanzierungsdominanz. Gebt dem Volk die Volksvertretungen zurück, entreißt sie den selbstreferenziellen Funktionärscliquen!

Wenn das öffentliche Interesse an Politik wieder steigen und die Demokratie gerettet werden soll, geht das nur mit ernsthafter Bürgerbeteiligung und spannenden Kandidaten. Dabei muss es Politikern auch möglich werden, sich wieder selbst zu gehören, nicht nur vorgegebenen Parteilinien. Denn das kollektive Jammern, dass es an demokratisch-charismatischen Führungspersönlichkeiten fehle, ist doch widersinnig: Wir lassen sie derzeit gar nicht zu. Wenn sie einmal zur Verfügung stehen, haben sie im gegebenen Umfeld keine Chance. Und wenn sie, wie unter den gegebenen Verhältnissen kaum anders möglich, scheitern, heißt es: Man kann ohnehin nichts tun. Und die Politik(er)verdrossenheit steigt weiter.

Eine Politik ohne Volk wird nicht funktionieren. Auf europäischer Ebene wird da sogleich argumentiert, dass es kein europäisches Volk, keinen »Demos« gäbe, und deshalb eine europäische Volksherrschaft auch nicht möglich (dies behaupten die Kleinstaat-Nationalisten) oder nicht notwendig (so die europäische Bürokratieelite) sei.

Was für ein Unsinn. Auch die Vereinigten Staaten von Amerika werden nicht durch ein Volk, eine Rasse oder eine Religion geeint. Viele junge Menschen zwischen Lissabon und Helsinki sind »europäischer« eingestellt, als es nach 1945 noch die ersten politischen Gestalter eines gemeinsamen Europas waren, die ja vor allem aus einer Negation heraus handelten – der Verhinderung weiterer Kriege auf dem Kontinent. Jetzt wäre Begeisterung *für* etwas Positives zu wecken, für eine kühne Demokratie.

Wie kann es zur großen europäischen Renaissance kommen?

Durch Glasnost und Perestroika, durch Transparenz und Neugestaltung. Was in der Sowjetunion viel zu spät und in einem grundfalschen System in Angriff genommen wurde, ist in der Europäischen Union unverzichtbar. Jetzt. Konkret bedeutet dies:

Leistung darf sich lohnen

Die Hinwendung zum Gemeinwohl durch freie, unabhängige Persönlichkeiten muss, damit dies keine banale Phrase bleibt, tief im Politikbereich verankert werden.

Dies kann durch eine völlige Umstellung der Politikerbezüge erfolgen. Bislang erzielt jener Volksvertreter oder Minister das höchste Einkommen, der die verfügbaren, oft versteckten Zulagen am geschicktesten ausnützt. Zu Fleiß oder gesellschaftlich wertvollen Arbeitsergebnissen besteht kein Bezug. Wer als Abgeordneter einen bezahlten Zusatzjob in der Partei oder einer Interessenvertretung ergattern kann, maximiert seinen finanziellen Vorteil. Der pekuniäre Blick ist damit nach innen gerichtet statt auf den Nutzen für die Wähler.

Dies lässt sich umkehren. In einer konsequenten Demokratie bezieht ein Volksvertreter ein dreistufiges Gehalt: ein Grundeinkommen, zusätzlich eine variable individuelle Leistungszulage und eine Gemeinwohlprämie.

Das Grundgehalt orientiert sich am Durchschnittseinkommen des jeweils vertretenen Wahlgebiets. Die persönliche Leistungsabgeltung kann sich aus einer Reihe von Komponenten errechnen, allen voran den parlamentarischen Aktivitäten wie Anwesenheit in Plenum und Ausschüssen, gehaltenen Reden oder verfassten Berichten. Auch die im Wahlkreis abgehaltenen Sprechstunden und Veranstaltungen fließen in die Gehaltskalkulation ein, ebenso die Wahlbeteiligung: Liegt sie um mehr als fünf Prozent über dem nationalen Durchschnitt, werden dem Parlamentarier Extra-Gelder für seinen Wahlkreis zur Verfügung gestellt, etwa für Büro und Assistenten. Mehr interessierte Wähler bedeuten ja auch mehr Betreuungsaufwand. Bei mehr als zehn Prozent höherer Wählerbeteiligung erhält auch der Abgeordnete selbst ein erhöhtes Einkommen, denn ohne sein Engagement würde es wohl kaum zu so einem demokratisch erfreulichen Trend kommen. Zu erwägen ist andererseits, wie bei einer Wählerpartizipation unter 50 Prozent reagiert werden kann – etwa mit dem Freilassen einzelner Parlamentssitze. Das wäre ein Signal an die Nichtwähler, dass an der unbesetzten Stelle einer ihrer Repräsentanten seine Stimme erheben könnte, wenn man an den Wahlen teilgenommen hätte. Die Kandidaten wiederum würden sich um mehr Wählerbeteiligung bemühen, da sie ansonsten gar nicht in die Volksvertretung einziehen könnten.

Auch ein Abgleich von Wahlversprechen mit dem tatsächlichen Abstimmungsverhalten im Parlament könnte sich aufs Gehalt eines Politikers positiv oder negativ auswirken.

Der dritte Gehaltsbestandteil, die finanzielle Beteiligung am gesellschaftlichen Erfolg, kann sich ebenfalls auf eine Reihe von Faktoren stützen: die Entwicklung der Arbeitslosigkeit, die Einhaltung von Klimaschutzzielen, Fortschritte im Bildungsbereich (Stichwort »Pisa-Studie«), die Zunahme an besser qualifizierten Arbeitskräften, Fortschritte bei der Gleichberechtigung, Geldwertstabilität, einen Lebensqualitätsindex sowie inneren und äußeren Frieden (Bürgerzufriedenheit, Kriegsvermeidung). In einem ausgefeilten System wäre auch die Einbehaltung bestimmter Prämien für Politiker möglich, bis sich ein kurzzeitig feststellbarer Erfolg auch als längerfristig nachhaltig erweist. Wohin kurzatmige, falsche Bonusanreize führen, erwies sich ja bei den explodierenden Managergehältern im Verhältnis zu den steigenden Aktienkursen. Da wurden scheinbare und oft gesellschaftlich abträgliche Ergebnisse voreilig und außerhalb aller vertretbaren Proportionen belohnt.

Die Gewichtung der einzelnen Elemente dieses völlig neu konzipierten Politikereinkommens würde durch unabhängige Experten erfolgen. Ein parlamentarischer Minderleister käme auf diese Weise nur auf einen Brutto-Monatslohn von etwa 2800 Euro, eine Spitzenkraft auf ein Vielfaches. Sie wäre es auch wert.

Selbstredend scheut die politische Klasse bislang jede Form von persönlicher, zeugnisartiger Beurteilung. Mit öffentlichem Druck ließe sich das aber ändern. »Man macht immer das, woran man gemessen wird« ist ein Leitsatz in erfolgreichen Unternehmen.

2. Grundrecht Transparenz

Wissen ist der Schlüssel. »Ich kann alles wissen dürfen«, das ist in der Politik essenziell. So sehr das Privatleben und individuelle Bürgerdaten zu schützen sind, im öffentlichen Dienst und vor allem bei Politikern muss das Gegenteil gelten: Ohne Transparenz kann keine Demokratie wachsen, ohne Offenheit gedeihen vor allem bürokratische Willkür, Korruption und politische Mauscheleien.

Ein negatives Musterbeispiel liefert die Republik Österreich, in der die Amtsverschwiegenheit Verfassungsrang genießt.[3] Das ist einzigartig in allen 27 EU-Mitgliedsstaaten. Anders als in Deutschland und vielen anderen Ländern haben die Bürger zwischen Bodensee und dem Burgenland nicht einmal ein Recht auf Akteneinsicht.

Doch es darf bei der Verwendung von Steuergeldern und dem Zugang zu öffentlichen Dokumenten eben keine Tabus mehr geben. Das Prinzip umfassendster Transparenz muss in jeder Verfassung verankert werden, es ist ein elementares Grundrecht.

Ausnahmen erfordern eine genaue Begründung, etwa im militärischen Bereich. Doch bei den Regeln zur Transparenz sollte allen europäischen Demokratien das Beste aller Länder gerade gut genug sein. In vielem ist Schweden das gelebte Maß aller Dinge.[4]

Im Jahr 1766 verabschiedeten die Skandinavier ihr erstes Gesetz zur Informationsfreiheit. Inzwischen gehört der umfassende und rasche Einblick in die Tätigkeiten von Gesetzgebung und Verwaltung zum elementaren demokratischen Selbstverständnis der Schweden. Jeder Brief an einen Bürgermeister ist öffentlich einsehbar, Bürger können sich übers Internet direkt auf dem Computer eines Beamten einloggen, wenn sie ein bestimmtes Dokument lesen möchten. Sogar die Aufstellung der Ausgaben, die ein gewählter Politiker mit seiner beruflichen Kreditkarte tätigt, ist verfügbar. Wenn ein Bürger den Zugang zu einem Dokument wünscht,

sind die Beamten angehalten, ihre Arbeit kurz zu unterbre-
chen und dem Antragssteller zu helfen, die gesuchte Information zu finden. Ist dies nicht sofort möglich, müssen die
Dokumente in weniger als 24 Stunden übermittelt werden.
Grundsätzlich muss ein Interessent nicht einmal begründen,
warum er bestimmte Unterlagen einsehen will. Er kann sogar
Entwürfe oder informelle Notizen anfordern.

Auch die wenigen Dokumente, deren Inhalt als geheim
klassifiziert wird, müssen in öffentlichen Registern angeführt
sein. Bei allen Bürgeranfragen haben die Beamten zu prüfen,
ob nicht zumindest Teile des als vertraulich eingestuften Do-
kuments freigegeben werden können. Gegen jede Entscheidung kann geklagt werden.[5]

Zwischen dieser bürgernahen und korruptionsminimieren-
den Verwaltungspraxis in Schweden und der Brüsseler EU-
Wirklichkeit liegen demokratische Welten. Die schwedische
Journalistenvereinigung machte die Probe aufs Exempel.
Zeitgleich forderte sie beim EU-Justizministerrat und bei
heimischen Behörden 20 Dokumente zu Europol an, der
europäischen Polizeibehörde in Den Haag. Die Schweden
übermittelten 18 der gewünschten Unterlagen, die EU lediglich zwei.[6]

So weit der Weg zu schwedischen Zuständen in der EU
auch ist: Als Einstieg wäre ein »Freedom of Information Act«
zu beschließen, der wenigstens so weit geht wie jener in den
USA. Dort kann jede Person, auch ein Nicht-US-Bürger, detaillierteste Auskünfte von der Administration verlangen, nur
der Themenbereich muss angeführt werden, keineswegs ein
spezifisches Dokument. Bei bestimmten Papieren kann der
Zugang einige Zeit blockiert werden, aber nicht auf ewig.
Nur durch diese Regelung waren etwa zahlreiche Kriegsver-
brecher Jahrzehnte nach dem Ende des Zweiten Weltkriegs
noch zu enttarnen.

Auch Lobbyisten in Brüssel müssten, wie ihre Berufskollegen in den USA seit dem »Lobbying Disclosure Act« von
1995, genaue Auskünfte über ihre Finanzierungsquellen und

Kontakte geben. Dazu würde, analog zu den USA, im Rahmen der Lobby-Tätigkeit jede mündliche oder schriftliche Kommunikation mit einem der EU-Organe zählen, mit ganz wenigen Ausnahmen. Unbedingt veröffentlicht werden müssten alle Anregungen und konkreten Vorschläge für Änderungsanträge, die Abgeordneten für die Arbeit an Gesetzestexten sowie anderen parlamentarischen Initiativen unterbreitet werden. So ließe sich sofort nachvollziehen, welcher Interessenvertreter welchem Parlamentarier die Feder führt. Werden die Informationen verweigert, verliert der Lobbyist seine Registrierung.[7]

In den USA muss auch jeder Kongressabgeordnete in Senat oder Repräsentantenhaus alle seine finanziellen Aufwendungen öffentlich belegen, ehe er irgendwelche Erstattungen aus Steuergeldern erhält – vom Kugelschreiber bis zum Mitarbeitergehalt. Warum gilt dies nicht in der EU? Und wie in den USA sollte es auch auf dem alten Kontinent eine Selbstverständlichkeit werden, dass politische Amtsträger ihre Vermögensverhältnisse zu Beginn und am Ende einer Wahlperiode transparent machen. Die Grundregel dabei: Je höher das Einkommen aus staatlichen Quellen, desto transparenter.

Und dies muss erst recht für politische Entscheidungen gelten: Je schwerwiegender, umso leichter und genauer sollten sie öffentlich nachvollziehbar sein. In London wird ein üblicher Tourist jeden Tag von 3000 Videokameras erfasst, und kaum jemand stört sich daran. Warum dürfen aber diejenigen, die Europas 495 Millionen Bürger regieren, dies unbeobachtet und in hermetisch abgeriegelten Sitzungssälen tun? Alle Sitzungen des Rates, des Botschafterausschusses »Coreper« mit seinen zwei Arbeitsebenen sowie die Tagungen der entscheidenden Vorbereitungsgruppen müssen endlich öffentlich zugänglich werden, auch alle Dokumente, Sitzungsprotokolle und Abstimmungsergebnisse. Immer mehr Nichtregierungsorganisationen wie LobbyControl, Statewatch, Open Europe und vor allem das Amsterdamer Corporate Europe Observatory werden in diesen Fragen inzwischen aktiv. Das unheilvoll verschwiegene Klüngel-Triumvirat der »Antici«-Ratseinflüsterer, der Lobbyisten und der Spitzen des Europaparlaments kann nur durch das verwirklichte Grundrecht auf Transparenz gesprengt werden.

Margot Wallström, die Vizepräsidentin der EU-Kommission, weiß als Schwedin, wovon da die Rede ist. Im Januar 2009 antwortete sie dem Buchautor nach einem diesbezüglichen Appell im Plenum des Europäischen Parlaments in Straßburg: »Das geht nicht über Nacht.«[8] Stimmt. Aber an einem Tag – wenn der politische Wille dafür vorhanden ist. Kein EU-Vertrag müsste in einem aufwändigen Verfahren von allen Mitgliedsstaaten geändert werden, nur zügig einige Geschäftsordnungen. Wer da nicht mitzieht, ist ein Antidemokrat.

3. Politikbetrieb drastisch abrüsten

Mehr als drei Millionen bezahlte Personen umfasst der Politikapparat in den 27 EU-Mitgliedsstaaten, von den gewählten Volksvertretern über die Parteimitarbeiter bis zu den Lobbyisten.[9] Hinzu kommen fast 16 Millionen Beamte. Das sind viel zu viele und erinnert an Zeiten des Kalten Krieges, als sowohl die USA wie auch die Sowjetunion ein Vielfaches der Atomwaffen besaßen, die nötig gewesen wären, um das Land des Gegners in Schutt und Asche zu legen.

Eine drastische Abrüstung des europäischen Politikbetriebs tut Not. Er ist nicht nur viel zu teuer, sondern auch kontraproduktiv. Die überzähligen Mitglieder tun ja häufig nicht nichts, sondern bemühen sich, ihre Existenzberechtigung durch immer neue Studien, Richtlinienvorschläge oder parlamentarische Änderungsanträge zu Belanglosigkeiten unter Beweis zu stellen. Auch darin findet Überregulierung ihre Ursache.

Das Rezept dagegen: Binnen eines halben Jahres werden die EU-Institutionen professionell von unabhängigen Organisationsspezialisten durchleuchtet. Diese Bewertung müssen keineswegs überstrenge Unternehmensberater vornehmen, auch verschiedenste wissenschaftliche Institute verfügen über exzellente Kenntnisse. Nach einer unvoreingenommenen Kosten-Nutzen-Analyse der Effizienz der Entscheidungsfindung und der Gremien im Rat, in der EU-Kommission und im Parlament kommen dann auch die institutionellen Körper dieser Organe sowie alle anderen EU-Institutionen mit der gesamten EU-Beamtenschaft auf den Prüfstand, am besten zeitgleich auch in den EU-Mitgliedsstaaten.

Die Vorgabe: Beamte werden nur noch eingesetzt, wo sie absolut notwendig sind, etwa in der Richterschaft oder bei der polizeilichen Verfolgung von Straftaten. Als Leitmotiv darf gelten: Ein politisches Amt wird vom Wähler nur auf Zeit verliehen, Politik zu machen bedeutet dienen, nicht ausbeuten. So muss auch in der Verwaltung ein Elitewechsel an der Spitze möglich werden, ähnlich wie in den Vereinigten Staaten von Amerika. Bei einem Präsidenten- oder Gouverneurswechsel können in den USA Tausende Spitzenjobs neu besetzt werden, ohne dass die ausscheidenden Mitarbeiter dem Steuerzahler als abgeschobene Beamte zur Last fallen.

Eine derartige Effizienzanalyse wird alle fünf Jahre wiederholt, öffentlich diskutiert und in ihren Ergebnissen transparent umgesetzt.

So würde die Worthülse »Bürokratieabbau« zu demokratieerfrischendem Leben erweckt und die Europäische Union zum weltweit beneideten Modell.

Die Hälfte ist mehr

Das personelle Reduktionsziel im europäischen Politikbetrieb lautet 50 Prozent. Dies würde mindestens 1,5 Millionen Arbeitskräfte für gesellschaftlich wesentlich produktivere Bereiche freisetzen, hinzu kämen die Einsparungen bei Millionen Beamten von Nikosia bis Lulea. Man stelle sich vor, wie viele Forschungseinrichtungen, Lehrerstellen, Kinderbetreuer oder Altenpfleger sich mit den eingesparten Milliardenbeträgen finanzieren ließen. Im Rahmen eines großzügigen Sozialplans könnten sich die gekündigten bisherigen Politmitarbeiter für derartige Jobs umschulen lassen.

Nur mit solch weitreichenden, scheinbar illusorischen Vorschlägen ist Wirklichkeitssinn herstellbar, um zu Wirkmacht zurückkehren zu können. Bei den Personalkürzungen müsste jedenfalls Beweislastumkehr gelten: Behörden und politische Vertretungskörper müssen den schlüssigen Nachweis erbringen, dass ihnen die Erfüllung der Aufgaben mit halbem Budget nach einer Übergangsfrist nicht möglich ist.

Dabei würde sich vor allem im Europäischen Parlament das von Parteifunktionären so gerne benützte Diktum »Demokratie muss eben etwas kosten« vielfach als peinliche Schutzbehauptung erweisen. Der Apparat ist heillos überbläht, die fürstlich besoldeten 6000 Beamten sind mehr als doppelt zu viele. Die real bestimmende Große Brüsseler Koalition der Funktionäre und Abgeordneten der Konservativen und Sozialdemokraten schnürte in den vergangenen Jahrzehnten Personalpaket um Personalpaket für das Hohe Haus. Im Streitfall wurden eben gleichzeitig zwei neue Posten eingerichtet.

Daneben regiert eine haltlose Verschwendung. Jede Minute eines verzögerten Sitzungsbeginns im Plenum schlägt sich beim Steuerzahler mit 10 000 Euro Zusatzkosten nieder, da alle Dolmetscher, Techniker und Sachbeamte pünktlich an ihren Plätzen sitzen. Egal, fast immer kommt der vorsitzende Politiker zu spät oder wartet auf noch später eintreffende Kollegen. Jede Tasse Kaffee, die während einer Ausschusssitzung von schwarz gekleidetem Servicepersonal einem Abgeordneten an dessen Sitzplatz gereicht wird, kostet zehn Euro. Allein diese beiden verzichtbaren Ausgabenposten summieren sich auf Millionen Euro, jedes Jahr. Die oftmals abstrusen Sicherheitsvorkehrungen an den Parlamentssitzen in Straßburg, Brüssel und Luxemburg schlagen mit 38,5 Millionen Euro jährlich zu Buche, bei weniger als zehn Monaten Sitzungszeit.[10] Sparen ohne Demokratieverlust und mit Effizienzgewinn wäre so bei der Europäischen Volksvertretung ein Leichtes.

Zweckmäßig wäre auch eine Verringerung der derzeitigen Abgeordnetenzahl von 785 auf maximal 450. Damit wären noch alle EU-Regionen und relevanten politischen Strömungen vertreten, bei vernünftigen Wahlgesetzen auch kleinere gesellschaftliche Gruppen und Minderheiten. Ein abgespecktes Hohes Haus könnte gleichzeitig ungleich mehr leisten: Doppelarbeiten und Scheintätigkeiten ließen sich vermeiden, jeder Abgeordnete hätte mehr Chancen auf sinnvolle Arbeit, er könnte mit seinen Berichten und Anfragen glänzen und wäre auch bei den Medien eher bekannt.

Bei Preisgabe der unverantwortlichen Parlamentarier- und Beamtenprivilegien ergäben sich weitere Kostenreduktionen im dreistelligen Millionenbereich – durch angemessenen Umgang mit Tagegeldern, Reisekosten, Zusatzrenten, aber auch der Nutzung von Taxis statt chauffierter Dienstlimousinen.

Schließlich würde die Aufgabe des zusätzlichen Parlamentssitzes in Straßburg und der Verwaltungszentrale in Luxemburg den Parlamentshaushalt um mindestens 250 Millionen Euro jährlich entlasten, bei einem derzeitigen Gesamtbudget von 1,53 Milliarden Euro. In Summe könnte allein das EU-Parlament 800 Millionen Euro jedes Jahr einsparen, die EU-Verwaltung insgesamt mehr als 5 Milliarden Euro – ohne dass Demokratie oder Dienstleistung am Bürger darunter zu leiden hätte.

4. Eine faire Agora: Bürgernähe und Wahlkämpfe

Ein ausgeprägtes Persönlichkeitswahlrecht mit Transparenz in der Politik und einer Halbierung der politischen Klasse kann nur zu den angestrebten Veränderungen führen, wenn auch der öffentliche Debattenraum angepasst wird. Bürger-

nähe muss man nicht nur postulieren, man darf dafür auch
Vorgaben machen.

So sollte zur Jobbeschreibung eines jeden gewählten Volksvertreters die einklagbare Verpflichtung gehören, regelmäßig
Bürgersprechtage abzuhalten, bei Diskussionen auf Straßen
und Plätzen auch außerhalb von Wahlkampfzeiten ansprech-
bar zu sein und an einer erheblichen Anzahl von öffentlichen
politischen Veranstaltungen teilzunehmen.

Die Realität ist bislang eine andere. Fast jeder Parteimana-
ger kennt das Verhalten zahlloser Funktionäre und Kandidaten, die sich beim Einsatz an Wahlkampfständen beinahe
physisch vor Bürgerkontakten fürchten und sich bedächtig,
aber gezielt abwenden, wenn interessierte Wähler auf sie
zukommen. »Bei uns heißen die alle nur Pinguine«, spot-
tete der nunmehrige RTL-Spitzenmanager Andreas Rudas,
als er noch Bundesgeschäftsführer der österreichischen Sozialdemokraten war.[11]

Noch wichtiger sind faire Rahmenbedingungen bei Wahl-
kämpfen und Volksabstimmungen. Österreich zählt international zu den Staaten mit den höchsten Hürden für neue
Kandidaten. Wer noch nicht im nationalen oder im europäischen Parlament vertreten ist, muss insgesamt 2800 Bürger
nach einem strengen Schlüssel je nach Bundesland dazu bewegen, das zuständige Einwohnermeldeamt aufzusuchen
und vor einem Beamten auf einem mitgebrachten Formular
eine Unterstützungserklärung zu unterzeichnen. In Deutschland – bei einer zehnfachen Einwohnerzahl – genügen für
eine nationale Kandidatur 4000 vergleichsweise formlose
Unterschriften, gesammelt irgendwo im Bundesgebiet. Dafür
verwöhnt Österreich seine im Parlament vertretenen Parteien
mit der höchsten staatlichen Parteienförderung je Bürger
weltweit – 175 Millionen Euro im Jahr.[12] Entsprechend üppig
und verschwenderisch gestalten sich die Wahlkämpfe der etablierten fünf Parteien in der Alpenrepublik.

Das darf in einer geretteten Demokratie nicht so bleiben.
Wer sich für einen Urnengang mit ausreichender Bürgerun-

terstützung qualifiziert, muss annähernd gleiche Voraussetzungen vorfinden. Frankreichs Präsidentenwahlen können
da als Vorbild dienen, mit fair aufgeteilter Sendezeit in den
öffentlich-rechtlichen Fernsehkanälen und ausgewogenem
Zugang zu Plakatflächen.

5. Verbindliche Volksabstimmungen

Irland und Dänemark sind jetzt schon vorbildlich. Volksabstimmungen können nur sinnvoll sein, wenn Bürgerinnen
und Bürger eine reelle Chance haben, fair und umfassend informiert zu werden. Dazu gehören strenge, bereits während
der Kampagnen überwachte Ausgabenlimits für die Propo-
nenten ebenso wie eine gleichwertige Möglichkeit für Befürworter und Gegner, ihre Argumente in der Öffentlichkeit
vorzubringen. Referenden unter einseitiger Lobbyisten-Vor-
herrschaft sind sinnlos, möglicherweise sogar gefährlich.

Eingebettet in eine fair gestaltete Agora können Volksentscheide hingegen Wähler und politische Elite wieder zusam-
menführen. Ohnehin dominieren längst die Ergebnisse von
Meinungsumfragen vielfach die politischen Handlungen der
Verantwortlichen. Und seit der breitflächigen Nutzungs-
möglichkeit des Internets gilt: Jeder, der sich für das politische Geschehen interessiert, kann sich auch genauestens informieren. Der Wissensvorsprung der politischen Klasse ist
abgeschmolzen, engagierte Bürger sind in Sachfragen oft
kenntnisreicher als Berufsparteifunktionäre und die meisten
herkömmlichen Volksvertreter.

In entwickelten Demokratien muss niemand vor dem Volk
Angst haben. So ist es höchste Zeit, dass sich auch Deutschland nationalen Referenden öffnet und das Grundgesetz än-
dert. In Österreich fand die letzte Volksabstimmung 1978
zum Einsatz der Atomkraft statt, die Parteien verhinderten
seither neue Plebiszite. Auf regionaler oder kommunaler
Ebene sind sie zwischen Hamburg und Lech am Arlberg viel-

fach bereits politischer Alltag, etwa zur Fusion der Bundesländer Berlin und Brandenburg 1996 oder der geplanten Hafenverbauung in der Festspielstadt Bregenz im März 2009.

Die Verengung der politischen Gestaltungsmöglichkeit auf die Wahl von Parteien und allenfalls Einzelpersonen entspricht nicht modernen, komplexen Gesellschaften. Wer vor allem Bürokratieabbau will, will noch längst nicht Guido Westerwelle. Wer überschaubaren Einheiten im Rahmen der Subsidiarität den Vorrang geben möchte, möchte nicht unbedingt CSU wählen. Und umgekehrt: Wer Rauchern in Lokalen ihren Platz lassen will, möchte deshalb nicht gleich der CSU bei der Landtagswahl den Rücken kehren müssen. Wenn, wie überall diagnostiziert, die typischen Wählergruppen einzelner Parteien sich in ihren konkreten Interessenslagen diversifizieren, bedarf dies einer Entsprechung in der politischen Entscheidungsfindung.

Darum sollte für Grundsatz- und Langzeitfragen das Instrument der Volksabstimmung zur Verfügung stehen, in einer verwirklichten Internetdemokratie auch für einfache Gesetzesbeschlüsse wie etwa zum Rauchverbot. Die langfristige Richtlinienkompetenz kann sehr wohl dem Wähler übertragen werden. Auch im Rahmen der finanziellen Vorausschau 2007–2013 haben sich ja die EU-Verantwortlichen mit ihrem Siebenjahresprogramm weit über eine Legislaturperiode hinaus gebunden. Das Prinzip der Transparenz als Verfassungsgebot, ein umfassender Bürokratieabbau, der Stellenwert der Subsidiarität oder die Verpflichtung zu einer Energierevolution mit Klimaschutzzielen – all dies sind mögliche Fragestellungen für Referenden. Und in jedem EU-Mitgliedsstaat ist eine Volksabstimmung zu einem neuen EU-Grundlagenvertrag abzuhalten.

Damit die Abhaltung der Volksentscheide nicht den taktischen Überlegungen der Parlamentsparteien überlassen bleibt, sollte das Initiativrecht auch von den Bürgern direkt ausgehen können, etwa bei 500 000 Unterstützern in Österreich oder einigen Millionen in Deutschland. In Kraft treten können die Gesetzesvorlagen auch nur bei einer bestimmten Bürger-Mindestbeteiligung. Ausgenommen von Volksabstimmungen bleiben selbstverständlich Fragen, die den fundamentalen und universellen Menschenrechten widersprechen, etwa die Frage der Wiedereinführung der Todesstrafe oder die Euthanasie.

6. Vorrang für die überschaubare Größe

Je mehr sich Kommunikation und auch Warenströme globalisieren, je unabdingbarer eine verbindliche Finanzarchitektur auf globaler Ebene geworden ist, desto wichtiger ist die politische Entscheidungsfindung so nah wie möglich beim Bürger – in allen Bereichen, in denen dies zweckentsprechend ist.

Dazu wurde das Prinzip der Subsidiarität entwickelt, nach dem übergeordnete gesellschaftliche Einheiten wie der Staat oder auch ein Staatenbündnis nur solche Aufgaben übernehmen sollen, die untergeordnete Einheiten wie eine Kommune oder ein Bundesland nicht wahrnehmen können.[13] Auch in der EU gilt das Subsidiaritätsprinzip. Die Union dürfte nur tätig werden, wenn sie ein Problem wirklich besser lösen kann als die Mitgliedsstaaten. Doch statt sich daran zu halten, betrieben die EU-Verantwortlichen in den vergangenen Jahrzehnten eine sachwidrige Zentralisierung. EU-Beamte und Politiker verlagerten immer neue Kompetenzen nach Brüssel – als Ergebnis eines Machtstrebens wie auch des Tricks nationaler Ministerien, über den Umweg der EU-Institutionen europaweite Regelungen durchzusetzen, die auf nationaler Ebene am Widerstand des Parlaments oder eines anderen betroffenen Ministeriums gescheitert wären. Als nützlicher Gehilfe bei der Brüsseler Kompetenzanhäufung erwies sich der Europäische Gerichtshof (EuGH) in Luxemburg, »der die Kompetenzen der Mitgliedsstaaten selbst im Kernbereich nationaler Zuständigkeiten aushöhlt«, wie der frühere deutsche Bundespräsident Roman Herzog beklagt. Sein Fazit: »Der EuGH ist als letztinstanzlicher Wächter der Subsidiarität und als Schützer der Belange der Mitgliedsstaaten ungeeignet. Vor diesem Hintergrund und angesichts des erreichten Integrationsniveaus in der EU ist die Errichtung eines vom EuGH unabhängigen Gerichtshofes für Kompetenzfragen zwingend geboten.«[14] Er solle sich aus Mitgliedern der nationalen Verfassungsgerichte zusammensetzen.

Herzogs überzeugende Forderung bleibt beängstigenderweise auch im neuen EU-Vertrag von Lissabon unberücksichtigt, ist jedoch in der Wirtschaftskrise hoch aktuell. Über viele ökonomische Prozesse und Abläufe ging in der Finanz- und Realwirtschaft die Kontrolle verloren, weil die jeweiligen Einheiten im Rahmen des Dogmas des freien EU-Binnenmarkts zu groß und unüberschaubar geworden sind. Small ist nicht nur oft beautiful, sondern vernünftig im Sinne des Gemeinwohls. Damit wird weder einer Spießigkeit noch einem nationalen Chauvinismus das Wort geredet.

7. Energierevolution

Wann, wenn nicht jetzt ist die Loslösung von den alles blockierenden Lobbyinteressen der Profiteure des Status quo möglich? Wir können nicht warten, bis der traditionelle industrielle Energiekomplex und träge Automobilhersteller die Gesellschaften in ein ähnliches Desaster stürzen, wie dies der globale finanzindustrielle Komplex auslöste. Ausgereifte Konzepte, wie Klimaschutz und energetischer Umstieg geschafft werden können, liegen seit vielen Jahren auf den Tischen aller Entscheidungsträger. Doch sie sind gelähmt.

Damit wird die Win-Win-Situation der Energiefrage zu einer Steilvorlage für eine Volksabstimmung. Klimaschutz, Energieknappheit und Arbeitsplätze sind aufs Engste miteinander verknüpft. Das Volk möge entscheiden. Dabei ist es keine Ironie der Geschichte, dass unter der Obama-Administration und dem Drängen des austro-kalifornischen Gouverneurs Arnold Schwarzenegger ausgerechnet die USA mit ihrer energetischen Verschwendungsbilanz die Vorreiterrolle übernehmen wollen, sondern beinahe eine notwendige Voraussetzung für die große Wende. Diese Entwicklung spiegelt wider, dass die USA weiterhin die eindeutig führende Weltmacht sind. Nun ist die große Chance da: Es steht um die Weltökonomie so schlecht, dass es großer Anschubfinanzierungen bedarf, die auch zweckorientiert eingesetzt werden können.

Schon bei der Durchsetzung der Katalysatoren zur Reinigung von Autoabgasen schritt Kalifornien voran. Der Entgifter wurde im US-Sonnenstaat schon in den 60er-Jahren des vergangenen Jahrhunderts eingeführt – gegen den erbitterten Widerstand der Automobilgiganten. Heute brüsten sich die Fahrzeughersteller wechselweise, wer seinerzeit den ersten und heute den besten Abgasreiniger im Sortiment hat(te).

Was für den Sonnenstaat Kalifornien und in der Folge für die Welt gut war, warum sollte dies nicht auch für Europa gut sein?

Bei einer fairen Volksabstimmung könnten verschiedene Konzepte zur Wahl stehen. Wie in den USA, wo verschiedene Umweltstandards in verschiedenen Staaten gelten, könnte es auch innerhalb der EU als Ergebnis der Referenden zu verschiedenen Geschwindigkeiten in unterschiedlichen Mitgliedsstaaten kommen. Doch die so gefährliche Blockade könnte überwunden werden. Natürlich stets unter der Voraussetzung, dass die Referenden den einzelnen Vertretern ähnliche Auftrittschancen in der Öffentlichkeit bieten und nicht die herkömmliche Industrie mit ihren finanziellen Mitteln alles dominiert. Es ist Zeit für einen »grünen New Deal«. Selbst die Automobilproduzenten können sich auf klare, den Wettbewerb nicht verzerrende Vorgaben einrichten, wenn sie dafür entsprechende Planungssicherheit bekommen. Was zu tun wäre, ist seit Jahrzehnten in einer Flut von Büchern und Studien beschrieben worden. Jetzt gilt: einfach *machen*.

8. Menschenrechte ohne Wenn und Aber

Kein Thema für Volksabstimmungen, aber für Grundsätze bleiben die Menschenrechte. Dass die neue US-Regierung sie in ihrer Politik nunmehr wieder stärker berücksichtigen möchte, ist für die Weltbevölkerung ermutigend. Für die Vertreter der Europäischen Union sollten die Menschenrechte stets unverrückbare Grundlage ihrer politischen Handlungen sein. Dies gebietet die Geschichte. Nur so gibt es auch eine Chance auf neue Glaubwürdigkeit bei vielen Völkern, insbesondere im arabischen Raum. Und nur mit klaren Prinzipien kann auch dem Erstarken autoritärer Regime vom Zuschnitt Singapurs oder Malaysias begegnet werden. Im Rahmen der Corporate Social Responsibility (CSR) bekennen sich erfreulicherweise auch immer mehr globale Unternehmen mit EU-Stammsitz zur Einhaltung der humanitären Grundnormen in all ihren Geschäftsbereichen.

Die unzweideutige Vorreiterrolle, welche die europäischen Staaten spielen müssten, ist bislang aber noch nicht gefestigt. In Verhandlungen mit Chinas politischer Führung wird ebenso geschwächelt wie gegenüber CIA-Begehren um Gefangenentransporte oder bei der Einhaltung von Menschenrechten in den jeweiligen Nationalstaaten. Dies belegen die Jahresberichte von Amnesty International. Doch die Maxime bleibt: Menschenrechte ohne Heuchelei. Dies kann auch die viel beschworene, vielfach aber noch zu schaffende »europäische Identität« und ein positives europäisches Selbstbewusstsein befördern.

9. Konsumentenmacht

Die sozialen Folgen des Marktversagens beim globalen Finanzkollaps sind erst in Umrissen sichtbar. Die Rezession treibt Millionen Menschen in die Arbeitslosigkeit, Hunderttausende zurück in die Armut. Alle sind betroffen, mit Ausnahme einiger weniger Krisengewinnler. Derzeit steht die eigene Existenzabsicherung in Millionen Haushalten an oberster Stelle. Bei der Rückkehr zu breitem Massenwohlstand wird der politisch überlegte Umgang mit der eigenen Kaufkraft aber bald zu einem bedeutsamen Steuerungselement.

Trotz Verbraucherverbänden und Initiativen wie Fair Trade ist der großen Mehrheit der Konsumenten ihre eigene Macht noch kaum bewusst. Kaufentscheidungen bestimmen über Auf- und Abstieg von einzelnen Unternehmen, bisweilen von Staaten. Organisierter Konsumentendruck kann Konzerne in die Knie zwingen, wie etwa BP durch Greenpeace rund um die Ölplattform Brent Spar.

Mit gezieltem Kaufverhalten können nicht nur die Kinderarbeit in der Dritten Welt bekämpft und besonders umweltschädliche Produkte aus dem Handel gedrängt werden. Die Volksabstimmungen über die Warenwelt finden tagtäglich in den Geschäften statt. Die Einhaltung allgemeiner Sozialstandards, eindeutige Produktkennzeichnungen, die Förderung regionaler Entwicklung und kleiner Produzenten, Gruppenklagen gegen skrupellose Hersteller, die Einrichtung von Risikofonds – sehr vieles ließe sich noch durchsetzen. Das Internet birgt da ein enormes Mobilisierungspotenzial. Außerdem wurden unzählige Schnäppchenjäger in der Vergangenheit desillusioniert. Wertorientierte Produkt- und Kaufentscheidungen bestimmen mehr und mehr den Einkauf, auch bei einer kleinen Geldbörse. Nur »billig« ist oft teurer. Die qualitativen Veränderungen beim allgemeinen Lebensmittelkonsum seit der BSE-Krise liefern dafür ein eindrucksvolles Beispiel.

Wie herkömmliche Politiker reagieren Unternehmer zumeist nur auf Druck. So ist es ein Glück, dass Bürger zugleich Wähler und Konsumenten sind. In der nun anstehenden Neuorientierung können sich desillusionierte, aber auch aufgeklärte Bürger dieser Doppelmacht voll bewusst werden.

10. Grundlagenvertrag für Europa

Ohne ein neues Vertragswerk werden die europäischen Staaten nicht auskommen. Schon die Form sollte sich von allen vorangegangenen Texten unterscheiden. Anders als etwa die Verträge von Maastricht, Amsterdam, Nizza oder zuletzt Lissabon muss ein neuer Grundlagenvertrag für Europa knapp, klar und auch für Jugendliche verständlich sein. Die US-Verfassung besteht aus sieben Artikeln, die im Lauf von zwei Jahrhunderten um 27 weitere Artikel ergänzt wurden.

Inhaltlich könnte der neue Grundlagenvertrag die strahlungskräftigsten Bausteine aus der Geschichte der Demokratie vereinen. Er wäre die Vollendung einer europäischen Revolution.

Die fundamentalen Prinzipien sollten sein:

– eine eindeutige Gewaltenteilung von Gesetzgebung, Verwaltung und Rechtsprechung;
– der vorherrschende Grundsatz der Subsidiarität mit möglichst starken Regionen und einem gänzlich unabhängigen Kompetenz-Gerichtshof;
– die volle Transparenz und Sparsamkeit in der Legislative und in der Bürokratie;
– die Verankerung von bindenden Volksentscheiden.

Kopenhagener Gemeinschaft
statt Brüsseler Union

In Demokratien hat sich das Zweikammersystem bewährt, US-Repräsentantenhaus und -Senat sind institutionell ein taugliches Vorbild. Für Europa würde dies bedeuten: Im Parlament ist die Bevölkerung nach ihrer tatsächlichen Größe vertreten, in der zweiten Kammer nach Staaten, besser noch nach Regionen. Die Räte werden abgeschafft.

Die neue Volksvertretung erhält die vollen parlamentarischen Rechte: die Budgethoheit, das Initiativrecht für Gesetze, die Wahl und Abwahl der Exekutive, auch einzelner ihrer Mitglieder. Die maximal 450 Abgeordneten werden direkt und frei gewählt, in Kombination mit einer übertragbaren Einzelstimmgebung. Endlich wird zuordenbare, individuelle Verantwortlichkeit hergestellt. Mittelfristig könnte auch ein europäischer Präsident direkt gewählt werden. Der Grundlagenvertrag mit allfälliger Einbeziehung einer Sozialunion wird durch nationale Volksabstimmungen entschieden. Wer dies nicht will, bleibt in der bisherigen Brüsseler EU. Die Aufbruchswilligen finden sich in einer Gemeinschaft wieder, die sich etwa in Kopenhagen begründen ließe – der Hauptstadt eines kleinen, aber demokratieoffenen Landes mitten in Europa.

Kühne Demokraten

Künstlern, und dabei vor allem freien Schriftstellern, kommt beim Werden eines neuen Europa eine identitätsstiftende Rolle zu. Ihre unzensierte Phantasie vermag die Dämonen der Bürokratie und der Demokratiezerstörung in Schranken zu weisen. Denn letztlich sind es packende Ideen, die am Anfang gesellschaftlicher Veränderungen stehen. Wer mit hoffnungsbestärkenden Visionen in die Köpfe der Menschen vordringt, kann auch ihre Herzen gesellschaftspolitisch zum Schlagen bringen.

Es werden konsequent kühne Demokraten in dieser neuen politischen Kultur sein, welche die Ideale einer sozialen Demokratie ernst nehmen, nicht die gegenwärtig führenden Vertreter der Sozialisten, Sozialdemokraten oder anderer Parteien. Selbst wenn die weitreichende Frage, was denn unter den Bedingungen globalisierten Informationsaustausches und vernetzter Arbeitsstrukturen noch sozial und gerecht ist, nicht so schnell schlüssig zu beantworten sein mag, so gilt: Transparent agierende Politiker, die tatsächlich zur Verantwortung gezogen werden können und sich nicht in Parteiapparaten verstecken, wären für Europas Demokratien in ihrer augenblicklichen Verfasstheit schon ein enormer Fortschritt – in allen Regionen, auf allen Entscheidungsebenen. Wollen täten sie schon dürfen. Und durch entsprechenden öffentlichen Druck würden sich das konkrete Verhalten und die Einstellung von Politikern ja binnen kurzer Zeit erheblich verändern.

Bis dieser Wandel eintritt, sollte aber auch jetzt – trotz der Skandale und der so unrühmlichen Misere um die politische Elite – niemand auf eines seiner wichtigsten Grundrechte verzichten: Bei Wahlen seine Stimme abgeben!

Nach zehn Jahren als Volksvertreter und zwei Jahrzehnten als politischer Journalist ist der Autor dieses Buches von einem überzeugt: Wer nicht zur Wahl geht, dessen Stimme wird nicht gehört. Eine niedrige Wahlbeteiligung bietet allenfalls Stoff für Feuilletonisten und Politikwissenschaftler. Das Fernbleiben von den Urnen oder das Ungültigwählen trifft als Protest ins Leere, die politische Klasse geht darüber schnellstens hinweg. Nur die aktive Stimme *gegen* Missstände und *für* einen Kandidaten oder *für* eine Sache zählt, sie schmerzt die versagende Elite, und sie kann zur Veränderung führen – bei Wahlen und Volksabstimmungen gleichermaßen.

2009, 90 Jahre nach der Einführung des allgemeinen Wahlrechts für beide Geschlechter quer durch Europa, 70 Jahre nach dem Beginn des Zweiten Weltkriegs, 30 Jahre nach den ersten Direktwahlen zum Europäischen Parlament und 20 Jahre nach dem Fall der Berliner Mauer, kann jeder EU-Bürger bei einem Urnengang in geheimer und freier Wahl mitbestimmen. Wer in einer solchen historischen Situation – inmitten einer wankenden Weltwirtschaft und obsoleter Parteienherrschaft – publizistisch verantwortungslos das Nichtwählen propagiert, pflegt nicht nur eine bequeme Attitüde. Er ist entweder abgehoben zynisch oder besorgt das Geschäft der Anti-Demokraten.

Denn zur Auswahl stehen doch jeweils viele Anliegen, die gebündelt von Wählervereinigungen, Gruppen und immer öfter auch durch einzelne interessante Persönlichkeiten vertreten werden. Politik muss nicht schmutzig sein. Und die Elite nicht selbstvergessen und inakzeptabel – weder in der Wirtschaft noch in der Politik. Über Transparenz, politisches Engagement und gelebte Konsumentenmacht ist sie möglich: die faire, aufregende Gesellschaft voll aufgeklärter, konsequenter Demokraten.

So haben wir Nachkommen der aufregenden Europa eine neue Chance, ein lebendiges Europa der entwickelten Demokratien mit mündigen Bürgern in kraftvollen Regionen aufzubauen, statt in lähmender Bürokratie und Funktionärsherrschaft zu ersticken.

Lasst uns eine kühne Demokratie wagen!

Anmerkungen

Die Revolte der Eliten, das Aufbegehren der Bürger

1 Südwestrundfunk (SWR 3), 14.1.2008, 16 Uhr 40.
2 *Der Spiegel,* 47/2008, S. 3.
3 Siehe dazu das Kapitel »Das große Versagen«.
4 »Finanzkrise vernichtet knapp 40 Billionen Euro«, Spiegel Online, 9.3.2009.
5 »Deutschland droht Fünf-Prozent-Rezession«, Spiegel Online, 17.3.2009.
6 »Jedes fünfte Unternehmen plant Personalabbau«, Spiegel Online, 9.3.2009.
7 »Eine Million Österreicher armutsgefährdet«, ORF Online, 17.3.2009.
8 »Die Kälte ganz unten«, *Die Zeit,* 11/2009, 5.3.2009, S. 1, und 12/2009, 12.3.2009.
9 Erhebungen des Centrums für Europäische Politik, Freiburg, zitiert in *Frankfurter Allgemeine Zeitung,* 23.12.2008, S. 14; Schätzungen in anderen EU-Mitgliedsstaaten erreichen ähnliche Werte, in Österreich etwa 80 Prozent.
10 Mündliche parlamentarische Anfrage von Hans-Peter Martin an den Rat, 7.10.2008.
11 Information der österreichischen Ständigen Vertretung in Brüssel, 11.12.2008.
12 Details dazu im Kapitel »Die Hintermänner der Macht – Der verborgene Machtapparat«.
13 Abraham Lincoln, Ansprache in Gettysburg, 1863.
14 Gregor Woschnagg, in: *Hinter den Kulissen der EU,* Wien 2007, S. 81.
15 Vertrauliches Gespräch in Wien am 16.9.2007.
16 Hans-Gert Pöttering bei der Pressekonferenz am 11.12.2008.
17 Redemanuskript von Hans-Gert Pöttering zum Treffen des Europäischen Rates, 11.12.2008.
18 Markus Pieper im Parlamentsplenum in Straßburg, 17.12.2008.
19 Herbert Reul im Parlamentsplenum in Straßburg, 17.12.2008.
20 Hans-Gert Pöttering im Parlamentsplenum in Straßburg, 17.12.2008.

21 Roman Herzog und Lüder Gerken, »Stoppt den Europäischen Gerichtshof«, in: *Frankfurter Allgemeine Zeitung*, 8.9.2008.

22 Artikel 220 EG-Vertrag.

23 EuGH-Urteil vom 15.7.1964 (Az.: 6/64).

24 Günter Hirsch, »Die Rolle des Europäischen Gerichtshofs bei der europäischen Integration«, in: *Jahrbuch des öffentlichen Rechts*, 2001, S. 70; Hans Herbert von Arnim, *Das Europa-Komplott*, München 2006, S. 213.

25 Urteile 2005 und 2007 zum Umweltbereich, zitiert in: *Frankfurter Allgemeine Zeitung*, 8.9.2008.

26 *Frankfurter Allgemeine Zeitung*, 22.2.2007, S. 9.

27 EuGH-Urteil vom 18.12.2007 (Az.: C-341/05).

28 EuGH-Urteil vom 11.12.2007 (Az.: C-438/05).

29 EuGH-Urteil vom 3.4.2008 (Az.: C-346/06).

30 EuGH, Rs. 319/06.

31 Rede im Plenum des Europäischen Parlaments, 25.10.2005.

32 Roman Herzog, Lüder Gerken, »Europa entmachtet uns und unsere Vertreter«, in: *Die Welt*, 13.1.2007.

33 ebd.

34 Etwa in Speyer Professor Hans Herbert von Arnim. Siehe sein Buch *Deutschlandakte*, Berlin 2008.

35 Brief von Margot Wallström an Hans-Gert Pöttering, 1.12.2008.

36 *Focus*, 29.9.2008.

37 *Frankfurter Allgemeine Zeitung*, 30.9.2008, S. 42.

38 Hans-Gert Pöttering, Request for transfer of appropriations C30, to Reimer Böge, Chairman of the Committee on Budgets, 27.11.2008, Nr. 320219.

39 Hans-Gert Pöttering, Request for transfer of appropriations C31, to Reimer Böge, Chairman of the Committee on Budgets, 24.11.2008.

40 Gregor Woschnagg, in: *Hinter den Kulissen der EU*, Wien 2007, S. 69.

41 Berechnungen von Open Europe, zitiert in DPA-Meldung, 26.12.2008.

42 Eurobarometer 70, Public Opinion in the European Union, December 2008, S. 31 ff.

43 Eurobarometer 68–70, 2007, 2008.

44 Eurobarometer 70, Public Opinion in the European Union, December 2008, S. 42–47.

45 Spiegel Online, »Mehrheit der Deutschen zweifelt an der Demokratie«, 2.11.2006.

46 Frank Schirrmacher, in: *Frankfurter Allgemeine Zeitung*, 24.12. 2008.

47 »The Challenge of the Growing Globalization of Labor Markets to Economic and Social Policy«, in: Eva Paus (Hrsg.): *Global Capitalism Unbound, Winners and Losers from Offshore Outsourcing*, New York 2007, S. 46.

48 Spiegel Online, 27.1.2009.

49 Spiegel Online, 5.2.2009.

50 Spiegel Online, 27.12.2008.

51 *Der Spiegel*, 47/2005, S. 162.

52 Gespräch am 6.3.2009 in Tübingen.

53 Gespräch am 21.10.2003 im Plenarsaal in Straßburg.

54 Petra Pinzler, »Brüssel zahlt heute nicht«, in: *Die Zeit*, 39/2004, über www.zeit.de.

55 Joachim Fritz-Vannahme, »Wieder sind Millionen verschwunden«, in: *Die Zeit*, 31/2003, über www.zeit.de.

56 Gespräch im November 1999 in Straßburg. Die Aussage machen sich auch andere Abgeordnete immer wieder gerne schmunzelnd zu eigen.

57 Gespräch im Juli 1999 in Brüssel.

58 Siehe Kapitel »Die Hintermänner der Macht«.

59 Antwort der EU-Kommission auf die mündliche parlamentarische Anfrage von Hans-Peter Martin vom 10.11.2008.

60 Details dazu im Kapitel »Die Skandalmaschine«.

61 Bei Einbeziehung der Minirenten liegt der Wert sogar nur bei 671 Euro. Angaben jeweils für das Jahr 2007 laut *Tagesspiegel*, 9.7.2008, siehe www.Tagesspiegel.de.

62 Gespräch im Oktober 2001 in Brüssel.

63 Antwort der EU-Kommission auf die schriftliche parlamentarische Anfrage von Hans-Peter Martin vom 10.11.2008.

64 Internetseite des ungarischen Parlaments vom 9.2.2006.

65 Präsentation der offiziellen Ergebnisse bei der Sitzung des Gemischten Parlamentarischen Ausschusses EU-Slowakei am 4.6.2001 in Bratislava.

66 Rede im Europäischen Parlament am 24.9.2003 in Straßburg.

67 Gespräch am 21.10.2003 im Plenarsaal in Straßburg.

68 »Drafting suggestions on Articles of interest to Ecofin ministers, reflecting a high degree of consensus reached at the Informal Ecofin in Stresa«, internes Dokument ohne Datum.

69 Rede im Europäischen Parlament am 19.11.2003 in Straßburg.

70 Wortmeldung bei der Fraktionssitzung der europäischen Sozialdemokraten in Athen, 2.4.2003.

71 Gespräch am 26. 11. 2003 in Brüssel.

72 Francois Duchêne, »Die Methode Jean Monnet«, in: Amt für amtliche Veröffentlichungen der europäischen Gemeinschaft (Hg.): *Dokumente des Kolloquiums der Kommission der europäischen Gemeinschaften aus Anlaß des hundertsten Geburtstages von Jean Monnet*, Luxemburg 1989, S. 22.

73 Gespräch am 8. 5. 2001 in Berlin.

74 »Republik Kugelmugel«, in: Hans-Peter Martin (Hg.), *Wollen täten's schon dürfen – Wie Politik in Österreich gemacht wird*, Wien 2003, S. 38.

75 Gespräch am 7. 4. 1999 im Nationalrat in Wien. Seit dem Sommer 2000 leitet er die Volkswagen-Betriebe in Argentinien.

76 Zum Beispiel am 21. 7. 1999 oder am 26. 1. 2000 von Viktor Klima an den Autor. Immer wieder Berichte anderer Abgeordneter.

77 Belege in den folgenden Kapiteln dieses Buches.

78 Christopher Lasch, *The Revolt of the Elites*, New York, London, 1994, S. 28.

79 Beispiele in den folgenden Kapiteln dieses Buches.

80 Am 10. 1. 2003 bei einem Empfang in der »Gloriette« des Schlosses Schönbrunn in Wien.

81 Zum Beispiel bei Andy Fumolo im April 1999 in Wien.

82 Das Magazin *Stern* veröffentlicht dazu seit Jahren regelmäßig die Umfrageergebnisse der Forsa, Gesellschaft für Sozialforschung und statistische Analysen mbH.

83 Umfrage »Perspektive Deutschland« 2005, im Internet unter www.perspektive-deutschland.de.

84 Vertrauen in Institutionen, Forsa, Datenerhebung für das Magazin *Stern*, E-Mail vom 31. 1. 2009.

85 *Tagesspiegel,* 21. 4. 2008, siehe www.tagesspiegel.de.

86 »In der Krise haben die Bürger Vertrauen in die Regierung verloren – das sagen 58 Prozent der Befragten«, siehe: Spiegel Online, 5. 2. 2009.

87 Vertrauen im Januar 2009 in politische Parteien 18 Prozent, in Banken 21 Prozent, in: Vertrauen in Institutionen, Forsa, Datenerhebung für Magazin *Stern*, E-Mail vom 31. 1. 2009.

88 *Der Spiegel* 45/2003, S. 164.

89 *Irish Times*, 1. 7. 2008.

90 Gespräch mit UNEP-Chef Klaus Töpfer am 8. 4. 2002 in London.

91 Siehe dazu das Kapitel »Das teure Tabu der Deutschen«.

92 Gespräch am 16. 5. 2002 zwischen Behlendorf und München.

93 Gespräch am 7. 8. 2003 in Wien.

94 »Das französische Volk hat einen unzerstörbaren Granitblock gebrochen und inmitten des alten monarchischen Kontinents den Grundstein zu dem riesigen Bau gelegt, der eines Tages die ›Vereinigten Staaten von Europa‹ genannt werden wird.« Victor Hugo in der gesetzgebenden Versammlung im Juli 1851.

95 Distribution des drapeaux. Union des peuples. Strasbourg, lith. Fasoli u. Ohlmann, 1848. Privatbesitz.

96 Redemanuskript vom 9. Mai 1950.

97 Francois Duchêne,»Die Methode Jean Monnet«, in: Amt für amtliche Veröffentlichungen der europäischen Gemeinschaft (Hg.): *Dokumente des Kolloquiums der Kommission der europäischen Gemeinschaften aus Anlass des hundertsten Geburtstages von Jean Monnet.*Luxemburg 1989, S. 19.

98 Zitiert nach Francois Duchêne,»Die Methode Jean Monnet«, in: Amt für amtliche Veröffentlichungen der europäischen Gemeinschaft (Hg.): *Dokumente des Kolloquiums der Kommission der europäischen Gemeinschaften aus Anlass des hundertsten Geburtstages von Jean Monnet,* Luxemburg 1989, S. 22.

99 Rede vor der Beratenden Versammlung des Europarates am 10.12.1951 in Straßburg.

100 Sitzung am 28.1.2003 in Brüssel.

101 *Der Spiegel* 44/03, S. 52.

102 Mehrere Gespräche mit Berichterstatter Jo Leinen, unter anderem am 21.10.2003 in Straßburg.

103 Siehe www.eti.info.

104 Siehe dazu das Kapitel »Die Revolution der Demokratie«.

Die Hintermänner der Macht

1 »Transparency Boost needed for European Parliament Cross-Party Groups«, in: *Corporate Europe Observer*, October 2006, S. 2.

2 Die EU-Kommission schätzt die Zahl auf 15 000, Christian Le Clercq, Präsident des Brüsseler »European Institute for Public Affairs and Lobbying«, geht von 25 000 Interessenvertretern aus.

3 Parlamentarischer Bericht von Hans-Peter Martin »über die Rolle der europäischen Industrieverbände«, Begründung, 20.11. 2003.

4 Wolfgang Wessels, *Das politische System der Europäischen Union*, Wiesbaden 2008, S. 234.

5 »Die Klüngel-Geschäfte in der EU-Zentrale«, anonym, in: Die Welt Online, 27.4.2008.

6 Ergebnis zahlreicher Gespräche des Autors mit Diplomaten.

7 Sammlung der eingegangenen Briefe und Dokumente im Abgeordnetenbüro des Autors.

8 DB Mobility Networks Logistics, Mappe für »Parlamentarisches Mittagessen 3. Februar 2009« in Straßburg.

9 Spiegel Online, 3.2.2009, 14 Uhr 42.

10 Mary Craig, Lobbying at the European Parliament – two legislative cases: F-Gases and REACH, interne Studie, April 2008.

11 Mary Craig, Lobbying at the European Parliament – two legislative cases: F-Gases and REACH, interne Studie, April 2008, S. 6.

12 Mary Craig, Lobbying at the European Parliament – two legislative cases: F-Gases and REACH, interne Studie, April 2008, S. 8.

13 Mary Craig, Lobbying at the European Parliament – two legislative cases: F-Gases and REACH, interne Studie, April 2008, S. 11.

14 Interview mit BBC-Radio im April 2005 und Gespräch mit dem Autor am 3.2.2009 in Straßburg.

15 Der Westen Online, 16.4.2008.

16 »Transparency Boost needed for European Parliament Cross-Party Groups«, in: *Corporate Europe Observer*, October 2006, S. 1.

17 »Corporate Lobbying from Rent Free European Parliament Office«, in: *Corporate Lobbying Observatory*, October 2008, S. 2.

18 »Corporate Lobbying from Rent Free European Parliament Office«, in: *Corporate Lobbying Observatory*, October 2008, S. 2.

19 Corporate Lobbying from Rent Free European Parliament Office« in: *Corporate Lobbying Observatory*, October 2008, S. 2.

20 Tagesschau.de, 22.6.2008.

21 Seminare unter anderem im Hotel Intercontinental in Brüssel, März 2003. Beobachtungen durch den Autor anlässlich der Recherchen zum parlamentarischen Bericht »über die Rolle der europäischen Industrieverbände«.

22 Tagesschau.de, 22.6.2008.

23 *Wall Street Journal Europe*, 24.5.2005.

24 *Wall Street Journal Europe*, 24.5.2005.

25 Aussendung der Federation of Finish Financial Services, Juli 2008.

26 E-Mail vom 30.10.2008.

27 Verliehen von Corporate Europe Observatory, Friends of the Earth Europe, LobbyControl und Spinwatch, basierend auf einer Internetumfrage.

28 Aussendung der Federation of Finish Financial Services, Juli 2008.

29 Wiedergabe des Wortprotokolls in: *The Sunday Times*, 7.9.2008.

30 Welt Online, 11.9.2008.

31 Welt Online, 11.9.2008.

32 EurActiv.com, 9.9.2008.

33 »Der EU sind Reporter verdächtig«, in: *Frankfurter Allgemeine Zeitung*, 11.2.2009, S. 35.

34 www.eti.info.

35 Diese Begründung sowie der gesamte Berichtsentwurf und der dann im Ausschuss angenommene Text sind nachzulesen unter www.eti.info, Stichwort Lobbying. Nach der Abstimmung im Industrieausschuss am 10.7.2003 sagte Hans-Peter Martin: »Zunächst möchte ich mich bei allen bedanken, die diesen Bericht in welcher Form immer unterstützt haben. Wer heute aber glaubt, dass er durch das Niederstimmen entscheidender Passagen in diesem Transparenz-Bericht einen Sieg davongetragen hat, irrt substanziell. In Wahrheit wurde heute die überwältigende Mehrheit der europäischen Wähler betrogen. Und die Wähler werden das noch zeitgerecht bemerken. Das ist eine Blamage für das Europäische Parlament, ein Ergebnis, das auf dubios undemokratische Weise zustande gekommen ist.«

36 Gespräch im April 2004 in Brüssel.

37 www.europa-transparent.eu, 30.10.2008.

38 www.europa-transparent.eu, 30.10.2008.

39 »Kritik an fehlender Transparenz«, ORF online, 26.12.2008.

40 Brigitte Reck, *Between Democracy and Technocracy. The Role of Expertise for the European Parliament*, Stuttgart, 2003.

41 »Die Klüngel-Geschäfte in der EU-Zentrale«, anonym, in: Die Welt Online, 27.4.2008.

42 Zitiert in: DerWesten Online, 16.4.2008.

43 EU-Vertrag (EUV), Art. 4 Abs 2, Satz 1 und 2.

44 Siehe dazu Kapitel »Die Revolte der Eliten, das Aufbegehren der Bürger«.

45 Zitiert nach dem »Beschluss des Rates vom 15. September 2006 zur Festlegung seiner Geschäftsordnung«, Amtsblatt der Europäischen Union, L 285/47, 16.10.2006 ohne Seitenangabe.

46 Sebastian Huster, *Europapolitik aus dem Ausschuss. Innenansichten des Ausschusswesens der EU,* Wiesbaden 2008, S. 25.

47 Artikel 250 Absatz 1 EG-Vertrag.
48 Siehe www.bonde.com.
49 Siehe Huster aaO., S. 34.
50 Siehe Huster aaO., S. 29.
51 Siehe Huster aaO., S. 35.
52 www.lobbycontrol.de.
53 Siehe Huster aaO., S. 38.
54 Siehe Huster aaO., S. 35.
55 Siehe Huster aaO., S. 29.
56 Siehe dazu Kapitel »Die Revolte der Elite, das Aufbegehren der Bürger«, Seite 14.
57 Siehe Huster aaO., S. 37.
58 Jochen Grünhage, »Der Ausschuss der Ständigen Vertreter der Mitgliedsstaaten – ein Blick hinter die Kulissen von Politikberatung in Brüssel«, in: Steffen Dagger; Michael Kambeck (Hrsg.): *Politikberatung und Lobbying in Brüssel,* Wiesbaden 2007.
59 Siehe Grünhage aaO., S. 106.
60 Siehe Grünhage aaO., S. 106.
61 Siehe Grünhage aaO., S. 112.
62 Siehe Grünhage aaO., S. 112.
63 Siehe Grünhage aaO., S. 111.
64 Siehe Grünhage aaO., S. 114.
65 Siehe Grünhage aaO., S. 116.
66 Siehe Grünhage aaO., S. 115.
67 Siehe Grünhage aaO., S. 119.
68 Siehe Huster aaO., S. 39.
69 Siehe Grünhage aaO., S. 105. Kursivsetzung durch den Autor.
70 Veröffentlicht auf BBC News Online, 16.12. 2001.
71 BBC News Online, 16.12.2001.

Die Skandalmaschine

1 Beispielsweise am 14.1.2004 in Straßburg, Dialog zwischen Erika Mann und Minerva Malliori.
2 Am 14.1.2009 in Straßburg während der Abstimmung zur »Resolution über die Situation der Grundrechte in der EU 2004 – 2008«.
3 Die Fraktion »Identität, Tradition, Souveränität« wurde international als rechtsextrem eingestuft. Sie bestand bis zum Austritt rumänischer Mitglieder im November 2007.
4 Redebeitrag im Parlamentsplenum am 15.1.2004 in Straßburg.

5 Wortmeldung im Industrieausschuss am 21.1.2004 in Brüssel.

6 Anlässlich einer Rede des damaligen Kommissionspräsidenten Romano Prodi Gespräch am 18.11.2003 im Parlamentsplenum in Straßburg.

7 Gespräch am 4.12.2003 in Brüssel.

8 Wiederholte Bemerkung, etwa am 2.10.2001.

9 Gespräch am 4.12.2003 im wartenden Flugzeug in Brüssel.

10 Gespräch am 4.2.2009 in Straßburg.

11 Gespräch am 29.6.1999 in Brüssel.

12 Paul Rübig, zitiert in den *Salzburger Nachrichten*, 23.1.2004.

13 Austrian-Airlines-Flug am 19.1.2004 von Wien nach Brüssel.

14 Gespräch am 13.1.2009 in Straßburg.

15 Gespräch am 11.12.2003 in Brüssel.

16 Gespräch am 19.12.2003 in Straßburg.

17 Gespräch am 16.5.2003 in Straßburg.

18 Gespräch am 13.11.2003 in Brüssel.

19 Auskunft einer Mitarbeiterin in Pötterings Büro am 27.11.2003 um 9 Uhr 15 in Brüssel.

20 Mitteilung an die Abgeordneten, 19.12.2008.

21 1999 betrug der Satz noch 234 Euro, 2004 waren es 261 Euro.

22 Umfassende Namenslisten und Daten liegen dem Autor vor.

23 Gespräch am 19.12.2003 in Straßburg.

24 Beobachtung am 19.12.2003 in Straßburg.

25 Gespräch am 27.8.2003 in Brüssel.

26 Gespräch am 8.1.2004 in Brüssel.

27 Gespräch am 10.9.2003 in Straßburg.

28 Gespräch am 8.9.2003 in Brüssel.

29 Gespräch am 21.10.2003 in Straßburg.

30 Seit der Habsburger Monarchie beliebte Erholungsgebiete südlich von Wien.

31 Gespräch mit Hagers Mitarbeiterin am 11.12.2003 in Brüssel.

32 Abänderungsentwurf 7301 zur Haushaltrichtlinie A-3021 vom 5.9.2002.

33 Sitzung des Konstitutionellen Ausschusses am 11.9.2002 in Brüssel.

34 Sitzung der Sozialdemokratischen Arbeitsgruppe zum Konstitutionellen Ausschuss am 11.9.2002 in Brüssel.

35 Gespräch am 11.9.2002 vor dem Lift im 3. Stock des Parlamentsgebäudes in Brüssel.

36 Gespräche am 19. und 25.6.2001 in Brüssel.

37 Gespräch am 27.6.2001 in Brüssel.

38 Gespräch am 10.7.2001 in Brüssel.

39 Gespräch am 5.6.2003 in Straßburg.
40 Beobachtung und Gespräch am 20.11.2003 im Parlamentsplenum in Straßburg.
41 Im Parlamentsplenum am 15.1.2004 in Straßburg.
42 Rede im Plenum des Europäischen Parlaments in Straßburg,
12.12.2007.
43 Wortmeldung beim Interparlamentarischen Treffen EU-China
in der Großen Halle des Volkes in Peking, 25.11.2008.
44 Abschlussworte beim Interparlamentarischen Treffen EU-China
in der Großen Halle des Volkes in Peking, 25.11.2008.
45 Gespräch mit dem EU-Beamten Tim Boden in Peking,
25.11.2008.
46 Bei der Delegationsbesprechung im Shonghelou Restaurant in
Peking, 25.11.2008.
47 Treffen mit Vizeminister Zhang Zhijun in Peking, 25.11.2008.
48 Information durch einen der Teilnehmer am 26.11.2008
49 Interview auf der Fahrt von Hangzhou nach Shanghai am 26.11.
2008.
50 Rede im Plenum des Europäischen Parlaments in Brüssel, 4.12.
2008.
51 Rede im Plenum am 13.1.2004 in Straßburg.
52 Gespräch am 27.11.2003 in Brüssel.

Das teure Tabu der Deutschen

1 Gespräch am 26. August 2008 in Tübingen, weiteres Gespräch
am 17.1.2009 am gleichen Ort
2 Sondersendungen in ARD und ZDF ab 17 Uhr 40, 18.1.2009.
3 ARD, 18.1.2009, Präsentation von Umfrageergebnissen durch
Jörg Schönenborn.
4 Erhebungen des Centrums für Europäische Politik, Freiburg,
zitiert in *Frankfurter Allgemeine Zeitung*, 23.12.2008, S. 14;
Schätzungen in anderen EU-Mitgliedsstaaten erreichen ähnliche
Werte, in Österreich etwa 80 Prozent.
5 Zuletzt im Eurobarometer 70, Public Opinion in the European
Union, December 2008.
6 Eurobarometer 70, Public Opinion in the European Union, December 2008, S. 36.
7 Eurobarometer 70, Public Opinion in the European Union, December 2008, S. 31.
8 Spiegel Online, 19.1.2008.

9 Eurobarometer 70, Public Opinion in the European Union, December 2008, S. 63.

10 Etwa vom Institut für Demoskopie in Allensbach, siehe dessen Jahrbücher.

11 Spiegel Online, 17.12.2005, dort auch wiedergegeben die angeführten internationalen Pressestimmen.

12 *Berliner Zeitung*, 23.12.2005.

13 Centrum für Europäische Politik, www.cep.eu/196.html.

14 Welt Online, 4.12.2005.

15 Vertrauliche Information aus der Ständigen Vertretung eines EU-Mitgliedslandes, 4.10.2006.

16 Spiegel Online, 23.12.2005.

17 *Bild*-Zeitung, 16.4.2008.

18 2007 waren es 0,23 Prozent des BNP, gegenüber 0,20 Prozent in Frankreich und 0,22 in Großbritannien. Berechnungsbasis: Operative Haushaltssalden 1998–2007, Anhang 5, in: EU-Haushalt 2007 Finanzbericht, Europäische Kommission, Brüssel 2008, S. 82.

Das große Versagen

1 Im Original: »And those of us who manage the public's dollars will be held to account – to spend wisely, reform bad habits, and do our business in the light of day – because only then can we restore the vital trust between a people and their government.«

2 Spiegel Online, Interview veröffentlicht am 22.1.2009, 9 Uhr 51.

3 Charlie McCreevy, Europe at the leading edge in Financial Services, Redemanuskript, London, 10.10.2006.

4 »Fachleute warnen vor ›Zeitbomben‹«, in: *Frankfurter Allgemeine Zeitung*, 28.3.2008, S. 26.

5 »CDS-Spreads sprunghaft gestiegen«, in: *Frankfurter Allgemeine Zeitung*, 12.8.2008.

6 Brief vom 16.12.2008, unterzeichnet unter anderem auch von der französischen Sozialistin Pervenche Berès, der derzeitigen Vorsitzenden des Wirtschafts- und Währungsausschusses des Europäischen Parlaments.

7 Europäisches Parlament, Bericht A5-0476/2003, Plenarsitzungsdokument, 17.12.2003.

8 Kursivsetzung durch den Autor.

9 Angaben von John Purvis dazu in seiner »Erklärung über die fi-

nanziellen Interessen des Mitglieds des Europäischen Parlaments für das Jahr 2003«.

10 16 Ja-Stimmen, 4 Nein, 10 Enthaltungen. Abstimmung am 2.12. 2003.

11 Mit »Nein« stimmten die meisten grünen Europaabgeordneten sowie 16 Mitglieder der damaligen europäischen sozialdemokratischen Fraktion, darunter der Autor; 24 Parlamentarier enthielten sich der Stimme, darunter vor allem Mitglieder der linken Fraktion GUE/NGL.

12 Pressetext des Europäischen Parlaments, 15.1.2004.

13 Rede des Präsidenten des Europäischen Parlaments Hans-Gert Pöttering zum Treffen des Europäischen Rates, Brüssel, 11.12. 2008.

14 ebd.

15 ebd.

16 Spiegel Online, 22.1.2009.

17 Brief von Josè Manuel Barroso an Pervenche Berès und andere, Brüssel, 18.12.2008.

18 Spiegel Online, 22.1.2009.

19 In Auszügen veröffentlicht im *Daily Telegraph*, zitiert in: Die Presse.com, 17.2.2009.

20 »Welle von Verstaatlichungen steht bevor«, in: *Der Standard*, 19.2.2009.

21 Treffen am 3.2.2009 in Straßburg.

22 ebd.

23 Gespräch am 28.10.2008 in London.

24 Spiegel Online, 17.2.2009.

25 Gespräch am 18.11.2003 in Bochum.

26 Der Standard Online, 29.1.2009.

27 ORF Online, 26.1.2009.

28 Spiegel Online, 22.1.2009.

29 *International Herald Tribune*, 15.10.2008.

30 *International Herald Tribune*, 15.10.2008.

31 *De Volkskrant*, 20.10.2008.

32 *L'Express*, 31.8.2007.

33 www.economist.com, 17.4.2008.

34 »Swoboda: Aus Fehlern in der Vorbereitung des Beitritts Bulgariens und Rumäniens lernen«, Pressedienst der SPÖ, OTS-Aussendung, 23.7.2008.

35 Ingeborg Gräßle im Haushaltskontrollausschuss in Brüssel, November 2008.

36 Gespräch beispielsweise am 22.10.2008 im Parlament in Brüssel.

37 Erfahrungen des Autors im April und Mai 2005.

38 »The EU's 170000-strong army of bureaucrats«, www.open-europe.org.uk, 8.8.2008.

39 Gespräch am 12.3.2009 in Tübingen.

40 Europäische Kommission: Mitteilung der Kommission an das Europäische Parlament und den Rat; Europäische Agenturen – Mögliche Perspektiven; 11.3.2008, S. 5.

41 Ingeborg Grässle: Arbeitsdokument »Verantwortungsvolle Verwaltung bei der Europäischen Kommission« Teil 2; Europäisches Parlament; Haushaltskontrollausschuss; 30.8.2007, S. 8.

42 Hans-Peter Martin und Martin Ehrenhauser, »Die zweite heimliche EU-Bürokratie«, bislang unveröffentlichtes Manuskript, das im Mai 2009 publiziert werden wird.

43 Deutschlandradio: Der Streit um die steigende Zahl der EU-Agenturen, 11.3.2008.

44 Hubert Pirker: Errichtung der Agentur der Europäischen Union für Grundrechte – Gemeinschaftsprogramm für Beschäftigung und soziale Solidarität (Aussprache); Plenardebatte; 12.10.2006.

45 Deutschlandradio: Der Streit um die steigende Zahl der EU-Agenturen, 11.3.2008.

46 Weltwoche: Feierstunde für Bürokraten; Ausgabe 35/07.

47 Hans-Peter Martin und Martin Ehrenhauser, »Die zweite heimliche EU-Bürokratie«, bislang unveröffentlichtes Manuskript, das im Mai 2009 publiziert werden wird.

48 Gespräch am 8.10.2003 in Brüssel.

49 Gespräch am 30.9.2003 in Brüssel sowie E-Mail an den Autor vom 5.3.2009.

50 Siehe dazu das Kapitel »Die Skandalmaschine«, S. 139f.

51 Budgetposten CSP-2008-081 des EU-Budgets für das Haushaltsjahr 2008.

52 Budgetposten CSP-2008-115 des EU-Budgets für das Haushaltsjahr 2008.

53 Rede von Herbert Bösch in Straßburg, 21.11.2008.

54 *The Times*, London, 21.4.2006.

55 www. openeurope.org.

56 *Il Giornale*, 2.6.2008.

57 *Corriere della Sera*, 15.5.2008.

58 *El Mundo*, 29.6.2008.

59 Spiegel Online, 22.3.2007.

60 *La Stampa*, 10.10.2006.

61 *Il Giornale*, 8.9.2008.

62 Spiegel Online, 22.3.2007.

63 Spiegel Online, 16.10.2008.

64 www.farmsubsidy.org: Report München 25.2.2008.

65 Trends, 4.4.2007.

66 Internetseite der Europäischen Kommission.

67 Welt Online: »Wir bewegen uns mit Lichtgeschwindigkeit«, 25.2.2000.

68 Herbert Wulf, »Europäische Rüstungspolitik – gibt's die?«, in: *Wissenschaft und Frieden*, 4/2007, S. 6.

69 Internationale Politik 1/2005, in: *Guernica* 3/2008, S. 2.

70 *Der Standard*, 21. 1. 2008, in: *Guernica* 3/2008, S. 2.

71 Jürgen Wagner, »Mit Sicherheit keine Entwicklung! Die Militarisierung der Entwicklungszusammenarbeit«, interne Studie, August 2007.

72 Antwort auf eine parlamentarische Anfrage von Hans-Peter Martin an den Rat, 26.1.2009.

73 »Rambo im Élysée«, in: *Handelsblatt*, 28.8.2007.

74 Bundesministerium für Landesverteidigung: Österreichs Bundesheer, voll einsatzbereit – Das Kommando operative Führung Eingreifkräfte, in: *Truppendienst*, Ausgabe 2/2007.

75 Oberst Jürgen Ortner, Abteilung Militärpolitik im österreichischen Verteidigungsministerium; Brigadier Walter Feichtinger, Österreichische Landesverteidigungsakademie.

76 Antwort auf eine parlamentarische Anfrage von Hans-Peter Martin an den Rat, 26.1.2009.

77 Pocket World in Figures 2008, *The Economist*, London 2007, S. 51.

78 Welt Online: »Wir bewegen uns mit Lichtgeschwindigkeit«, 25.2.2000.

79 Björn Müller-Wille, »Improving the Democratic Accountability of the EU Intelligence«, in: *Intelligence and National Security*, Vol. 21, No.1, February 2006, S. 100–128.

80 Vertrag zur Gründung der Europäischen Gemeinschaft, Artikel 207 (2), in: *Europarecht, Verfassungsrecht der Europäischen Union*, Wien 2005, S. 83.

81 Parlamentarische Anfrage an den Rat von Hans-Peter Martin, 8.12.2008.

82 »Europas Augen«, Spiegel Online, 13.12.2008.

83 House of Lords: Select Committee on the European Union, EU-effective in a crisis?, 11.2.2003.

84 Siehe Martin Ehrenhauser, »The Intelligence Community of the European Union«, Diplomarbeit, Universität Innsbruck, April 2007, S. 92.

85 »Europas Augen«, Spiegel Online, 13.12.2008.

86 Bjorn Müller-Wille, »Improving the Democratic Accountability of the EU Intelligence«, in: *Intelligence and National Security*, Vol. 21, No. 1, 2006, S. 125.

87 Gespräch am 4.12.2003 auf dem Flug zwischen Brüssel und Wien.

88 »Brauchen türkischen Beitritt wegen Energie«, in: *Die Presse*, 12.2.2009.

89 ebd.

90 Helmut Schmidt, »Nein, sie passen nicht dazu«, in: *Die Zeit*, Nr. 51, 12.12.2002.

91 Forsa-Umfrage, Spiegel Online, 28.1.2009.

92 Gespräch am 22.10.2003 in Straßburg.

93 Gespräch am 1.7.2003 in Straßburg.

94 In zahlreichen Gesprächen, unter anderem am 5.9.2003 in Wien.

95 Gespräch im November 2003 in Bochum.

96 ARD-Tagesschau, 18.10.2003.

97 Gespräch am 13.11.2003 in Wien.

Der Schicksalsvertrag

1 Charlie McCreevy, »You must be insane to read the treaty«, *Irish Independent*, 24.5.2008.

2 »Kampf um die Freiheit«, in: *Der Spiegel*, 24/2008, S. 129.

3 Gespräch am 12.6.2008 in Moyne Park, Tuam bei Galway.

4 Beim Referendum zum Nizza-Vertrag im Jahr 2001 waren es lediglich 35 Prozent.

5 »France warns Ireland on EU treaty ›No‹ vote«, euobserver. com, 10.6.2008.

6 Siehe dazu auch den ausführlichen Kommentar des Autors »Lasst uns eine kühne Demokratie wagen«, in: *Frankfurter Allgemeine Sonntagszeitung*, 22.6.2008, S. 11.

7 Amtsblatt der Europäischen Union, 2008/C 115/01, 51.Jahrgang, 9.5.2008, S. 43.

8 Artikel 146 lautet: »Dieses Grundgesetz, das nach Vollendung der Einheit und Freiheit Deutschlands für das gesamte deutsche Volk gilt, verliert seine Gültigkeit an dem Tage, an dem eine Verfassung in Kraft tritt, die von dem deutschen Volke in freier Entscheidung beschlossen worden ist.«

9 Heribert Prantl, »Deutsch-europäischer Showdown«, in: *Süddeutsche Zeitung*, 10.2.2009, S. 2.

10 ebd.

11 Zitiert in *Süddeutsche Zeitung*, »Verfassungsgericht zweifelt an der EU-Reform«, 11.2.2009, S. 1.

12 Formalrechtliche Abweisung der Klage von Hans-Peter Martin beim Österreichischen Verfassungsgerichtshof im Mai 2005, damals noch gegen den Verfassungsvertrag.

13 Roman Herzog, Lüder Gerken, »Europa entmachtet uns und unsere Vertreter«, in: *Die Welt*, 13.1.2007. Ausführlichere Argumente dazu im Kapitel »Die Revolte der Eliten«.

14 ebd.

15 Verfassungsbeschwerde von Dieter Dehm, Mitglied des Bundestages, und anderen als Beschwerdeführer, Antrag verfasst von Professor Dr. Andreas Fisahn, Universität Bielefeld, 24.6.2008, 63 Seiten.

16 Roman Herzog, Lüder Gerken, »Europa entmachtet uns und unsere Vertreter«, in: *Die Welt*, 13.1.2007.

17 ebd.

18 Vertrauliches Gespräch am Rande des EU-Gipfels in Lissabon am 18.10.2007.

19 Referat in Straßburg, 13.1.2009.

20 Siehe dazu das Kapitel »Die Revolte der Eliten«.

21 Thomas Löffelholz, »So ein Europa braucht kein Mensch«, in: Welt Online, 29.9.2008.

Die Revolution der Demokratie

1 Gespräch am 26.2.2009 in Brüssel.

2 Siehe dazu das Kapitel »Der Schicksalsvertrag«.

3 Gespräch am 2.1.2009 in Zug in Vorarlberg.

4 Franz Walter, »Vergreisung als Chance«, Spiegel Online, 31.5. 2008.

5 ebd., Kursivsetzung durch den Autor.

6 »Männlich, jung, ungebildet sucht Partei«, DerStandard.at, 2.10. 2008, sowie Angaben des Meinungsforschers Peter Ulram, Telefonat am 6.3.2009.

7 *Profil*, 9.3.2009, S. 23.

8 »Rechtsextremismus unter Schülern alarmiert Regierung«, Spiegel Online, 17.3.2009.

Die Auswege

1 Umfrage »Perspektive Deutschland« 2005, im Internet unter www.perspektive-deutschland.de.
2 Parteienforscher Hubert Sickinger, E-Mail an den Autor, 29.1.2009.
3 Geltendes Bundesverfassungsgesetz von 1920, Artikel 20.
4 »Transparency and Access to Information«, Studie der Policy Unit C des Europäischen Parlaments im Auftrag des konstitutionellen Ausschusses zur Vorbereitung eines Berichts von Hans-Peter Martin zu Transparenzfragen, März 2004.
5 ebd.
6 »Transparency and Access to Information«, Studie der Policy Unit C des Europäischen Parlaments im Auftrag des konstitutionellen Ausschusses zur Vorbereitung eines Berichtes von Hans-Peter Martin zu Transparenzfragen, März 2004, S. 7.
7 Entwurf eines parlamentarischen Berichts von Hans-Peter Martin über »die Rolle der europäischen Industrieverbände«, 11.6.2003.
8 Rede von Margot Wallström im Europäischen Parlament in Straßburg am 14.1.2009.
9 Siehe dazu Tabelle »Der unendlich aufgeblähte Politikapparat« auf Seite 41.
10 European Parliament, Notice to Members, Answer to Questionnaire on the discharge for implementation of the EU general budget for the financial year 2007, Section I-European Parliament, 19.1.2009, S. 18.
11 Gespräch am 1.5.1999 in Salzburg.
12 Berechnungen des Parteienforschers Hubert Sickinger, 11.10.2008.
13 Definition laut *Duden, Das große Fremdwörterbuch*, Mannheim 2003, S. 1294.
14 Roman Herzog und Lüder Gerken, »Stoppt den Europäischen Gerichtshof«, in: *Frankfurter Allgemeine Zeitung*, 8.9.2008.

Gabor Steingart
Die Machtfrage

Ansichten eines Nichtwählers. 224 Seiten. Klappenbroschur

Bonn, Berlin, Washington: Gabor Steingart kennt Akteure
und Abläufe der Politik wie nur wenige Journalisten. Sein
Bestseller über die Wirtschaftsmisere (»Deutschland – Der
Abstieg eines Superstars«) ist eines der einflussreichsten
Bücher der letzten Jahre. Sein Globalisierungsthriller »Welt-
krieg um Wohlstand« wurde in rund 20 Staaten publiziert,
darunter in China und den USA. Henry Kissinger sprach von
einem »präzise und fesselnd geschriebenen Realitäts-
Check für Amerika«.
Pünktlich zum 60. Geburtstag der Republik widmet sich
Steingart in »Die Machtfrage« dem demokratischen System in
Deutschland. Mit kühler Präzision beschreibt er die Kanz-
lerkandidaten und den Niedergang der Volksparteien. Sein
alarmierender Befund: Die Demokratie ist erstarrt. Die
Parteien sind nicht mehr repräsentativ für das Volk, das sie
führen. Sie fremdeln mit der Lebenswirklichkeit, ihre Ge-
staltungskraft ist geschrumpft, ihr Machtwille allerdings ungebrochen. Deutschland habe sich in eine »Demokratie
von oben« verwandelt, in der zunehmend »Politik ohne Volk«
betrieben werde.

01/1793/01/R

PIPER

Gesine Schwan
Woraus wir Leben

Das Persönliche und das Politische.
Ein Gespräch mit Christian Geyer. 224 Seiten. Gebunden

Am 23. Mai 2009 steht Gesine Schwan zur Wahl als deutsche
Bundespräsidentin. Exklusiv spricht sie in diesem Buch mit
Christian Geyer über ihr Leben, ihre Ziele und vor allem ihr
Politikverständnis. Und das ist aufsehenerregend anders:
Schwan zeigt uns das Politische als etwas, das uns persönlich
angeht. Sie lässt keine Reduzierung auf Expertenwissen zu,
legt Verzerrungen dar, wo Einzelinteressen vorgeben, für das
ganze Land zu sprechen. Wer die Politikwissenschaftlerin
und Philosophin, der alles Lebensferne fehlt, hört und liest,
begreift unmittelbar: Es ist möglich, das persönliche wie
das politische Leben zu gestalten. Die Erfahrung, etwas bewir-
ken zu können, hält Gesine Schwan für wesentlich, um Ge-
fühlen der Ohnmacht und Enttäuschung entgegenzutreten
und den Rückzug unserer Gesellschaft ins Private aufzu-
halten. Carlo Schmid zitierend, fordert sie, dass die Menschen
»ihre Schlafmützen vom Kopfe ziehen und selber tätig werden«.

01/1794/01/R